变轨

数字经济及其货币演进

REMAKING

DIGITAL ECONOMY AND THE
EVOLUTION OF DIGITAL CURRENCY

周子衡 — 著

中国出版集团
中译出版社

图书在版编目（CIP）数据

变轨：数字经济及其货币演进 / 周子衡著 . -- 北京：中译出版社，2021.8
ISBN 978-7-5001-6630-6

Ⅰ.①变… Ⅱ.①周… Ⅲ.①信息经济—研究 Ⅳ.①F49

中国版本图书馆CIP数据核字（2021）第044463号

出版发行：中译出版社
地　　址：北京市西城区车公庄大街甲4号物华大厦六层
电　　话：（010）68359827；68359303（发行部）；
　　　　　68005858；68002494（编辑部）
邮　　编：100044
电子邮箱：book@ctph.com.cn
网　　址：http://www.ctph.com.cn

策划编辑：于　宇　方荟文
责任编辑：于　宇　郭宇佳
封面设计：仙　境
排　　版：聚贤阁

印　　刷：北京顶佳世纪印刷有限公司
经　　销：新华书店
规　　格：880mm×1230mm　1/32
印　　张：14.75
字　　数：315千字
版　　次：2021年8月第1版
印　　次：2021年8月第1次印刷

ISBN 978-7-5001-6630-6　　　定价：69.00元

版权所有　侵权必究
中译出版社

献给我的家人

序　言

朱嘉明之序

数字经济:
一种新的经济形态和经济制度

子衡的新书以"变轨"而不是"转轨"为书名，我首先想到的是在航天和铁路场景下的"变轨"，比如人造卫星、宇宙飞船（包括空间站）。在空间运行中，发生自主改变运行轨道的过程称为变轨。火车变轨是基于铁路道岔转换来实现的。也就是说，不论是在航天还是铁路场景下，"变轨"都意味着原有"轨迹"或者"轨道"的改变，进而影响了主体原本的运行方向与模式。在本书中，子衡借用"变轨"所要阐述的是，包括数字货币在内的数字经济的形成与发展，并不是对传统经济的局部式调整，而是结构性和制度性的变革，从而影响从宏观到微观经济的运行轨迹和方向，实现对经济形态的重塑。所以，子衡将经济数字化定义为"经济变轨"。凯文·凯利无疑是最早意识到这个趋势的代表人物。他最早提出人类终将被技术"重塑"。数字文明的本质就是数字技术"重塑"人类的结果。

作者以"变轨"作为主线，试图在全面考察数字化的历史"脉动"中，阐述颇有历史感的思想：数字化不再是一个可选择的方向，而是一个既定的路线。经济数字化是社会经济发展的必然之路，且已经成为一个"趋势性"。不仅如此，这样的"趋势性"也具有强制性。所有经济部门或社会经济主体都要加入全面的"变轨",区别仅仅是时间不同。一旦实现了"变轨",形成"继承性"和"连续性",以致"不可逆转"的格局,那么就有了无限张力。先是数字技术,然后是数字经济,再是数字改变了人类社会系统的基本层面。在人类历史上,没有任何一次新技术可以超过数字技术,并且产生如此广泛、深刻的持续性影响,改变人们的行为模式、心理结构以及价值取向。

更可贵的是,作者将对数字经济的考察和认知推到具象方面,主要有:(1)从他先前著作《账户》的基本思想出发,探讨经济数字化的逻辑。(2)经济决策是社会经济活动的基本内容,数字经济的演变不可避免地推动经济决策数字化。决策数字化是通过数字账户来实现的。决策数字化决定并构成了数字经济的"场景"。(3)数字货币并非独立发生,而是源自经济数字化的需求。(4)对货币数字化与资产数字化的区分,不仅关乎经济社会的财富价值观念变迁的大趋势,还因应了货币历史演进的总根脉。(5)对数字法币的创新、冲击、发行、场景等问题进行描述和解析。(6)数字货币的未来是实现居民家庭、企业和政府经济部门的全方位的数字支付和数字记账,展现了一幅数字货币进化的路线图。

作者最终得出的结论是"当整个经济运行的货币基础发生全面的变革,就不再是一个技术革新或模式革新的问题了,而是经济制度、经济结构、经济观念以及理论模式的变革。人类正处于数字经济制度形成的重要历史阶段"。

子衡在学术上是勤勉的。2017年,子衡出版了《账户》一书。比较《账户》和《变轨》,可以看到子衡的思想脉络拓展与深入的轨迹。《账户》关注的是(数字)交易问题,《变轨》则将经济活动的数字化,界定为决策活动的数字化,主要研究了数字经济的货币层面。《变轨》遵循了《账户》中关于货币数字化的数字账户、数字支付的逻辑。更为重要的是,《变轨》研讨了数字货币的法定化进程。此外,本书还探讨了"分享经济"与"分时独享"的内在关系,超越了关于"分享经济"与"所有权"共享的传统分析思路。本书还涉及区块链技术。区块链的主要意义在于跨社区。区块链的创新需要与数字货币相连接,以解决其账户体系的货币来源问题。

四年前,我为子衡《账户》一书的序言题目是"账户、数字管理和数据主义",今天,我为子衡新书《变轨》一书序言的题目是"数字经济:一种新的经济形态和经济制度"。我相信,《变轨》对广大读者认识数字经济时代,至少提供了一个的观察视角或参考。

朱嘉明 [*]
2021 年 5 月 13 日

---

[*] 数字资产研究院院长。

姚前之序

说到"变轨",人们很容易想到转轨经济学。在转轨经济学的语境下,经济"变轨"更多指制度层面,比如从计划经济向市场经济的转轨。而周子衡先生的这本著作谈的则是因数字技术革新而带来的经济模式变革。

说到数字技术,我一直认为,云计算、大数据、人工智能、区块链等技术实质上均是算力突破奇点后"算法+数据"的体现,无非侧重点不同。因此,理解这些创新技术带来的经济"变轨",亦可从算法和数据两个维度展开。

一、算法经济

商品经济的根本是买与卖、供与需的匹配。由于信息不对称,市场主体需要搜寻合适的对手方进行交易,这将耗费大量成本。在某种意义上,搜寻技术决定了交易空间。在没有互联网之前,人们依靠广播、电视等媒体广告搜寻交易对手。进入互联网时代,人与人之间的物理隔绝与时空限制得到解放,出现了电子商务这一全新的经济模式。"网络购物,只有想不到,没有买不到。"网购已深入人们生活的方方面面，供与需的匹配得到极大改善。

在互联网经济的初期，算法还只是辅助，电商活动高度依赖平台公司的组织与管理。近年来，随着云计算、大数据、人工智能、区块链等创新技术的发展与应用，算法在经济活动中的重要性日益凸显。

一是算法拓展了互联网经济的深度与广度。比如，采用大数据分析技术进行"千人千面"的用户画像，深入分析每个消费者的行为模式和特点，开展精准营销、服务和风控。云计算很好地解决了实时海量交易的性能要求。智能客服提升了客户服务的响应速度和效率等。

二是出现了以算法为核心的新型经济模式，我称之为算法经济。算法经济是指人们将生产经验、逻辑和规则总结、提炼后"固化"在代码上，使生产经营活动无须人工干预，自动执行的智能化经济模式。根据算法对企业功能的不同替代程度，算法经济可分为共享经济与加密经济。

共享经济的典型代表是类似 Uber、滴滴打车这样的共享平台。在这些平台上，生产者与消费者直接进行动态、多变、复杂的网状连接和点对点交易，而有效支撑这些网状连接和点对点交易的则是平台企业所设计、维护和运营的强大算法。随着环境和市场的变化，算法不断进行调整和优化。

虽然共享平台的算法机制仍没有脱离传统企业的组织形态，

平台规则和算法由企业设计、维护和运营,但算法已在很大程度上取代了企业的组织、管理与协调功能,并成为关键。在某种意义上,共享平台的算法机制或可看作企业所提供的SaaS服务(Software as a Service,应用即服务)。

如果说共享平台的算法机制还"残留"着企业的影响,去中心化、去组织化的加密经济则干净利落地"抹除"了企业的"痕迹",完全依靠算法开展经济活动。这是一种"无组织形态的组织力量"。

加密经济以密码学技术为基础,通过分布式共识机制,"完整、准确、难以篡改"地记录价值转移(交易)的全过程,构建多中心化的应用或商业逻辑,并且通过智能合约,保证业务逻辑的自动强制执行。整个流程无须管理人员介入,就能自动完成商品经济活动。加密经济不仅有技术逻辑层上的支撑,又有经济逻辑层上的保障,再加上区块链、5G、物联网、大数据、AI等技术的赋能,这就使加密经济有望成为具有巨大潜力的新兴经济模式。目前,基于"区块链+5G+物联网"的加密经济模式已在仓单物流、农业溯源、资产数字化、数字金融等领域落地应用。

与算法经济相伴随的是算法货币。作为交易的一般等价物,货币理应是大家一致同意的社会共识,否则无法广泛流通。在许多时候,共识通过制度予以确立,比如法定货币。比特币虽然难以成为真正的货币,但它创造了一种完全基于算法的货币形态:经共识验证、难以篡改、可追溯、"未花费过的交易输出"（UTXO），一定程度上启发了法定货币的数字化或代币化（Tokenize）。在价值上，法定数字货币是信用货币，在实现上则很可能是算法货币。

二、数据经济

创新技术带来的经济"变轨"还体现在数据成为经济的关键生产要素。如果说，农业时代的核心是土地与劳动力，工业时代的核心是资本与技术，那么数字时代的核心则是数据与技术。"数据＋算法"的结合将让经济变得更加高效与智能。

有时候，数据比算法更为关键。比如人工智能，从算法逻辑上看，这些年并没有根本性的突破与改变，这一波创新浪潮的兴起更多是因为算力的提升以及数据的爆发式增长。因此有人说"得数据者，得天下"。

数据的价值挖掘具有规模经济和范围经济。盲人摸象虽然片面，但汇集完整却可能给出全息画"象"。数据越多，蕴含的价值越高。因此要将数据变为生产要素，既要保护主体权益，又要提倡开放共享，同时还要着力开展数据的流动汇聚、存储计算、治理开发、分析挖掘等活动。

从全球范围看，数据流动对全球经济增长的贡献已经超过传统的国际贸易和投资。各国高度关注数据跨境流动，推动数据跨境合规有序、高质量流转应成为数据治理的政策主方向。

为此，我们既要加强以对等为基本原则的数据跨境流动制度建设，又要注重运用各类先进技术手段，实现数据跨境流动与风险防控的最佳平衡。

总之，随着云计算、大数据、人工智能、区块链等创新技术的发展与应用，我们正迎来以数据为核心、以算法为引擎、以算力为支撑的数字经济时代。面对这一经济大"变轨"，有许多经济学命题值得我们研究和探索。比如，如何阐释算法经济中算法机制的经济学原理，以提出更科学的机制设计；如何提高大数据分析的经济可解释性；如何对数据定价；如何更好地度量数据在国民经济发展中的贡献度；如何在理论上构建包含数据要素的生产函数，等等。回答这些问题需要智慧与洞见。

周子衡先生的著作《变轨》是他多年对经济数字化研究的成果，涵盖数字经济、数字资产、数字法币等领域。他敏锐地抓住了"数字账户"这一关键词，视角独特，并据此展开，"庖丁解牛式"地剖析了经济数字化的本质与原理，其细致入微的洞察、独到深刻的见解、清新流畅的文笔必将大有裨益于同道中人。

是为序。

姚前[*]

2020 年 11 月 2 日

---

[*] 中国证监会科技监管局局长。

吴卫军之序

如何从"账户(会计)"出发理解经济变轨

当前，科技水平突飞猛进，数字经济创新更是纷至沓来、目不暇接。用技术的术语与逻辑来解读数字经济形态的形成，对我来说，理解起来不免生出些许隔膜。如何从会计账目及其反映的商业活动的视角来认识、理解与把握数字经济活动，是我关心的问题和思考的重点。

我和子衡因书结缘。他所撰写的《账户——新经济新金融之路》（以下简称《账户》）一书，对我很有启发。我以读者的身份联系了子衡，并与子衡开始了学术探讨。以《账户》为书名，总能吸引会计师的关注。从账户的视角来观察与审视数字经济的发生、发展，预判其未来的趋向，的确抓到了新旧经济时代转换的一个切入点，可收见斑窥豹之功，推展开来，顺藤摸瓜，成其逻辑理路。

子衡的新作《变轨：数字经济及其货币演进》（以下简称《变轨》）即将面世。借受邀撰序之际，我把几点有关数字经济的形成及经济变轨的想法和意见记录如下，与读者分享。

一、经济数字化变轨是账户体系的转换升级

经济活动普遍地发生或反映到账目上来，是现代经济管理的基础。管理经济需要先建立起各种形态的账户体系。其中，资金账户体系是最为基础的账户体系，而这一账户体系是基于银行账户体系建立起来的。从资金流的维度看，经济活动几乎无法摆脱银行账户体系的作用。因此，银行账户体系的广泛设立与更为复杂的账户活动（银行流水），反映了经济活动的基本面。在银行里流传着一句老话——"银行就是个大会计"——说的就是这个事实。

银行账户体系的活动与企业的财务活动及经营运转密切相关。离开了银行账户体系的运转，经济活动便难以全面展开。个人银行账户体系的开立也同样重要，一方面，它是个人社会经济生活的必需；另一方面，它也是银行服务或业务有效拓展的方向。然而，银行账户体系对个人用户的覆盖是不全面的，也就是"普惠金融"存在的较大短板。中国商业银行并没有为个人客户提供支付账户（支票账户）服务。在中国，个人账户体系的全面建立借助数字手段，开立于网络世界。支付的电子化和信息化，比如阿里和腾讯给几亿中国普通民众开设了个人支付账户，使得个人的经济活动实现账户化（全面账户记录）变为可能。

《账户》一书中，个人数字账户体系的崛起引发"交易大爆

炸"的有关内容，在《变轨》中有进一步的拓展阐述，即个人数字账户体系从决策到支付的"数字化"得以实现。它明确了"决策数字化，即经济管理的数字化变轨"这一重大命题。作为《账户》的姊妹篇，《变轨》更完整地阐释了数字账户体系的基础功能——决策，也将《账户》一书中关于交易活动的观察与理解扩展到了更为一般性的经济管理活动——决策上面来。这很好地回应了交易结构划分为"交易达成"与"交易完成"两个环节后，决策活动与支付活动数字化的意义。

伴随数字法币的产生、发展，数字账户体系拓展到企业部门和政府部门，连同个人居民家庭部门，将支付活动数字化，使各主要经济部门及经济主体的决策活动得以数字化，从而使整个社会经济体系的运行从"柜台轨道"迁移到"数字轨道"。"经济数字化，即记账数字化、决策数字化。"这也正是《变轨》一书的点睛之笔。不难发现，数字化正是经济主体账户体系及其管理（决策）的数字化升级转换。

二、货币数字化变轨引发的是社会记账体系的改变

货币的产生就是为了记账，如同文字的产生是为了记账一样。作为会计师（或称记账员），我赞同这个观点。在财务活动中，货币的记账单位及计价单位都是确定的，甚至可以说是单一的。但是，具体的货币形态则是林林总总、多种多样的，比

如有纸质货币，也有电子卡片，还有更为复杂的资金往来渠道或多样化的支付工具。这些不同的货币形态都是银行货币，它们和数字货币的差别在哪里呢？

本书关于货币数字化的阐释，摆脱了价值学说、货币材质等一系列"旧说"的牵绊，将"货币形态"的改变重点放在货币的时间维度和所有者维度上。因为数字化记账体系的自动实现（交易、支付和记账功能同时实现数字化），使货币形态能够记录和反映货币的全部时间维度，并在全时间维度下，显示货币的权益和价值的所有者。比如说，银行货币可以放在枕头下。这个时候，在社会金融体系和账簿中，货币的经济功能是间断的，所有者是不明确的。而在货币数字化时代，这两者都是被记载和明确的，是有归属的。

数字货币的时间属性与银行货币的时间属性是完全不同的。数字货币是24小时不间断运行的，银行货币则是间断的。确认所有者是经济社会运作的另外一个基本因素。如果记在账上，即在表内了，那么在"T"字账户下，有借必有贷，借贷必相等，"所有者"必然是明确的。

更进一步，数字货币在相关账户之间流转是实时发生的，没有所谓的"在途"时间。各个账户之间发生了完全的连接，空间消耗归零，这是银行货币做不到的。再如，银行办理支付往往存在支付、结算多个环节；在数字货币形态下，"支付即结算"。

货币数字化标志着财务活动、会计操作、账目处理与安排的"数字化"。众所周知,黄仁宇教授提出的一个大历史观:中国落后了,因为在17世纪的封建制度下,中国没有发明和采用借贷记账法,对国家经济没有办法进行"数目字管理"。现在,数字经济在中国率先形成,社会记账体系因为货币的数字化而变成自动化。在数字经济时代,强有力的中央政府的领导和"顶层设计"的作用将更加明显。通过数字经济的基础设施建设,必将提升社会运作效率。政府可以在这个方面大有作为。所以,货币数字化带来的冲击与影响将是巨大的。这正是《变轨》一书所揭示的经济数字化向政府提升社会治理水平所传递出的关键信号。

三、数字法币的意义

私人数字支付平台为个人提供了数字支付工具及便利,那么,我们的经济体就不再需要发行与运行数字法币了吗?为此,《变轨》一书专辟章节,较为系统地阐释了数字法币的主要功能。

单有个人的数字支付,对整个支付体系而言是有欠缺的;单有个人数字账户体系,对整个社会经济的账户体系而言也是不完整的。因为在私人数字支付平台上,企业部门和政府部门不具备数字支付能力,也没有建立起数字账户体系。长此以往,企业部门和政府部门资金运转的效率就无法达到个人数字支付的效率与水平，支撑整个社会经济运行效能的支付体系的功用发挥就不完整。

正如《变轨》一书所揭示的数字经济如果只是局限在个人部门或居民家庭部门，数字决策活动便仅仅局限在对私场景，涉及企业或公共部门的对公场景是封闭的。更为重要的是，私人数字支付平台之间的竞争是彼此割裂的垄断竞争。任这个趋势发展下去，国家既有的数字经济的整体性进展将受到削弱和阻碍。这就需要数字法币来补充，贯通数字决策与支付活动的对公与对私场景，使社会经济体系全面走上数字化的轨道。所以，发行数字法币是中国经济数字化转型的必经之路。

在本书中，货币的连续性和继承性的问题是数字货币替代传统货币的关键点。新旧货币交替之中，"连续性"是指新币须通过兑换来逐步替代旧币，即旧币要为新币提供"头寸"。如果商业银行不为数字货币提供必要的兑换头寸，那么数字货币便寸步难行。自开始就构建所有的决策场景以激活新币，这样的货币变革是不可能的，也是不符合客观规律的。场景本身是有继承性的。它是数千年经济活动的沉淀，即便新场景是未来的趋向，也要依赖经济社会固有的强大的惯性。而新形态的货币必须能够连接新旧经济形态的转轨运作。

正是这样的连续性和继承性，才使社会经济的数字化不可能成为一种嵌入式的发展。一方面，它必须是内生的，从现实既有的社会经济场景中萌生、发展。中国的电商经济和数字支付，恰恰是在一个经济条件、技术水平以及商业效能大大低于发达经济体的现实状况下内生起步、并不断取得成功的。另一方面，那些所谓先进的、发达的商业模式或理念往往来中国后就出现"水土不服""寸步难行"的情况。书中提及肯尼亚的手机支付的推广使整个撒哈拉沙漠以南的非洲的手机支付发展迅速，成就斐然，甚或在一些方面走在了发达经济体的前面，这些并不是偶然。总体来说，非洲商业银行体系及其服务民众的覆盖面是大大落后于世界其他地区的。但是，手机支付只须将话费充值的功能充分发挥出来，并建立支付账户体系与银行的连接，就解决了货币来源"头寸"问题，也就解决了新旧货币之间的连续性和继承性问题。所以，数字货币在非洲推行起来也并不困难。

当初，在中国提出和推动金融科技（互联网金融）的一位教授曾经大胆地鼓励中国移动通信公司成立"中国移动银行"。可惜，服务中国消费者的支付体系已全部由阿里和腾讯等企业领头突围。

在货币数字化演进中，并不存在所谓的"跳跃性"发展，虽然可以跳过他国的"先进"或"领先"实践，但是并不能跳过自身的现实。货币数字化变轨没有一个普适性的模式，只有通行的基本原则，即连续性和继承性。本书抓住了这一点，使其立论更加稳固有力。

对于书中所讨论的问题要提出全部解决方案，为时尚早，毕竟货币的演变经历了数千年，而货币数字化只是近几年的事。也正因如此，作者在这几年的创新思考带来的成果，更让人尊重和敬佩。这些成果反映了作者的观察和思考的过程。子衡的文字是现实的、有温度的，带着清晰有力的脉动，映衬出作者的情怀与热忱，让我感同身受。可以说，这是汹涌澎湃的数字经济时代浪潮下现实和未来的交汇回响。

有此机缘，从一个一生和账户打交道的会计师的角度，谈谈我对数字经济及其货币演进的心得与感受，与大家一同见证数字经济时代的萌生、孕育、发展、强健，让人颇感振奋。我期待未来，也深切期望能与大家一同分享、切磋数字经济之变轨时"会计师"在其中所起的作用。

吴卫军 *
2021 年 4 月 25 日

---

* 德勤中国副主席。

目 录

引 言 / 李扬

第一部分　什么是变轨

第一章　市场还是技术
1.1　市场 —— 还是压倒一切的力量吗　005
1.2　市场 —— 囚锁于"物理环境"中吗　009
1.3　技术 —— 比市场更有力量吗　013

第二章　数字化即经济变轨
2.1　数字化 —— 技术力量还是市场力量　021
2.2　数字经济何以跨过"物理大墙"　025
2.3　数字化即经济变轨　028

第三章　变轨之"轨"
3.1　从银行账户体系到数字账户体系　033
3.2　从生产成本、交易成本到机会成本　039
3.3　从物理环境到数理环境的"时间考量"　044
3.4　从法律法规条款到代码程序的"秩序演进"　048

第四章　数字账户、数字支付、数字法币
4.1　货币数字化 —— 从银行货币到数字法币　055
4.2　数字货币"三部曲" —— 数字账户、数字支付、数字法币　060

第二部分　经济数字化

第五章　网络、技术与数据

5.1 网络 —— 从网络经济、网络金融说起　069

5.2 技术 —— 从"IT"到"DT"　080

5.3 数据 —— 资源、要素、资产还是"神"　088

第六章　新经济与旧经济

6.1 账户 —— 经济数字化之"轨道"　101

6.2 支付 —— 数字经济的"发生"　119

6.3 变轨 —— "新经济"与"旧经济"的区别　131

6.4 信条 —— 事实与原则　146

第七章　全球视角下的经济数字化

比较 —— 国际趋向或格局　187

第三部分　货币数字化

第八章　数字经济与数字货币

8.1 渊源 —— 数字经济与数字货币　201

8.2 形态 —— 如何理解货币形态及其新变化　219

8.3 共识 —— 数字货币的"共识"问题　228

8.4 资产 —— 数字资产不等于数字货币　234

8.5 分享 —— 分"时"独享　245

8.6 现钞、现金，与记账货币　253

8.7 比特币 —— 正在成为灰犀牛吗　265

8.8 数字货币应摒弃铸币思维　272

第九章　货币数字化的进程

　　9.1　阶段 —— 数字支付、数字法币与数字财政　283

　　9.2　供需　288

第十章　可能出现的逆境

　　10.1　误区　299

　　10.2　跨境　309

第四部分　数字法币

第十一章　数字法币的缘起

　　11.1　创新 —— 货币数字化变轨在于数字法币　328

　　11.2　冲击 —— 数字法币的创新性冲击　333

　　11.3　引擎 —— 数字法币标志数字经济的"全面崛起"　344

第十二章　数字法币的落地

　　12.1　主导 —— 数字法币是货币金融发展的必然趋势　353

　　12.2　发行 —— 中央银行发行数字法币的五个问题　361

　　12.3　场景 —— 数字法币的"对私"与"对公"场景　367

　　12.4　需求 —— 数字人民币　374

第十三章　数字法币的拓展

　　13.1　区块链 —— 数字法币将打开区块链技术应用的货币场景　391

　　13.2　数字信托 —— 数字法币将开启数字信托的大发展　402

　　13.3　数字人民币 —— 一切只是刚刚开始　407

　　13.4　国际化 —— 数字人民币能替代美元吗　411

跋　417

引 言

子衡是我的博士研究生。由于他的教育背景兼跨金融、法律两大领域,所以读书时他选择了金融监管为研究对象。毕业后,他的兴趣扩展到金融稳定、金融危机等领域,但逡巡数年,未展其志。之后,他开始研究货币史,特别是中国货币史,并宣称这是他的长期志向。不过很快他被迅猛发展的金融科技、数字货币等吸引,并立刻投身于有关的实践和研究中。二十余年来,子衡研究了几个领域,看似是一个"赶新潮"的人。然而,顺着他的思维和行为轨迹,便可发现子衡始终不昧本心:他一直以金融和法律相结合为追求,心中念念不忘研究货币问题。

我作为金融学的研究者和博士生导师,每年都会遇到博士生选择论文题目问题。半数以上的学生都会"理所当然"地选择货币、利率或者相关问题作为研究对象。而我则几乎毫不犹豫地都会规劝他(她)们另谋他途。我给出的理由始终都是"货币、利率是金融的最基本概念,要想研究清楚,必须把全部金融问题都研究一遍才能够将货币、利率大致说得清楚。作为初入门者,研究这类问题过于勉为其难"。我主张,至少过了

"不惑",最好到"天命",等到对金融万象有了比较深入和全面的感悟之后,方才有直接研究货币、利率等问题的能力和心境。算起来,子衡还真已经到了这个阶段。

果然,三年前,子衡便完成并出版了他在货币领域的第一部著作《账户——新经济新金融之路》,颇得社会好评。时隔几年,他又推出《变轨:数字经济及其货币演进》(以下简称《变轨》)。这显然是《账户》一书的拓展和深耕。三年就同一主题出版两部著作,着实可喜可贺。所以,子衡请我为此书作序,我欣然应允。

《变轨》有两个主题:一是"经济数字化",二是"货币数字化"。两者的关系也很清楚:经济数字化是前提、背景及基础;货币数字化则是经济数字化的延伸、发展及深化。《变轨》就是围绕这两"化"各自深刻的内涵以及两者的关系展开论述的。相信所有关注此类问题的读者都可以从本书中收获读书的喜悦。

在这里,借子衡新书付梓之际,我就经济数字化和货币数字化的有关问题谈一些想法,这也算是对子衡新著之评论吧。

一、经济数字化

关于经济数字化,《变轨》似乎没有给出十分明确的定义,归纳其文中若干相关表述,作者理解的经济数字化是"在最终方向上实现'万物互联'的移动互联和物联网的环境下,致力于建立庞大而有效的数字社区,形成完善的数字账户体系,借以将无穷无尽的经济活动迁移到'线上',实现全员、全时、全距离的经济参与。"这一表述强调了三层意思。其一,未来的世界是"万物互联"的,即一切的人、流程、数据和事务,都将通过互联网联系在一起,形成数字社区,并将所有的信息转化为行动。其二,在这一数据社区的环境中,人们以"账户"形式存在。其三,在万物互联的环境中,人们通过账户全员、全时、全距离地参与经济活动。

做了这个定义之后,《变轨》进一步指出,鉴于经济活动的关键内容是"经济决策"。因此,经济数字化的根本是经济决策的数字化。如此看来,所谓生产、消费等均可视为经济决策的不同应用场景。在这个意义上,经济数字化又可被定义为让决策活动在数字网络账户体系中展开并完成的过程。围绕决策数字化来讨论经济数字化,是本书的一大特色。它或许有些偏颇,但却又强调了重点。对于我们研究数字经济、数字货币这些新鲜事务而言,肯定不无小补。

以万物互联为方向来重构我们的世界,这对于社会经济运行而言,堪称天翻地覆,本书将这个过程称为"变轨",并不为过。

二、货币数字化

根据《变轨》的逻辑，本书讨论了经济数字化，接下来便要讨论货币数字化以及两者之间的关系。

在作者看来，"经济决策活动的数字化发生了，自然要求与其密切相关的支付结算部分作跟进的数字化安排，也就是要求实现货币数字化。当然，数字化的支付结算在线下同样发挥巨大的作用，并且有着广泛的应用场景。但是，其发端却不是源自线下，而是源自线上，是对线上决策的配合与支持。这个认识与判定是重要的，它关乎所谓的数字经济的'场景'问题"。

这段表述讲了好几层意思，我认为都需要进一步讨论。在这里，不妨主要关注一下作者如何界定货币数字化和经济数字化的关系。作者认为，货币数字化实际上是一个可以不依赖经济数字化而产生、发展的独立过程。然而，在数字经济中运行的货币，天然只能是数字货币。这个观点是可以接受的。

三、数字资产与数字货币

论及数字货币，有一对概念，即数字资产与数字货币，必须首先分辨清楚。《变轨》指出，"资产的发生及其流转固然是经济生活中至为重要的部分，但是它与货币的定位及功能大相径庭，在定价、记账、支付、结算等一系列的货币安排上，资产能够发挥的作用是十分有限的。在货币发生、发展及其推广的历史进程中,与资产有一定的交集,但并不存在替代关系。资产数字化与货币数字化都遵循着各自的轨迹,即便有时它们看起来很相似,但并不宜等量齐观"。

对于这一判断,似乎可有进一步探讨的空间。

关键的问题是定义资产。笔者能够找到的关于资产的定义,最早出自 1929 年美国学者约翰·B. 坎宁出版的《会计中的经济学》(*Economics of Accountancy*)。在该书中,资产是"处于货币形态的未来服务,或可转换货币的未来服务。这些服务之所以成为资产,仅仅是因为它对某个人或某些人有用"。在这个定义中,货币是资产的一种,或者严格地说,货币是资产,而并非所有资产都是货币。笔者以为,这是对货币与资产关系的最原初、最权威的界定。自那以来,国际社会不断修正、完善关于资产的定义,但万变不离其宗,发生变化的无非只是资产的范围。例如,在通行于欧洲的《国际会计准则》中,资产被定义为"由于过去事项而由企业控制的、预期会导致未来经济利益流入企业的资源"。我国 2001 年实施的《企业财务会计报告条例》基本体现了国际会计准则的精神:"资产,是指过去的交易、事项形成并由企业拥有或控制的资源,该资源预期会给企业带来经济利益。"

然而,以上种种定义只是从会计核算、同经济主体的关系界定了货币与资产的同源性,仍然没有指出货币与资产的关键区别。我认为，要认识清楚这个问题，讨论的范围必须转换到货币的本质上。

四、货币

货币最基本的功能是计价标准、交易中介和支付手段。其中，"计价标准"更是核心中的核心。在这个意义上，我赞同《现代货币理论》中对货币的定义："货币是一般的、具有代表性的记账单位。"这个定义特别值得关注，因为货币首次被抽去了任何的物理形式，仅仅留下了"记账单位"的抽象概念。正是这种抽象，为货币的数字化打开了大门。

作为计价标准，在经济意义上，其自身价格必须稳定，自不待言。这是一种资产成为货币的充分条件。为了保证自身价格稳定，该资产的供给必须能紧随进入市场交易的产品与服务价值的变动而有弹性地增减，这就需要有一整套灵敏、复杂的社会经济制度安排。中央银行便是此类经济社会制度安排的集大成者。

在社会意义上，货币必须能为人们广泛接受。这是资产成为货币的必要条件。海曼·明斯基就曾直接指出："每个人都可以创造货币，但问题在于其是否能被人接受。"

"可接受性"作为货币成为货币的必要条件，恰与21世纪大行其道的自主组织和自主治理理论在精神上契合。换言之，自主组织和自主治理理论为我们观察货币形式的发展变化和深化货币理论的研究,提供了一以贯之且强有力的分析工具。用这一分析工具来分析市面上的各种"货币"便知,正是在自主组织和自主治理挟现代科技之力风起云涌地发展过程中,各种私人货币作为自主组织的创造物和自主治理工具之一,有了用武之地。这些货币在各类自主组织中通行,有些还可与其他自主组织的货币相兑换,有些甚至同法币存在稳定的兑换关系。在一定范围内、一定程度上,这些货币满足了"被人接受"的必要条件,因而都在一定范围内、一定程度上发挥着货币的功能。不妨将这些货币统称为"私人货币",那么各种私人货币和法币同时并存,这就是我们未来所面对的局面。

从本质上说,现今大量被称作数字货币的货币,实则是"数字加密资产",而事实上担负着货币部分功能的则是一系列的数字支付平台。它们所使用的数字支付工具是"事实上的数字货币"。然而,这种数字货币与电子货币区别不大,特别是它们都没有创造新的计价单位,所以还难以成为真正的货币。更为重要的是,这些私人数字货币彼此之间是人为阻隔的,功能只是服务于各自的数字社区。因此,这些私人货币固然可以在一定范围内、一定程度上作为货币来使用,但是它们的背后或明或暗地都有着法币的身影。这也就是说,迄今为止的各类私人货币,充其量还只是各国法币的代币而已。

五、数字支付与数字货币

从历史角度来看，货币最早呈现的功能之一便是支付中介。同时，货币形式的演进也主要发生在支付环节。早在二十多年前，美国金融学家罗伯特·莫顿就系统地研究了金融的功能，并列出了储蓄投资、支付清算、促进社会分工、防范和化解风险、改善资源配置效率、协调非集中化的决策过程、降低交易成本等功能。更重要的是，他同时还指出在金融的所有功能中，其他功能皆可被其他工具、机制或程序替代，唯有支付清算功能永远不可被替代。这一分析从理论上指出了支付清算机制对货币本质的关键作用。

现在来看，数字经济的到来，数字资产及其所包含的加密资产的兴起，虽然已经席卷全球，但是数字支付似乎尚未在全球发生。各国央行的数字货币以及曾经引发全球关注的"天秤座"（Libra），或许最终可能引发支付革命，进而引发货币革命。但是，至少在目前，其运行的基础仍然是各类法币，它们自身仍然没有摆脱代币的本质。至于比特币等，虽然自诩为货币，但离真正的货币其实是十分遥远的。

《变轨》作为探讨新经济和新金融的论著，包含了大量新的信息和新的观点，读者可自行发掘，我就不再一一赘言了。不过我特别想指出的是，经济的数字化、货币的数字化等，都是挟最新科技发展之力而发展起来的新的经济、金融和社会现象。

子衡作为主要掌握了一些金融和法律知识的学者,其探讨定有许多"隔靴搔痒"之处,甚至难免有错误的地方。因此,我希望有各种知识背景的学者能积极参与这一问题的讨论,从而保证我国的数字经济和数字货币的发展走在正轨上,并跻身世界前列。

李扬[*]

2021 年 6 月 1 日

---

[*] 国家金融与发展实验室理事长,中国社会科学院学部委员。

第一部分　什么是变轨

我们定义技术的同时,技术重塑我们,我们正在连接一切,因此我们的整体文化正进入一种"网络文化"与"网络经济"。

——凯文·凯利《失控:机器、社会与经济的新生物学》

第一章　市场还是技术

1.1 市场——还是压倒一切的力量吗

1998 年，丹尼尔·耶金（Daniel Yergin）和约瑟夫·斯坦尼斯罗（Joseph Stanislaw）合作撰写了《制高点：世界经济之战》（*The Commanding Heights: The Battle for the World Economy*）一书，回顾了一个世纪以来国家政府与市场经济的关系，呼唤转变对国家的信仰而给予市场更大的信心。事实上，这部著作将"冷战"前后西方的新自由主义改革与东方的社会主义经济改革两大历史洪流熔于一炉。

由此，不得不提到之前的两部文献。1996 年世界银行发布了题为《从计划到市场》（*From Plan to Market*）的年度报告，其主旨是宣示从计划经济体制向市场经济体制的经济"转轨"是这一时期最为重大的历史事件。

同年，来自麦肯锡公司的洛威尔·布莱恩（Lowell Bryan）和戴安娜·法雷尔（Diana Farrell）两位研究员出版《无疆界市场：释放全球资本主义》(Market Unbound: Unleashing Global Capitalism)一书，为经济全球化鸣锣开道。不难发现，经济全球化的基础是市场化，而自由化的经济指向也是市场化。半个世纪以来的世界经济史乃至政治史恰似一部史诗性的交响乐，交织着自由化、市场化、全球化三大华彩乐章：从撒切尔夫人治下的英国经济自由化到里根主政白宫的美国经济重振；从南斯拉夫及苏东（苏联和东欧）的社会主义改革到中国的改革开放，再到越南版的革新开放；从亚洲"四小龙"到"四小虎"；从新兴市场经济到金砖五国，无不是自由化、市场化、全球化一路高歌猛进，市场化转轨无疑正是这部交响乐的主旋律。

回首半个世纪的世界经济史，经济市场化"转轨"无疑是穿透"冷战"、汇聚经济自由化与拓展全球化的最强劲的变革力量。然而，如此黄钟大吕的市场化交响乐，很快就陷入纷杂争吵而不同调了。

就在《制高点：世界经济之战》一书出版的同一年，爆发了东南亚金融危机，进而扩散到韩国、俄罗斯和拉丁美洲等地区，金融危机的全球化使新自由主义踢到了"铁板"。2004年，英国学者乔舒亚·C·雷（Joshua C. Ramo）正式发表《北京共识》，矛头所向正是1989年提出的所谓"华盛顿共识"（The Washington Consensus）。2008年，金融海啸冲击了一系列市场化的经济金融学说，甚至在相当程度上撼动了市场信仰。2009年，在伦敦举行的20国集团峰会上，英国首相戈登·布朗声称"旧有的华盛顿共识已经终结"。但是，对《北京共识》的争议或挞伐之声却并未消解，甚至愈演愈烈。这就表明了市场化、全球化乃至自由化出现了某种"裂化"的趋势。

2017年11月，美国《时代周刊》封面以"中国赢了"为标题，破天荒地出现并列中文和英文两种文字的封面，撰文者伊恩·阿瑟·布雷默（Ian Arthur Bremmer）认为，欧美到了该清醒的时候，事实上中国确实存在且有西方制度无法比拟的优越性，否则无法解释为何这十多年西方影响力下降，尤其是"一带一路"倡议的提出和中国成立亚投行，让许多欧美人猛然惊觉世界的变局。至此，市场化、全球化、自由化的全球"裂化"趋势从认识观念或判断层面转向更为鲜明醒目的事实层面。2018年，中美贸易摩擦爆发，各以其市场相制衡，甚至流传出所谓的"美中脱钩说"；2019年末，新冠肺炎疫情肆虐全球，生产停顿、贸易雪崩、投资萎缩，更不乏"以邻为壑""恃强凌弱"的诸种霸蛮行径乃至经济策略，"逆全球化"趋势而起。

21世纪之初，"全球经济失衡说"乍起，关于自由化的立场对立、全球化的利益分歧乃至市场化的认识冲突，不断冲击乃至动摇着世界经济体系，出现了全球化逆流，市场化乃至自由化像雏鸡般跌跌撞撞重回政府"铁翼"的荫蔽之下，政府与市场之间的博弈远未结束。

新冠肺炎疫情全球蔓延一年多来，社交距离、物理隔离、等连续冲击令全球经济全面萎缩，市场哀鸿遍野，一些产业遭受灭顶之灾，救市的诸多措施也日益偏离了市场的原则与信条。即便如此，经济的恢复仍然要视疫情的发展，而疫情后经济形势能否回到旧时光也不可预测。在疫情降临之前，托马斯·皮凯蒂（Thomas Piketty）等人对资本主义就发起过更为猛烈的批判。

2020年10月4日，天主教教宗方济各（Pope Francis）正式发表其登基七年来的第三道通谕，提出他对新冠肺炎疫情过后的世界观。他认为，这场疫情证明了他的信念，即当前政治和经济体制必须改革，以满足受新冠肺炎疫情伤害最深的民众的正当需求。他指出，新冠肺炎疫情证明，"市场资本主义神奇理论"已经失败。自由市场未能解决人们最为迫切的需求，"但我们被要求相信这种新自由主义的教条"，这种教条不但未解决所有不平等现象，反而成为导致威胁社会凝聚的新暴力。教宗对新自由主义的批判不仅深刻有力，而且十分应景。在抨击了新自由主义对平等的蔑视后，通谕重申了对公有制（Communal Society）的愿景，即社会可征用私有财产。他强调指出，天主教教义中从来没有认可"私有财产为绝对不可侵犯"的教条。

诚然，自由市场的信念从未取得全面性、历史性的胜利，更没有在现实经济社会中壮大为一种具有压倒性的趋势力量。每当重大的社会经济危机爆发后，人们对于自由市场的信念也往往处于风雨飘摇之中。有人认为，这只是一种间歇性的思想界的立场反复或条件反射性的社会情绪反应。更有人认为，这种反复或反应往往是一种危险性的萌动，甚至可能发展成为一种颠覆性的势力。

不论怎样，市场——哪怕作为一种精神力量，也正遭受着前所未有的考验。

而今，对于市场形成更大压力的是技术领域，特别是数字技术，正在发展成为一种（市场）替代性的力量。

1.2 市场——囚锁于"物理环境"中吗

早年毕业于东京大学农学系的酒井伸雄在其2011年出版的《改变近代文明的六种植物》一书中称，原产于安第斯山脉中的马铃薯，不仅构建了印加文明，更在大航海时代之后横渡大西洋，培育出欧洲文明。马铃薯不仅强化了全球粮食供给，更完善了人类的膳食结构，为大航海时代提供了对抗坏血病的利器，养殖业提供了饲料，改善了欧洲肉食供给的季节性限制。1853年，在美国纽约州萨拉托加温泉（Saratoga Springs）担任厨师的乔治·克拉姆（George Crum），因顾客多次抱怨他炸的薯条没有熟透，便赌气将马铃薯切得薄如纸片，然后再炸，如此食客便无法使用刀叉，只能用手进食。不料，这种薯片却掀起了饮食界的"滔天巨浪"，至今仍未平息。

大约100年后，芯片诞生。于是就有了美国版的"关公战秦琼"：作为高科技代表的芯片（chip）与作为市场代表的薯片

（chip），谁将历史性地胜出？

美式炸薯片诞生的前八年，爱尔兰遭受了疫病，导致马铃薯减产乃至绝收，存续了五年的大饥荒，导致人口锐减，150万人口移民美国。移民后裔中出了若干位总统，如肯尼迪、里根、克林顿、奥巴马、拜登。其中，里根总统在1983年任命保罗·沃尔克续任美联储主席；而在克林顿总统履职翌年，路易斯·郭士纳（Louis Gerstner）从前任埃克斯手中接过IBM的权力棒。1993年，这位被称为"薯片大王"的郭士纳出任IBM的董事长兼CEO（首席执行官）后，接受美国福克斯电视台采访时，主持人毫不留情地问："请问您有什么本事从一个卖薯片的跃升为IBM总裁？"郭士纳一脸轻松地回答说："反正都是卖chip的。"1999年，经济学家吴敬琏先生援引美联储前主席保罗·沃尔克的话，令我至今仍记忆犹新："薯片与芯片谁更牛？市场说了算！"

而今，美国每年消费3.7亿千克薯片。作为全球最大的马铃薯产出地，中国将马铃薯纳入主粮，且每年消费高达250亿元人民币。与此同时，热销170余年的炸薯片因热量过高，被批为垃圾食品；而晚诞生100年的芯片则被经济社会顶礼膜拜为数字经济的图腾。全球最大的两个经济体及消费市场——美中之间的争衡，不是薯片，而是芯片。保罗·沃尔克的话言犹在耳，时隔20年，芯片胜过薯片，芯片更牛！

展望未来，10年后，如果没有芯片，我们甚至根本造不出也买不到薯片了。社会经济体系的数字化运行与运营，离不开数以亿计运行中的芯片。然而，那时低廉芯片的价格甚或可能根本抵不上健康薯片的价格了，而后者或来自日新月异的生物技术、太空育种技术等。

事实上，经济社会常乐观地认为，技术总是能够解决或最终解决市场乏力的问题，即便是那些摒弃资本主义市场体系的传统社会主义者们，也坚信斯大林的那句名言："技术决定一切！"*这就不免令人想起法国科幻小说家儒勒·凡尔纳名为《蓓根的五亿法郎》**的小说，它预言，虽然技术足够强大，但终不能成为一种毁灭性的力量。技术真的不能毁灭市场吗？还只是如熊彼特所提出的"创造性破坏"而被锁定在市场体系之内？

市场本身并不完美，更不是压倒一切的力量。

市场与政府之间一直跳着恰恰舞，有时进取，有时退却。

---

* 见斯大林著《论经济工作人员的任务》。1931年2月4日，在全苏社会主义工业工作人员第一次代表大会上，斯大林发表了这篇演说，其中主要涉及"落后就要挨打""技术决定一切"两个话题。

** 《蓓根的五亿法郎》（*Les cinq cents millions de la Bégum*）是法国著名作家儒勒·凡尔纳和安德烈·洛里共同完成的一部小说。作品写于1878年，最初于1879年1月1日—9月15日连载于《教育与娱乐杂志》（*Magasin d'Éducation et de Récréation*），同年9月18日出版了无插图单行本；10月20日和11月17日又出版了两个插图本。该作品在20世纪初被译介到中国，首个中译本为包天笑所译的《铁世界》。

技术往往被认为是"中立"的*,但也时常站到市场一边,一次次缓解市场困境。它没有摧毁市场,也没能助市场一劳永逸地逃脱困境。

根本而言,技术与市场并不出自同一维度,前者从理论到试验完成了可行性的突破与进展,但在实践中是否行得通尚不确定。在经济与商业领域的应用是否具有可行性?成本上是否可以承担或分担?时间进程上是否合理或可控?诸如此类,不胜枚举。技术从研发到推广,往往要经历一个不可改变的事实性的"试错"阶段。换言之,技术要适应(市场)需求,而不是反过来,让(市场)需求去适应技术的创新。这就是"需求决定"的经济铁律。

法国年鉴派史学大师布罗代尔,在其《15—18世纪西方物质文明、经济和资本主义》的鸿篇巨制中,谈到蒸汽动力技术在古埃及时代就已经诞生了,但其大发展、大改进则是在产业经济时代,由于巨大需求的刺激而得以完成。这都在讲述一个简单的道理:需求是决定技术能否成就其"现实"的根本力

---

* "技术中立"是指政府或市场都可以运用相应的技术力量来强化自身,"技术中立"也成为政府或公共部门的一项原则,如在司法上并不支持因一项技术而排斥另一项技术等;再如,大数据的政府部门的运用,是否能够强化政府对市场的优势甚至形成绝对优势;另如,有人认为一些技术天然具有"反中立"的价值立场,是对抗政府管制的法宝,并笃定政府部门必然持有反对的立场,这是需要用事实加以证明的,本书后文将涉及。一般来说,市场方面更为积极地开发相应的技术并成功地在私人部门使用,往往强化了市场力量。但是,不能说技术就是市场性质的力量,天然地排斥乃至对抗政府力量。

量，而市场是需求的现实反映。简言之，需求是技术与市场的桥梁。

数字技术似乎能够改变或带来需求，因此，有人更加大胆地宣称，数字技术将重塑市场，甚至创造出新的市场。至此，市场真成为技术的"提线木偶"了吗？

1.3　技术——比市场更有力量吗

2011年秋，我入藏游数十日，所到之处，皆见藏民在政府补贴后新建的房屋。虑及藏区生态环境脆弱而不得修建水泥厂等，经询遂悉：以水泥为例，运费远超货价——单价过千元，令人咋舌！众所周知，水泥的销售半径应为200千米，超出即为"不经济"，藏区天价水泥应为特例。2017年夏，我在越南河内度假，其间驱车南行到宁平，出城踏上一号公路不久，就发现西边远处山脚下烟尘密布，水泥厂遍布。由于石灰岩和石膏的矿产资源丰富，越南迅速成为东盟最大、全球第三的水泥生产国，年产近亿吨。越南最近的两个万吨水泥厂相距不到10千米，而其最大的水泥厂就在宁平以南的清化省，年产360万吨。2019年，越南水泥生产过剩，大量出口中国，甚至曾远销到河南郑州。

市场活动真的有所谓的"物理边界"吗？

新冠肺炎疫情暴发后，笔者滞港隔离，一日从寓所塞满食材的冰箱中搜出两个鸡蛋：一个来自日本，一个产自荷兰。取出三个西红柿，分别进口自意大利及西班牙。于是，有了一盘汇集了"四国两洋"的西红柿炒鸡蛋。香港的西红柿炒鸡蛋以及使用了越南水泥的郑州摩天大楼，不胜枚举的例证一再告诉我们，商品的物理边界总是被不断打破。或许这是拜现代经济与科技所赐吧。

然而，考古发现告诉我们，长距离贸易的确不是为所谓的"现代"经济社会所独享：古埃及法老木乃伊的身上有小片的丝绸*，它只能来自遥远的中国；商代妇女墓中也有来自阿拉伯海的贝壳出土；曾侯乙墓中更有所谓的"蜻蜓眼"**出土……远距

---

* 1993年，《自然》杂志发表了一篇文章《古埃及丝绸的使用》，讲述在埃及底比斯的一个墓地里，考古专家从古埃及第21王朝时期（大约处于公元前1000年）的一位女性木乃伊头发上发现了一块织物，经过技术鉴定确认是丝绸。以现有的认知来说，丝绸只能来自远方的中国。20世纪60年代，在河南舞阳县北舞渡镇西南1.5千米的贾湖村，考古专家发现了一座上古遗址，后来命名为"贾湖遗址"。经过多年考古研究之后，2013年专家找到中国最早有丝绸的证据，龚德才教授的研究团队于2016年12月12日在国际学术期刊《公共图书馆》（*PLos One*）上发表了《8500年前丝织品的分子生物学证据》一文，确认在8500年前中国就有丝绸。这就间接证明了洲际贸易及其古老商路存在于更为古远的时代。

** "蜻蜓眼"，是古代一种饰物的俗称。"蜻蜓眼"为玻璃制成，玻璃又称琉璃，公元前2500年人造玻璃首次出现于西亚和埃及。"眼睛"文化据说发源西亚或印度，这种镶了"复合眼珠"的玻璃珠，在春秋战国时期进入中国。近年中国考古学家在新疆轮台群巴克发掘了公元前9世纪至前8世纪的墓葬群，出土了不少蜻蜓眼，与在伊朗吉兰州以及在中国中原地区出土的春秋战国的蜻蜓眼非常相似，进一步证明了公元前1000年或略早，蜻蜓眼由游牧民族从西亚经过漫长的岁月带到中国。但中国的情况并非如此，镶嵌玻璃与单色玻璃块同时出现在春秋战国时期，在此期间并没有任何发展。镶嵌玻璃的突然出现，只能用贸易品来解释。山西长治分山岭270号墓、山东临淄郎家庄1号墓、洛阳中州西工路基、河南固始侯古堆墓和湖北隋县曾侯乙墓都出土过"蜻蜓眼"。

离贸易的历史已有数千年之久,大航海时代的到来只是使之更趋于常态而已。

商品、物资、人员、资本,乃至技术与知识、文化等向全球的地理扩张是一个历史进程,经济活动支持并极大地推进了这一历史进程。从这个意义上说,无疆界市场的确是存在的,并且是在不断拓展的,它不仅在地理空间,在时间范畴上也是如此;不仅在商品或服务上,在信息的传输、记录、存储与处理上,更是无远弗届。由此可知,市场活动似乎并没有所谓的"物理边界"。

虽然如此,市场活动仍然是在有限的时空中进行,市场体系还是桎梏于物理环境本身,并不能超离物理环境自身的局限。简言之,市场体系仍是"物理囚徒",它在其"物理环境"中神通广大,但是并不能"超越"这个"物理环境"。市场体系及其活动无法超离"物理环境",在其中却又不能"至善",只能沦为"囚徒"。

产业革命带来了"生产大爆炸",历史性地需要实现与其相适应的"交易大爆炸",以达到市场体系内的平衡或主要经济部门间的和谐*。然而,"生产"自然地倾向于越来越"集中",而"交易"天然地趋向于越来越"分散"——供需两端处于巨大的物理张力下的持续"裂解"之中。进而,现实市场体

---

* 作者在《账户——新经济新金融之路》一书中阐释了"生产大爆炸"与"交易大爆炸"的概念及其关系,兹不赘述。

系并不能通过价格机制有效地弥合"断裂",而是被迫给予所谓"合理"的价格。"生产高度集中"与"交易高度分散"都是经济理性驱动的产物,都是市场活动的趋势。然而问题在于,生产依然高度集中,而交易远未高度分散,更无从实现高频交易。

如果只发生了历史性的"生产大爆炸",而无法产生历史性的"交易大爆炸",那么,生产与交易的"错配危机"就不可能根本消除,仍将频现交易的"双输"与市场的"多输"危机,此"裂解"持续扩张,而价格体系也终将被拉断,只能通过步入周期性的危机来加以调整与缓解。这就是说,物理环境中的市场体系及其活动并没有那么"神通广大",并且不时地或周期性地失灵。

市场决策和交易决策都是物理性质的,是受一定时空等物理条件限制的。具体来说,1 000 米的生产线可以实现,但是搭配 1 万千米的交易柜台,却是万万做不到的,存在着根本无法超越的物理局限。由此,生产决策的集中化,交易决策也被迫相应地集中,所有决策之间的关系不能等量齐观,一些决策是主导性的或先导性的,另一些决策则是被动的、反应性的。对于现实市场活动而言,更多经济决策活动因其被动性,甚至可以被肢解或省略。

根据市场信号而采取相应个体决策的数理描述,往往是过于抽象的。即便现实中每一决策都趋近于"理性"的选择,但并不意味着各决策之间是平等且自由的，甚至有时也不是自愿的。

症结在于，现实的市场根本无法实现全员、全时、实时、全域的交易网络体系，也就根本不存在全员平等、自由的决策。信息不对称（或为"信息偏在"）或博弈论试图在理论上解释这一问题，但是二者只是强调了决策如何利用信息不对称来进行有效的博弈，并没有回答如何有效地消除信息不对称——这一根本且现实的约束。正如市场失灵学说力图引致克服市场失灵的策略选择，但并不探求根本摆脱市场失灵的途径——物理环境自身的局限性。简言之，市场无法超越物理局限，只能沦为"囚徒"。

第二章　数字化即经济变轨

2.1 数字化——技术力量还是市场力量

1992年,美国计算机科学家尼古拉斯·尼葛洛庞帝(Nicholas Negroponte)以少数投资者的身份参与《连线》杂志(Wired Magazine)的创刊,而在1993—1998年,他每月在该杂志皆贡献一篇专栏文章,不断重复论述一个基本议题,即他的信念:"Move bits, not atoms",大意为"原子世界蜕变为比特世界"。其间,1995年他出版了《数字化生存》(Being Digital)一书,该书主要阐述数字科技对未来生活、工作、教育的影响,主张随着生活环境的数字化,人类的生活、思想方式也会随之改变。书中一句名言是"预测未来的最好办法就是把它创造出来"。1994年,《连线》杂志的第一任主编凯文·凯利(Kevin Kelly)出版了《失控:机器、社会与经济的新生物学》(Out of Control: The New Biology of Machines, Social Systems, and the Economic World)一书,该书所描绘的"数字网络的未来世界"引发了强烈的反响。苹果公司的乔布斯和好莱坞都受到这部书的深刻影响,《黑客帝国》和《少数派报告》等据此先行在大屏幕上创造未来。《数字化生存》和《失控：机器、社会与经济的新生物学》都被视为"科技乌托邦"（techno-utopian），2000年网络泡沫危机之后，《连线》杂志两位作者的两部著作似乎一下子就"过时"了。与此同时，经济社会甚至出现了讥讽之声，认为"二战"以后并无大的技术进步，而更关心因新兴经济体的崛起而出现的全球经济的"失衡"。

2008年全球金融危机暴发，金融市场顿挫，发达经济体普遍陷入萎靡，世界经济遭受近80年来最大的挫败。2007年，肯尼亚电信运营商Sataricom开发了M-Pesa；10月31日，中本聪（Satoshi Nakamoto）发表论文，宣告了比特币（Bitcoin）的诞生，它是一种基于去中心化、采用点对点网络与共识主动性的开放源代码，以区块链作为底层技术的加密货币资产。2009年1月3日，创世区块诞生；11月11日，中国电商巨头阿里巴巴旗下的购物网站举办"淘宝商城促销日"，自此一年一度的覆盖线上线下的购物活动影响、冲击乃至改变了全球零售业。2012年"双十一"网络购物日全日销售额超过美国"网络星期一"成为全球最大的互联网购物节日。2016年，二十国集团杭州峰会发布题为《G20数字经济发展与合作倡议》的报告，向全球吹响数字经济的号角。2018年，作为数字经济基础的数字支付在中国达到数百万亿元人民币的规模。

第二章　数字化即经济变轨

今天，数字化早已不再是一种科技乌托邦的畅想，它既是一大技术力量，也是以茁壮成长为基础性的市场力量。

2008年金融危机以来，各经济体系市场化处于不同程度的调整或阻塞之中，全球化出现逆流，自由化也受到一定的抑制与抵制，无论国内或国际，主权国家对于经济的干预都在无形中有所增强。反之，经济数字化从无到有，狂飙突进，全球经济正自觉或不自觉地渐次进入数字化发展的历史大潮。数字化的确是异军突起，成为拓展经济自由与经济开放的开山巨斧。

数字化，是技术力量，其核心是使经济"决策活动数字化"；数字化，也是市场力量，释放出足够的空间与时间，使经济活动超越物理环境，进而使整个市场体系渐次"变轨"进入数理环境。

举例来说，在商品买卖中，经典场景是买家与卖家隔着柜台进行交易，而作为交易对象的商品往往是在卖家的身后，这就是"面对面交易"，它往往还要受到交易营业时间的限定。由此不难发现，生产高度集中后，1 000米长的生产线完全可以做到全天候24小时连续生产，产出量巨大到可以供应足够多的人来消费，于是，需要大量购买甚至1万千米的柜台来支持销售，把柜台摆放到距离消费者最接近的最后1 000米甚至最后100米，更要延长营业时间到24小时无缝销售。这样的销售链条势必会造成资源的浪费，使整个经济陷于困顿乃至停顿。这就是前文述及的"物理环境"的局限之一。

数字化是如何解决这一问题的呢？

（1）使交易主体"账户化"。这就使多余的柜台可以撤除了，也就是说，买卖双方无须面对面交易，而是通过缔结合同来实现交易，即账户化使得交易合同化。

（2）使货款支付和物流交货相分离，即支付体系账户化和物流体系账户化。既然是合同交易，那么签约和履约就应分成两个环节来实现，钱货两分，无须实时结清，使得交易的达成和完成分割开来。于是，大量的交易决策先行，付款及交货都可随后落实。这就彻底地"超越"了柜台交易，一旦无柜台交易得以实现，物理空间与时间的约束都会放缓。在有限的空间与时间内，产生大量交易，就成为常态了。这就是所谓的在线交易或远距离交易的意义所在：最大限度地释放交易效率。这个交易效率指的就是交易决策的效率。交易决策更加便捷地发生，同时也给予付款及交货安排更为充裕的时间。由此，交易柜台的空间约束完全转换为充裕的时间安排，交易活动获得了极大的时空资源。

交易主体账户化，支持了钱、货两分，进而使得人、财、物三者"账户数字化"运营。这就实现了"交易大爆炸"——交易效率历史性地超出了市场效率。

在物理环境中，交易是需要面对面支付的，往往也是实时钱货两清的。即"柜台体系"，从销售柜台到收银台，再到取货柜台，这样的交易运营体系极大地占用了物理资源，耗损了时间资源，抑制了交易规模与速度。数字化使交易活动中的人、财、物通过全面地"账户化"实现了"数字化运行"：一单交易既不需要人、财、物在空间上扎堆聚拢，也无须在时间上碰头汇集，各类账户体系各行其是，各取所需。如此，交易大爆炸从根本上摆脱了物理环境的约束，爆发出超越生产大爆炸的潜能。在数理环境中，需求决定供给，通过决策体系数字化（账户）实现了。

经济活动的中心是"决策"（make a decision），即"做出选择"（make a choice），而决定经济选择的是其相应的"机会成本"（opportunity cost）。

机会成本的主体是个人。它与生命时间的约束相挂钩，个人消费决策及劳动供给决策，本质而言是受到自然人生命时间节律的约束。企业也存在机会成本，但本质上是预算成本约束下的产物。大体来说，经济活动追求降低市场成本以提高利润与产出率，降低交易成本以提高交易效率。但是，唯有降低机会成本才能够提高经济自由度。既有的经济理论认为，只有提高企业产出，增加个人收入，才能带来经济社会的自由；数字经济则直接通过降低机会成本，来提高每个经济社会成员的自由度。

2.2　数字经济何以跨过"物理大墙"

经济活动具有且不能摆脱其"物理属性"，即经济现实的局限性，也正是市场难以摆脱的"物理大墙"。所有的经济活动都是"现实的"，这就意味着物理条件的约束性。物理环境世界支持生产的高度集中，却无法使极为分散而高频的交易成为可能，更无法令全员参与到经济决策中，无法全时、实时、全域地覆盖到所有成员的所有经济决策。

离开物理世界来谈经济活动，如同"公关战秦琼"是无法进行讨论的。实践务实，理论务虚。务实，就是从现实物理环境的具体约束出发，考量应对策略；务虚，则是在抽象的理论环境中探求方向性的指导，做出理性的预判。在理论上，存在完美的经济关系，可求得数学意义的"解"；在现实中，由于时空等诸种具体的物理限定，不存在物理条件下完善的"解"。换言之，在理论环境中，存在着近乎完美的经济关系，而在物理环境中，经济关系则普遍且经常性地存在缺陷。

事实上，关于市场完美的理论假定，其本身在现实中绝非完美，这就标志着市场的现实不完美，甚至市场缺陷，更或是预示着市场失败。关于市场不完美的论说本身在理论上也不完美，其只是选择性地尝试解释现实中的市场不完美[*]。经济社会是处于现实环境中而非理论环境中，也就是说，经济活动是发生在物理条件下而非数理条件下的。经济数理模型的"完美性"

---

[*] 理论上，经济学家们讨论所谓的"不完全市场"（Imperfect Market or Incomplete Market）"市场失灵"（Market Failure）以及"不完全竞争"（Imperfect Competition），等等。

恰恰将现实的"不完美"展现得淋漓尽致。

"……一切理论都是灰色的,唯生命之树常青。"[*]现实经济活动不能完全摆脱其物理属性的"局限性",进而难以体现出数理上的"完美性"。这种现实的"局限性"与理性的"完美性"之间的巨大"落差"正是所谓的"物理环境"与"数理环境"的分离造成的。

具体来看,经济理论的数理建模需将时空等诸多物理属性"均质^{**}化",或直接"省略"掉,滤除物理"杂质"的数理分析,已然脱离了物质世界,置身于纯粹的"数理环境",通过近似完美的数学表达谋求数学上的"解"。这种理论上的"环境转换",跨越了现实市场体系所存在的"物理大墙"。

经济数理分析至少有两个意义,值得牢记。(1)在数理环境中,存在着近乎完美的经济关系,进而借此形成了对经济现实的一定理论指导;(2)数理环境与物理环境的实际"落差"十分巨大,被解读为理论务虚与具体实践之间的"认识转换",两个"环境"之间缺乏实际的技术孔道。简言之,一旦通过技术削平数理环境与物理现实环境之间的落差或开通类似的渠道,

---

* 语出德国诗人歌德的诗剧《浮士德》,是剧中魔鬼靡菲斯特菲勒司说的一句话。

** 这种"均质"是指,对于同一市场体系内的任一主体而言,不存在时间上的差异和空间上的差异。这同样适应于同一市场体系内的任一客体,也不存在时间上或空间上的差异。或言之,这些差异都"体现"在价格差异上,就是说,不存在不能够被价格吸收的时空差异。这是一种理论上的假定或设定。

便能够"穿越"市场的"物理大墙"。"经济转轨"只是在非市场与市场之间发生，而经济"变轨"则是发生在物理环境与数理环境两个层面上的切换。

回到与生产大爆炸相对应的交易大爆炸问题上，要实现交易大爆炸，首先，需要有足够多（乃至全体）的交易主体加入；其次，交易时间也要完全"开放"——全天候24小时无缝进行，不受前台营业时间或后台作业时间的约束；最后，交易既然全员参与，那么就不应受地理空间等约束或限制。这些在物理环境中是"无解"的，但是，在数理环境中是"有解"的。

这个"解"就是"数字账户""数字网络与程序"。

数字账户体系是超离银行账户体系的，它不依靠柜台操作，也不靠银行的前中后台流程来运营，它依靠"（数字）程序"，依靠实时的网络，从而使更多的"人"自由进出。

2.3　数字化即经济变轨

20世纪70年代至今半个世纪以来，全球经济市场化巨变使得经济数字化作为更具分水岭意义的经济历史进程——数字化"变轨"发生了。

经济数字化是经济活动从物理环境向数理环境进行的一场"大迁徙"，其涉及的是社会经济生活与经济体系的各个方面。

（1）市场结构"变轨"——日趋彻底地重组、改变乃至全面提升既有市场的供需结构，使得交易对象、时间、空间都发生了"叠加式"（tectonic superposition）的变化。因此，既有的社会经济观念也正在发生调整与巨变。

（2）市场主体认识"变轨"——这更决定性地改变了经济活动的决策方式，从而根本性地改变了经济活动的内容与方向，使得个人决策日趋成为社会经济生活的主导力量，更使得整个社会经济体系向数以亿计的个人端倾斜，进而使个人真正成为社会经济生活与社会历史的"主角"。如果说既有的社会经济哲学之原则是各种形态的政府与市场的话，那么"企业资本主义"乃至"国家资本主义"正在让位于"个人资本主义"。

（3）经济决策力量"变轨"——引发经济数字化"变轨"的基本力量是网络数字技术，使数以亿计的个人数字账户得以涌现与崛起，挣脱与超越了银行账户体系的限定，这就在决策、法律乃至货币诸层面上发生巨变，为数字经济自身的不断延展与提升铺就轨道。

（4）决策依据"变轨"——市场体系的成本中心，从生产成本、交易成本向机会成本替代性转变。

展开经济数字化"变轨"的图景，是数字化与市场化叠加的历史进程。它有以下几个特点。

第一，经济数字化"变轨"，并不以市场发达成熟的程度为界。换言之，无论经济市场化发展水平如何，甚至无论经济处于何种发展阶段，数字化都是"必须的"，也都有可能迅速发展。进言之，市场化程度低的经济体系，特别是经济产业化历史发展中起步晚、发展慢的经济体系，更有可能在数字化"变轨"中获得长足进步，进而迎头赶上。

第二，经济数字化"变轨"，也不以数字技术的原发为依据。经济数字化"变轨"，更取决于社会经济体系对此巨变的需求与适应性。特别是对于那些人口众多、基础较弱的经济体系而言，迅猛的经济数字化所释放出的巨大经济潜力甚至远超出其早已发生但仍旧发展缓慢的市场化。换言之，所谓的"数字化鸿沟"，于现实社会经济体系中并非取决于所谓的技术鸿沟，也不取决于市场落差。

经济数字化"变轨"的核心在于，需求与技术的耦合使技术成为一种改变市场需求结构根本性的现实力量。

总的来看，数字化"变轨"势将整体性地推进社会经济历史的大发展，任一经济体系的未来不仅取决于市场化的程度，而且取决于数字化的转变。

第三章 变轨之"轨"

3.1　从银行账户体系到数字账户体系

个人数字账户体系正在爆发出比产业革命以来的银行账户体系更为强劲的历史变革与推进发展之力量。

在古代中国，只有皇帝的饮食起居被记录下来，被命名为《起居注》。此外，还有所谓《实录》，记述重大的事件与活动。近代以来，历史上的重要人物往往由后来者为其编注《年谱》。但是，就亿万计的普通人而言，除非其识文断字且自行记日记，否则，其日常生活或人生事件往往仅为少数亲朋好友所铭记，并不会被记载下来而传世。每一个人任何时间或地点的一系列行为活动都被完整有序地记录下来，这是历史上从未发生过的事情，也是无法想象的。即便是当事者，对于这样的安排也是毫无思想准备的。数字时代的到来使这一亘古未有的状况自然而然地发生了。

这究竟意味着什么呢？

今天，令历史学家和考古学者最为兴奋的是，通过文献研究或实物发掘能够发现或感知史上普通人或具体某个人的生活、情感与认知。特别是就研究社会经济史而言，无论从哪个意义上来说，个人经济生活的真实样貌越来越重要。几个世纪之后，也许我们中许多人的个人经济生活将会被重新"全面"发现，甚至在"细节"上被研究解读，乃至被"精准"拷贝。因为，我们留下了完备的数字化的记录。那时，或许会出现一门新的学科叫作"数字考古学"。为什么会这样呢？因为个人的社会经济生活越来越依赖（个人）数字账户体系，远远超出我们所说的"大数据"，它或许仅为其中一小部分而已。

但是，这一预想并不能通过银行个人账户体系的记录来实现。

2019年10月24日，扎克伯格在美国国会作证时宣称，全球有10亿人没有银行账户，无法获得银行服务。在中国，银行个人账户的普及与电子化进程始于21世纪之初历经一个发卡狂潮后，商业银行转向清理大量的睡眠账户及冗余账户，而乡镇区域的自动取款机（ATM）的普及很快进入瓶颈期。商业银行组织扁平化管理要求，对其资源实施有效的集中，银行现金周转的压力及其安防成本持续走高，技术设备的投入并未出现全面井喷，且个人终端部分甚至出现了某种程度的萎缩*。可以说，

---

* 在中国，一般来说，一台ATM需要日均交易完成80~100笔次的业务操作才能够覆盖其成本。但是，在北京繁华的西单商业区，某大型商业银行辖下的ATM机日均交易笔次几年前就已降到大约80笔。另以银行网点窗口资源而言，即便有所闲置，个人服务的窗口也出现了人为紧缩。商业银行投入相应的资源力图使个人服务尽可能地转为在线服务。

不仅银行业覆盖的物理边界日趋显现,且其还在一定程度上自我萎缩。

从历史角度看,银行业是产业革命大背景下企业部门和政府部门财务扩张的结果:银行体系以货币创造为历史使命,服务于产业革命时代的企业体系,并使政府部门的融资扩张开来。企业、政府和银行以银行账户体系为基础,以财务报表为依据,实现了近代国家政府部门与企业部门的双扩张。由此,企业部门与政府部门事实上掌握了"取之不尽、用之不竭"的(银行)资本,个人或居民家庭部门则处于与资本相异质的对立面,相当一部分甚至未曾拥有个人银行账户。不难发现,银行服务于企业与政府的融资,个人往往是银行体系的资金来源,并非其资金的主要使用者。近年来,银行业一再宣称要拓展零售业务服务于中小企业和个人,也曾为此持续地投入资源,但是效果并不明显。究其原因,个人银行账户体系与企业银行账户体系之间存在"人为"的功能与地位差距,商业银行的功能历史性地以企业账户体系为根基,并不能自行调整到服务个人的方向上来。

这就是说,以个人账户体系而言,银行的边界出现了,不仅是物理意义上的,而且是财务成本意义上的,甚至是其意愿、能力与水平上的。

现代货币是账户货币,现代经济也是账户经济。事实上,银行个人账户体系的巨大短板像是"一面大墙",横亘在旧经济与新经济之间。

当前，非洲金融市场的不完善导致金融服务稀缺，各国银行卡渗透率普遍较低，平均每 10 万人仅拥有 1.5 张银行卡、1 台 ATM。在金融体系发展较好的肯尼亚，银行网点也只有 2 000 多个，且仅服务少数高端群体，肯尼亚约有 38% 的人口从没使用过任何金融服务。并且，无论银行网点或者 ATM，都只存在于城市中心，这使得居住在城市边缘及郊区的用户群体不得不花费大量的时间成本去办理银行业务。

在银行账户体系之外建立账户体系，特别是建立数以亿计的个人账户体系，是旧时代根本无法预想的社会经济图景。

金融服务的落后和金融机构的欠缺为移动支付业务带来了巨大的市场需求，移动支付应运而生。目前，拥有近 2 000 万网民的肯尼亚，互联网渗透率达到 39%，移动宽带信号可覆盖全国 85% 的人口。2007 年，肯尼亚最大的移动运营商 Safaricom 开发出一款基于功能机、面向无银行卡用户的移动支付平台——M-Pesa。它更像是"移动钱包+银行卡"的结合体——手机号即支付账号，无须安装软件与绑定银行卡即可完成支付。由此，M-Pesa 采用了与小型店铺合作的方式，即小型店铺和 Safaricom 签约并注册成为 M-Pesa 的代理商，形成了类似于银行网点的线下机构。有汇款转账需求的用户只需要在各个代理商网点简单地录入基本信息，便可以免费注册 M-Pesa，并在自己的手机上控制该账户。用户在代理商处实现电子货币与纸币的转换,而 M-Pesa 的后台系统则帮助用户实现异地转账等业务。经过 10 余年的发展,M-Pesa 在肯尼亚早已家喻户晓,全国几乎所有的大中小商铺都支持 M-Pesa 支付。截至 2018 年,M-Pesa 拥有超过 3 200 万用户和 90% 以上的成年人渗透率,业务覆盖到肯尼亚人生活中的各个方面,营业网点达 15.6 万个,甚至渗透到偏远的山区。M-Pesa 几乎做到了只要有 Safaricom 信号覆盖,就有 M-Pesa 网点的程度。就像中国当前任何时间、任何地点都可以使用支付宝、微信支付的支付场景,在肯尼亚都已经被 M-Pesa 覆盖。甚至支付宝、微信不支持的存取款业务,M-Pesa 也可以通过其网点完成。借此,肯尼亚合规金融服务的渗透率在 10 年间增长了两倍多,到 2019 年已经达到 82.9%,为肯尼亚金融科技的发展奠定了良好的基础。

从支付功能上说,肯尼亚的数字金融非常类似于中国的支付宝和微信支付。三者有一个共同点,就是超越银行账户体系,借助网络数字技术建立全新的账户体系。这是有银行历史以来,从未发生过的重大货币金融事件。与银行账户体系平行的网络数字账户体系,直接切入了一个银行账户体系所触摸不到的、一个长期有待实现的市场体系。不限于此,在中国,数字账户体系带来了许多未曾开发的市场维度,形成了层出不穷的崭新的市场结构——数字经济生态体系。

从肯尼亚到中国,市场化水平不同,经济发展阶段也有差距,自由化程度和开放能力各有不同,但是,经济数字化都各有长足的进步与发展，有人称之为所谓的"弯道超车"。事实上，数字化技术发现且构造了另一维度的市场体系，越过了既有市场体系的"物理局限"。

由此，可以说数字化与市场化是异构的平行关系。但是，发生了巨大的、历史性的挤压、叠加与冲击。进言之，数字化根本性地改变了市场结构，甚至将其撕裂为两个部分：一部分无须数字化依然可以触达，另一部分完全依赖数字化才能够触达。关键是这样两个部分的界限是暂时性的，市场整体性的数字化已呈现出一种不可逆转的趋势。

数字经济时代正是以个人数字账户体系的建立为根本，以个人数字支付（而非个人银行支付）为基础而渐次展开的。个人数字账户体系的确立与崛起，是数字经济最明显的事实，也是人类社会经济历史上最具"爆炸性"的标志事件。

相较银行账户体系而言，数字账户体系在支付方面做到了"实时、全时、全额"支付，做到了几乎"全员"的普惠性参与，更为本质的，也正是银行账户体系所无法完成的任务：数字账户体系既是支付账户，更是决策账户。

经济数字化的本质是决策数字化。决策数字化支持远距离决策、全员实时决策和实时全额支付。这就标志着经济活动不再局限于时空结构，挣脱既有的商业模式，成就所谓的"场景"即数字决策场景。

经济数字化在原理上和事实上等同于个人数字账户体系相

对于银行账户体系的全面崛起。其正在爆发出比产业革命以来企业（银行）账户体系更为强劲的历史变革与发展的创新之力。

3.2 从生产成本、交易成本到机会成本

银行体系的利润来源是企业部门，特别是生产企业。这也就是所谓的以"实体经济"为根本，以金融为服务的宗旨所在。这一思想根植于政治经济学时代对财富的理解，重农学派认为实际产出为财富源泉，重商主义认为金银为财富根本。19世纪工矿业兴起并发展，银行业也渐次进入中央银行时代，企业产出与货币结余便统一为企业的财务利润，财务报表上的财富成为社会经济的主要财富形态。至此，企业部门既不是为了金银，也不是为了实际产出，而是为了报表上的利润结余而运营。然而，企业财务活动的基本逻辑仍然是以生产成本为核心，政府部门的经济政策也是以 GDP 为基本目标。

曾几何时，被冠名以"萨伊定律"的"供给创造需求"被认为是经济铁律，即所有经济问题都是可以通过生产来解决的。1929—1933 年爆发的经济大萧条终止了这一神话。但是，陈腐的经济观念的强大惯性依然以生产为核心，不顾生产本身带来的严重经济衰退和无法根治的周期性危机。坦言之，现行的经济逻辑还是建立在生产约束成本的会计准则上的。

个人数字账户体系的确立带来了"交易大爆炸"，将历史性

地摆脱"生产大爆炸"所带来的经济困境。数字账户体系使得交易结构一分为二，即交易达成与交易完成，使交易在时间上分为两个部分，极大地降低了交易活动的物理约束，从而获得更多的时间资源。同时使得交易空间无限延展，进而瓦解了人流、物流、资金流的物理约束，这被称为边际成本趋于零的社会经济体系的到来，即交易成本极速地降低。依据科斯的交易成本学说，交易成本的约束一旦被打破，企业或厂商的理论依据就被瓦解了。进言之，金融媒介说或中介说也将受到颠覆性的冲击。个人数字账户体系使人与人之间，在任何时间、任何地点进行任何交易，并以任何货币进行支付或结算成为可能。

"交易大爆炸"不仅是商品或服务品类与总量的扩张，还是交易主体的全面覆盖，更是交易约束条件的渐次突破。这似乎表明，经济活动的中心或重心必然从生产转向交易。交易约束在相当程度上替代了产出约束。从这个意义上说，交易大爆炸也瓦解了"稀缺性"的假定。进而，所有权的约束也将被削弱，大量的存量将回归交易，企业的产销率将受到挑战，产出的扩张不仅受到周期性的约束，也将在交易大爆炸后受到存量回归交易的约束。经济社会关于所有权的观念将被削弱，拥有将不再是消费的前置条件。

因此，有人认为，交易平台是经济活动的主干，并将数字经济称为"平台经济"，这就走入了另一个误区。平台经济以商品或服务为主角，并不是以个人为主角，正如企业以生产为主角,并不是以消费为主角一样。决定经济走向的根本力量既不是政府,也不是企业,而是个人。

生产活动需要一群人,交易活动只需要两个人。那么,个人是否被排除在经济活动之外?根本而言,经济活动既不是生产,也不是交易,而是决策(make a choice)。这就需要明确企业理性和个人理性的界限。经济学理论有所谓的理性人的假定,但是这个"人"究竟是企业还是个人?既有的理论有意无意地对此采取了模糊策略。经济学说称,劳动供给函数是向上弯曲的,而企业生产函数则是一条向右上方延展的曲线。这就是说,个人和企业在扩张性上是有分歧的:在达到一定收入水平后,个人会倾向于减少劳动付出,选择休闲;企业则不会出现减产,只要有条件扩大产出,便会疯狂地追求利润。

因此,企业的决策理性与个人的决策理性是不完全一致的,甚至是有重大分歧的。因为,人的生命时间是有限的,消费是即时性的,这些是企业所不具备的。如果以企业的理性统摄个人理性,经济活动必然遭遇异化。问题是,个人理性如何才能有效地反抗企业理性的压制?这就需要个人决策凭借其"足够的能力"驱动乃至替代企业决策。

个人数字账户体系是个人经济决策的基础与保障。越来越多的个人经济活动将首先通过个人数字账户体系的决策活动发起。这就是所谓的"场景"!在场景之下,跨界等旧经济不可跨越的雷池,似乎都可以如履平地、风生水起。

数字经济的"场景"是个人决策的场景，不是企业生产场景，也不等同于销售交易场景。

一个人同其自身作交易，可以理解为作个人决策，即作出选择。鲁滨逊在荒岛上，如何安排上午、下午的劳作或休息？这个过程即为作出选择，是他自己同自己的事情。为什么要作出选择？因为时间是根本性的约束。这就是机会成本的基础所在。相反，企业是不同的，企业只是受到预算的约束，只要预算允许，它就可以选择包下两场电影。但是，个人不受预算约束，即便可以包下两场电影，也最多只能看一场电影。

个人经济活动根植于决策活动，受到机会成本的根本性约束。

个人数字账户体系保障了个人可以在有限的时间内作出相对于以往足够多的决策。但是，每个决策事实上都受到机会成本的约束，都在消耗个人的时间。平台经济往往就是在最大限度地榨取个人时间，事实上也增加了个人账户决策的时间损耗，提高了个人经济决策的机会成本。这将最终促成个人与平台之间的疏离，乃至对立。个人将不可阻挡地成为数字经济活动的重心，个人决策将成为数字经济的根本驱动力。

大量的个人决策只有通过数字网络才能汇集为强大的经济力量。现今，这种强大的力量被掩盖在所谓的"平台经济"之下。表面来看，平台提供了个人决策的可能，事实上是个人决策成就了现阶段的平台。

经济自由意味着个人选择的自由,这不仅相对于企业、政府或其他主体而言,而且相对于任何时间与地点而言。经济数字化使得经济活动每分每秒地触及近乎每个经济社会成员,触及近乎每个具体的"人"。

企业自由不等于个人自由,甚至有时还侵犯到个人自由。企业自由或许是对抗政府干预的"神器",但是它无法取代个人自由。否则,经济社会将陷入一种无法救赎的悲惨命运。降低生产成本以提高产出效率,降低交易成本以提高"产销率"。本质上,这些仍旧是基于企业本位的考量,至多还是一个"企业自由"的范畴。

只有根本性地降低机会成本,才能够根本性地提高经济自由度,使整个社会经济体系的决策自由度在最小的机会成本下运行。我们熟悉的"零边际成本"或"零交易成本"社会,其本质便是倾向于一个机会成本递减的社会经济体系。

经济数字化,即经济活动的数字化,正是经济决策活动的数字化,而不再受困于生产环节或销售环节,而在于提高经济社会每位成员的自由度。

将决策活动与货币活动共同置于数字账户体系,从而将经济社会的成员纳入,便能够最大限度地提升整个社会经济体系的自由度,使经济体系逐一决策的自由度在最小的机会成本下得以发生和运行。也正是在这个意义上,经济变轨的目标与价值才得以摆脱商品与服务的"量"的桎梏与时空的局限,进而回归到"人本"的层面。

完美的社会经济关系需要全员、全时、实时地参与,更需要讲求商品和服务本身的数字化、账户化,从而使社会经济活动的主体、层次、结构等全面实现数字化渗透与穿透,机会成本因此终将实现最小化。

全球近80亿人,个人数字账户正以野火燎原之势蔓延,不同种族、信仰、阶级、性别的人们参与到数字经济决策中,数字支付将随之发生、发展。这是亘古未有之事,它标志着消除歧视、争取平等,获得更大经济自由的开始。因此,经济数字化"变轨"所开辟的正是所谓的"自由递增的经济体系"。

3.3 从物理环境到数理环境的"时间考量"

"时间"是生产不出来的,也是交易不出来的。

旧经济日益显现出来的最大问题是拥堵。拥堵是一个时间现象,因此它在空间上是无解的,需要在时间上引入解决办法。但是,旧经济只是在空间上投入更多,而在时间上则只是相对意义上的投入,即提高效率。旧经济的一个基本场景是柜台,绝大多数的经济决策是通过柜台来实现的,即便在一系列的技术进步之下,有形的柜台消失了,但是法律规则、财务规范乃至业务流程依然是以柜台为基础衍生的。比如说,银行电子支付、网银操作几乎没有柜台痕迹,但这只是个人的感受。银行支付流程的安排依然是按照前台、中台、后台划分，只是终端发生了变化而已，内在流程并没有本质的变化。

时空矛盾与冲突是旧经济的基本特质，如生产需要在空间上尽可能地高度集中，在时间上尽可能地连续不间断；交易则需要在空间上尽可能地分散，在时间上同样需要尽可能地分散。生产与交易的矛盾与冲突在物理环境下是无解的。进言之，完美的经济关系在物理环境下是无解的，即完美的经济关系存在于数理环境中。

从本质上来看，时间是一种关系界定，绝对的、孤立的时间很难被发现。社会经济体系中的时间主要指的是"交互时间"。比如说，柜台交易需要柜台内外的买家、卖家同时存在，一同支配交易时间，钱货面清。如果空间上无须买卖柜台，也无须同时见面，而交易依然得以进行并完成，这就需要突破物理意义上的时空局限，而恰恰数字网络体系提供这样的可能。我们说，单纯依靠见面聊天接触，所能维系的社交圈必然是十分狭窄的，因为交互时间是非常有限的。写信、发电报、打电话所能维系的社交圈会更大些，交互时间被拉长了。数字网络体系提供了强大的社交网络，通过网络社交平台等，可以维系的社交圈远远超过以往的规模、频次，并在内容和深度上有更大的拓展。

数理环境极大地拓展了交互时间的范畴、结构及其内涵。这意味着，大量的经济决策活动将根本性地从物理环境向数理环境迁徙。这正是本书所揭示的经济变轨的总趋势。

从物理环境向数理环境的大迁徙或大变轨中,时间去哪儿了?这注定是一次奇妙之旅。

大唐时代的长安城,交易是在规定的时间与规定的地点,作"双规"买卖。到了宋代,经济进一步繁盛,出现了"夜市",才打破了"双规"市集。以往历朝历代只有正月十五花灯节才有自由开放的景象,在宋代,"夜市"成为常态。《清明上河图》只是显示了白昼的街市繁华,而宋代的夜市喧嚣才是经济社会历史变迁中亘古未有的盛况。产业经济时代降临,生产越来越集中,而要求交易越来越分散,两者在空间上高度不匹配;另外,生产24小时连轴转,交易却不能全时跟进。生产与交易的不匹配,从根本上来看,这是时间意义上的错配。也就是说,生产用足了时间,交易却无法用足时间。生产大爆炸发生了,交易大爆炸却迟迟不来。

交易大爆炸得益于交易(决策)达成与交易完成两个环节的切分。数字化账户体系使交易决策独立于交易完成,交易决策挣脱时间与空间的约束,可以在数字账户体系内完成。这就使得交易时间可以是"全时"的,进而"支付"可以是"实时""全额"的,交易活动便实现了"全时"运行。交易大爆炸使得交易对手间的交互时间最大化。

数字经济的根本在于决策活动的数字化,即决策时间的全时化、实时化。旧经济的不完美乃至危机频发的症结正是时间不能够摆脱空间的约束。数字化从决策端开启,改变了这一切:不仅使交易实时、全时,而且使决策实时、全时。决策不再受到时间、空间的局限,这就使得全员参与成为可能,并且一系列的决策活动是连续的、同步相关的。

数字化使经济关系不再受到空间的绝对限制,时间也无限制地延展。两个在空间上全无交集的陌生人,依然能够频繁地发生经济往来,这是经济史上从未出现的。

20世纪初叶,从上海乘船到伦敦需要一个月的时间,而从哈尔滨乘火车到柏林也需要两周多的时间,那时没有所谓的"时差反应"(Jet lag)。第二次世界大战后,民航业大兴发展,飞行时间使车船旅程大大缩短了。但是,时差反应来了,时间往往是同空间捆绑在一起的,是解不开的纠葛。

在数理环境中,时空纠葛似乎一下子消失了,成为全时、实时的,是账户体系中交互形态的时间了。换言之,在数理环境中,仅当数字账户之间发生活动关系时,时间才发生意义,而这个"有意义的时间"又是实时、全时的。数字账户的时间"发生"在各自具体的账户活动下,并不是建立在"同时"的基础上,往往是"断续的""碎片化的",而这些"断续的""碎片化的"时间通过代码程序,可拼接、叠加在一起,成为连贯的、共同的、交互性的时间,有如互相"留条子""留言"等,而无须即时、同时"交流"。

数字经济是多种时间上的程序安排,经济社会中的成员都活在各自的账户时间中。

有一对香港夫妇聘请设计师改造其所拥有的一套面积仅为28平方米的公寓，要求具备：双人卧床、客床、长沙发、写字台、灶台、浴盆……这几乎是一个无法完成的任务。也就是说，在局促的物理空间内"无解"。设计师把"时间"因素引进来，把灶台与写字台"二合一"，把长沙发、客床、浴盆"三合一"，时间成了最好的"解"。这个案例中，在有限的空间内把功能需求时间序列化，完美解决了物理空间的"无解"。

经济数字化时代到来，在数理环境中空间距离消失了。程序驱动着账户活动，有效地整合断续的、碎片化的时间，可以叠加、接续、交互，物理环境中的时间似乎消失了，数理环境中的时间似乎凭空增长了许多。程序驱动下的数字账户，是功能化的安排，剥离了大量无意义的时间，萃取出足够多的账户时间。

传统意义上的空间消失了，传统意义上的时间也似乎消失了。那么，新的社会经济秩序又将如何发生呢？

3.4 从法律法规条款到代码程序的"秩序演进"

在人类社会经济史上，大规模的动植物被驯化，使得人类成为环境的主人，大范围的生产活动由此展开，经济规模的急速扩大使人类社会经济活动告别了渔猎采集，出现了城市，产生了文明。人类社会出现了文字、律令，使得长距离、大范围的管治成为可能，官僚体系替代了祭师阶层。书写、印刷、教育也不断完善人类社会的阶层结构，法律条规成为人类社会自我约束的典范。

在中国历史上，祭和戎是邦国时代最为重大的两件事。它们都充满了血腥和暴力，延续着初民社会普遍的"常态"：暴力是常态性的手段，祭祀中的屠杀是"牺牲""奉献"。战时俘获的俘虏也往往在战后被宰杀用于祭祀等活动。大量的暴力运用是在律令时代之前确保秩序的必要手段，甚至本身就是秩序的标志。律令是文字社会治理功能的延伸，它使得暴力的运用更为精准，或者说，暴力作为资源可以有选择性、有针对性地应用，而不限于泛泛地宣示与警示。这表明，律令所及的范围事实上大大超出了武力征伐与管控的空间范围。至此，暴力开始服务于律令的执行，作为惩戒与强制的保障。

"刑起于兵"——律令发达到一定程度，失去了其军事意涵，发展成为一种更高级、更普遍的统治秩序，而不再局限于军事秩序及其扩张。进而，律令成为法律，是社会秩序的基础。更为广泛的惩罚渐渐以刑囚和货币赎买来替代死刑或肉刑。自此，财产的剥夺开始在秩序的建构中发挥越来越重要的作用，并取得相应的地位。特别是在社会成员之间的侵害或纷争中，求偿性的暴力和报复渐渐被货币赔偿所替代。

建构更为常态与复杂的社会秩序，确保社会生活的秩序化，特别是以今天的视角来看，建立所谓的经济活动的秩序保障，更多地依赖有关财富的"强制"：强制流转或剥夺财富，这便带来了精细化的计量与计算。

经济活动最终也萌生出"货币"。经济行为乃至社会财富的量化推广开来，财务账目渐渐发达，货币活动的层次和规模不断拓展与高涨。中央银行时代到来，财务规则和法律条规或条款之间开始发生碰撞，中央银行货币运行的规则能否成为法律条规或条款？从根本上说，就是货币公式能否成为法律条文？然而法律界成功地抵制了将任何公式写入法律条规或条款的尝试，财务公式同物理、化学等一系列的公式都被挡在门外，数学公式与法律条规或条款不能画等号，这在20世纪成为不可移动的定案。同样在20世纪，半导体、计算机大行其道，比公式更为复杂的程序出现了。

程序能不能替代法条呢？

今天，Code as law！这似乎早已不难理解了，甚至在许多经济领域成为现实。在数字经济条件下，人们已经很难回归到银行柜台。虽然还有层出不穷的问题，但是数字经济社会中的"自裁决"成为不可移动的趋向，这些所谓的"自裁决"就是程序所设定并自动触发运行的裁决。当然，这些程序的裁决是否完善，甚至是否具备充分的裁决形态，还有待更新换代与补充。

必须言明的是，数字经济从根本上依赖程序运行，法律条规是外部性的补充，且其将更加依赖程序，并将外部的法规程序化，即嵌入"程序"。

数字经济大发展，使经济社会体系日益数字化、程序化运行，违法犯罪活动也被迫发生变化，向数字化转变，进而带来了一系列法律变化。同时，传统形态的货币违法犯罪活动，比如抢劫、偷盗等，则必然减少。

软件程序改变人们的社会活动的样式，重新塑造人们的行为方式，再造细密、完整、有效的秩序。这同样是亘古未有之事。正如大规模动植物被驯化一样，数字化意味着人类社会自我规范、自我驯化到一个全新的时代——程序驱动的数字账户活动全面覆盖与规制了人们的社会经济生活，规范与约束了多种多样的经济活动与行为。数字化经济时代的到来，既意味着自由的递增，也标志着秩序与规范的无所不在、无时不在。

第四章 数字账户、数字支付、数字法币

4.1 货币数字化——从银行货币到数字法币

以工矿业为代表的产业革命要求彻底摆脱铸币的约束，以更庞大、更充沛的货币资本支持产业革命，这直接导致了商法革命和中央银行革命。至此，银行货币成为货币的主要形态，银行体系支持企业部门乃至政府部门的融资需求。数字经济的到来要求突破银行柜台地理空间的局限，突破银行的营业时间局限，突破银行账期的财务局限。

什么样的经济决定什么样的货币。货币的形态及其运行根本上是为了满足经济现实的需要。当经济活动日益数字化，经济决策大规模、大范围地向数理环境迁徙，货币已经不可能原地不动了。银行货币向数字货币迁移是一个分水岭式的货币经济历史事件。这一迁移有三个层次：计价、记账和支付。

最先发生的是支付的数字化，即去银行支付。这个过程首先发生在个人或居民家庭部门。原因很简单，个人几乎不需要记账，其支付活动类同现钞的流转。在中国，这一过程主要是通过支付宝及微信支付等完成的，是在法律上以第三方支付的名义进行的。但是，它不是经典意义上的第三方支付，因为其完全摆脱了银行支付的局限。保持与银行的渠道联系，主要是为了获得银行账户货币，以兑换自身支付的数字账户货币。在中国，支付数字化已经在居民家庭部门实现了，但是，企业部门、政府部分等对公场景依然没有打开。

这就需要发行与运行数字法币。

在欧洲，中央银行陆续表态，将研发数字法币，尤以支持跨境支付为要。同时，他们也慨叹，欧洲没能产生支付宝、微信支付等意义上的个人数字支付平台。在美国，同样没有零售支付平台，那么，限制微信（支付）平台以及力争收购并控制Tik Tok（抖音）就成为战略性的"替代"。

在中国，数字法币的发行已在既定轨道上，它与银行法币的关系值得关注，在计价和记账上不会发生冲突或摩擦，即保持人民币计价、记账单位不变，这就确保了货币的连续性。后期的变化主要集中在财务运行上，大量的数字支付替代银行支付，将对企业、政府、居民各部门的财务关系以及各自的财务流程发生影响，进而使得财务的数字化提上日程。至此，可以说数字经济的变轨因财务数字化而初步完成。

从国际上看，值得关注的是，数字货币事实上存在着潜在的重大分歧，此或将引发数字货币的世界"大分流"。这就是数字资产与数字货币日趋强化的分歧。

一种观点认为，货币是"资产"，至少产生自"资产"，甚至应是非常明确的"私产"。在观念上，这一观点是以"货币价值说"为基础的，其核心主张是将"数字资产"升格为"数字货币"，进而抵制非数字资产类型的数字货币。另一种观点认为，货币是"支付工具"，只是在账目上代表着相应的货币资产，而一旦离开账户或账目，货币本身是否具有资产属性并不重要，甚至也不作为判定货币构成的前提或基础。换言之，并不以"价值说"为依据。两种观点的表面分歧在于，数字货币发生或运行是否"去中心化"。

简单来说，两种数字货币观点，一方坚持"资产"的"价值"属性，另一方强调"支付"功能的"工具"属性。然而，现实中的数字资产与数字支付活动都是基于数字账户体系的，数字资产的代表是比特币，数字支付的代表是支付宝。货币作为资产也好，作为支付工具也罢，终归是要在"流转中"发挥作用。流转的安全性、私密性以及便捷性和通畅性，都是极为重要的特质。

数字货币作为"支付工具"，将迅速改变已有的支付体系——银行支付体系，后者因此受到极大的冲击。数字货币作为"资产"，其发生、发展对现实的银行体系和金融体系没有什么冲击，甚至远未发生，但是的确给经济社会直接带来不小的震动，也就是所谓的"投机风潮"。

在中国，数字支付的发展极为迅猛，特别是在中国人民银行即将推出数字人民币（eCNY）之后，居民家庭部门及个人、企业部门、支付部门都将拥有大规模、大范围、高频率使用的数字支付，这将更为迅疾而彻底地改变货币金融体系。在美国，事实上数字支付受到了有形或无形的抑制，特别是美国的银行体系并不积极地为数字支付提供支持。而欧美都在慨叹，没有发展出类似中国的零售数字支付平台。

然而，美国开始运用行政乃至法律的力量来推进数字资产与银行机构的融合，要求银行体系实现加密（数字）资产的银行托管，完善相关操作规程后，数字资产的交易流转事实上就可整体性摆脱数字资产交易平台的局限，实现数字资产与银行资产运行的"技术并轨"。可以说，美国财政部货币监理署等有关监管当局推进数字资产托管银行机构体系的举措，旨在全面刷新数字资产与银行体系的融合度，期望借此实现加密（数字）资产的"全流通"。

中国的监管部门则日趋鲜明地对私人加密货币、稳定币等说"不"！货币政府部门认为，这些加密资产侵蚀了数字人民币，威胁到金融稳定，即中国货币监督部门高度警惕数字资产的政策取向。数字人民币是建立在大范围、大规模整治"互联网金融"社会弊端的基础之上的。更为重要的是，中国的银行机构体系在经历了阵痛与磨合后，开始普遍地接受数字支付带来的冲击与机遇，特别是即将推出的数字人民币将使数字支付法定化，并与银行支付相融合。数字支付领域的积极实践和有益探索，使中国率先渡过了阵痛期和磨合期，且大步领先于世界其他货币经济体系，助力其更进一步实现居民家庭、企业、政府三大经济部门的法定数字支付工具的全流通。

两个数字货币经济的策源地正在形成，不啻为数字货币的"大分流"。数字货币根植于数字资产还是数字支付？回答此问题，本无一定之规，但也绝非一己之好可决定，更非决定于所谓的意识形态或价值观偏好。其核心在于，各自所能满足数字经济现实需求的意愿、能力与规模、水平。

数字货币必应数字经济的需求而大行其道，殊途同归。关键在于，数字货币的流转既要支持"数字决策"，也要支持"数字支付"。具体来讲，数字货币账户体系有别于银行账户体系的根本，即该账户体系既支持决策的数字化，也支持支付的数字化，而银行账户体系仅支持支付活动。所谓的"决策活动"，即所谓的"场景"所在。数字货币的"场景"，是其生命力所在。

坦言之，数字资产升格为数字货币，还有非常艰辛漫长的道路要走。数字支付要实现"跨中心"的拓展，实现全流通，更是下一步所面临的主要挑战。

4.2 数字货币"三部曲"——数字账户、数字支付、数字法币

经济数字化"变轨"的"变"在数字支付,可以说,没有数字支付,数字经济依然是空中楼阁。而经济数字化"变轨"的"轨"在数字账户体系,没有数字账户体系,经济决策或支付数字化都无从实现,数字账户体系不仅要实现数字决策,还要实现数字支付。进而,数字账户里可供支付的"数字余额"升为"数字法币",则标志着经济数字化"变轨"的实现,数字经济的全面崛起。

经济数字化首先是决策数字化。

以交易而论,即所谓的"线上下单",这就需要相应的线上账户体系来做支持。问题是,线上下单并不意味着线上支付,也就是说,存在着一系列的过渡形态,比如决策是数字化的,但是支付并不是,依然运用银行支付,这种形态到现在还是比较常见的。那么,相应的操作也应有一个相应的账户体系来支持,这个账户体系只负责决策和传递支付指令给银行账户体系。这个账户体系就是"半数字化"的。为什么是"半"?因为银行支付限制了一些数字决策,并非完全支持的。比如,个人对个人的支付、远距离支付,等等。当然,还有时间上的约束,发出支付指令在时间上不受限制,但是到账时间受到银行业务操作流程上的时间限制,也就是说将会"晚到账",即"非即时

到账",这对于单笔交易的影响似乎不大,但是,其降低了整体的交易规模和效率。我们说,它是过渡性的,并不是说它一定能过渡到数字决策与数字支付等完整的数字经济形态。

因此,单有决策的数字化只是经济变轨的开端,且并不一定通往数字经济,"支付数字化"才是决定性的阶段。这就是数字账户体系的功能完整性。集数字化决策与数字化支付双重功能的数字账户体系,是数字经济兴起的根本标志。可以说,数字决策和数字支付是"变",而数字账户体系是"轨"。

数字账户体系首先在个人端确立起来,即居民家庭部门数字化。大体来说,相对企业或政府部门而言,个人或居民家庭部门的账目远不发达。甚至,在全球许多国家或地区,特别是对欠发达国家或地区而言,个人或居民家庭部门往往无须类似企业部门的完善账目,更不需要经常性的账目填报,这就为其数字化的账户活动提供了方便。这就是说,数字经济通过账户体系在个人端的建立,首先要在小额、高频的经济活动领域中站稳脚跟,然后才便于向企业部门或政府部门扩展,直至整个经济体系实现数字化。

问题是,企业部门和政府部门的决策数字化和支付数字化,所需要建立的数字账户体系在技术上并不难,难的是如何与既有的财务系统相衔接。也就是说,法人机构每一笔款项的使用都需要符合相应的法律法规或财务纪律,而既有的法律法规或财务纪律都是以银行账户体系为基础的,使用的是"银行货币"。那么，数字账户里面的"数字"究竟是什么？这个问题对个人或居民家庭而言，并非一个必须讨论的问题，但是对法人机构而言，是必须回答的。也就是说，法人机构须要"合规"使用"法定支付手段"或"法定货币"。这就需要发行并运行数字法币。

数字法币的发行和运行，将数字经济的（决策）场景从对私方面拓展到对公方面，实现了个人及居民家庭部门、企业部门和政府部门的全面覆盖。这标志着数字经济在整个经济体系得以拓展，实现了整体性的经济数字化变轨。

以数字化的视角来看，数字账户、数字支付、数字法币是经济数字化变轨的"三部曲"。

这样一幅数字化路线图的"三部曲"在中国日益明显，但是，在欧美、日本则是大相径庭，特别是美国、日本更倾向于数字资产的货币化。在数字支付问题上，囿于所谓的去中心化与否，而未能取得实质的进展。事实上，这同其银行体系的现实特质极为密切。应当说，银行体系没有意愿也不会配合数字支付平台，以展开相应的数字支付活动。于是，数字资产更宣扬以绕开中心化的支付体系为基础，自觉地隔断与中心化的银行体系的货币关系。也就是说，数字资产与银行货币之间的往来关系并不能实现自由兑换或购买。这就使得数字资产交易平台，诸如各种数字货币交易成为事实上的数字资产的流转平台，数字资产也难以有效地染指数字支付。数字资产账户体系与银行账户体系之间的极度疏离状态，最终决定了数字资产账户体系事实上根本难以发挥支付功能。

2020年9月，美国财政部力图使银行机构托管数字资产，其目的是使数字资产与银行机构体系之间实现技术上的"并轨"，但是在财务上依然是完全脱离的。然而，这从根本上促成了数字资产在被银行机构托管后，能够在技术上实现银行间的"流转"，即从一家银行机构流转托管于另一家银行机构。也就是说，能够实现数字资产不依托数字资产交易所而实现流转，这为下一步数字资产与银行账户之间实现贯通奠定了基础。不过，这是一条较为漫长的道路，存在一系列的财务、法律方面的问题有待梳理与克服。

中心化的数字支付平台能够做到全时、实时、全额、全距离，乃至近乎全员的支付往来。但是，中心化的数字支付平台最大的问题在于它难以作出跨中心的支付安排。也就是说，两个中心化的数字支付平台之间的贯通存在一系列的障碍与挑战，即数字支付要做到在所有各个账户体系之间自由流转，还需要作出更大的努力。也许区块链技术是一种很好的解决之道，但是在数字支付的其他方面，这种技术的表现的确与中心化的解决方案之间存在着较大的差距。这也就是数字资产在数字支付方面所遭遇的一系列困境或挑战的症结所在。

货币体系的历史演进需要连续性，它往往并不采用跳跃性的或横空出世般的演进模式，因为总是要做到新旧货币形态之间的平稳过渡。新的货币形式总是需要以旧的货币形式作为来源，衔接是必须的。这表明了货币历史演进的渐进性，甚至是妥协性。换言之，某种完全创新割裂了与旧有货币形式之间联系的货币变革，往往是空中楼阁。货币历史上过度理想化的货币演进往往是灾难性地脱离了货币经济的真实需求，甚至酿成累累罪恶。

货币经济不可被视为"一张可以画最新、最美图画的白纸"。引领货币经济变革演进的基础力量是经济现实，不是技术，不是价值观念，更不是所谓的货币偏好或执念。

对此，无视、违逆，要么导致寸步难行、一筹莫展；要么掀起巨浪、酿成巨祸。于此，有足够多的历史教训让后来者引以为戒。那些想跳过数字支付，从数字资产迈向数字货币的努力或尝试是轻率的、危险的，不谋求甚至抵触建立最广泛、更有效的数字账户体系，而期望各个弱小的数字账户体系自行完成彼此的链接或联通，无法捏沙成团，这无异于缘木求鱼，它们只是侵蚀了旧经济的肌体或机能，并不会根本性地引领经济转轨。

第二部分
经济数字化

经济社会对数字经济的发生、发展、认识与倡导是一个不断演进的实践过程。该过程直观地体现为一系列的醒目事件与事实累积，诸如电商平台、"第三方支付"、"互联网金融"、Fintech（金融科技）、IT（信息技术）、"大数据"、云计算等。这些事件与事实彼此支持且相互激励，促使整个经济社会发生了历史"剧变"——社会经济体系由此发生"数字化"。

第五章　网络、技术与数据

5.1 网络——从网络经济、网络金融说起

> 我们所处的经济社会正在经历的是,数字网络在整个经济、金融体系所引起的历史剧变,永久性地改变了交易形态,进而开始重塑货币金融体系。

一、从"传统金融"到"互联网金融"

20世纪30年代的经济大萧条表明,人类经济已经走过供给驱动的阶段。"冷战"结束后,居民家庭部门的需求开始全面替代政府部门的需求,"军转民"中的互联网技术推动了个人远程交易,扩大了市场规模,形成了网络数字经济,最终带来了商业、消费与金融革命。

(一)传统经济与金融体系的"式微"

"冷战"结束后,美欧成为最终消费品的主要目的地,拉动

了新兴经济体的经济成长。但是，在新兴经济体内需不足的同时，工业国家的制造业出现进一步大规模转移或萎缩，全球经济陷入"不平衡"状态。美欧消费拉动全球经济，却未能带来新式消费经济革命。不仅如此，互联网经济甚至在既有的金融经济中成为一大"泡沫"，且在21世纪之初的美国破灭。可以说，快速扩张的互联网经济"踢"到了"传统金融业"的铁板。

传统的金融业是工业时代的产物，是与工业生产要求的大规模投资、资本高度集中相匹配的。银行、证券、投资、信托、保险等金融机构体系，在过去的两个多世纪中以中央银行及其法币体系为中心，造就了工业经济繁荣，但也"成就"了经济大萧条！在经济大萧条中，金融业遭受重创。经济大萧条过后，金融业得到恢复、重建，且接受分业监管，被要求稳健经营。

20世纪70年代起，金融业借助金融衍生品和所谓的金融工程技术开始大量地向市场投放金融产品，催生金融交易爆炸性扩张，部分有其合理性，但更多的是客观上催生了借贷消费经济的到来，将居民家庭部门引入了持续扩张金融投资的不归路。也是在20世纪70年代，美国的制造业、商品贸易均走过高峰，进入长期低迷、持续萎缩的历史阶段。这就使得发达经济体日益金融化、过度虚拟（交易）化，最终导致了2008年的金融危机。这些经济问题都说明"投资重于一切"的传统金融体系已经不能适应整体经济向消费经济的转变。

现代货币体系是以中央银行发钞为核心，并且是以商业银行体系进行货币创造为基础的。法币的载体是银行账户，企业、政府部门的经济活动用银行等账户为"节点"，从而形成一个与经济运行相映射的巨大支付体系网络。

银行业的扩张也正由此开始全面扩张网点，增设更多的资金账户。工业经济下的金融体系视企业部门为金融需求的主力军，居民家庭部门基本上被视为资金来源方，而非资金使用方。如此，传统的金融体系所服务的主体并非居民家庭部门。这种情况在最近的30~40年有所改变，但也只是向后者销售更多的金融产品，提供所谓更多的金融服务。突出的例子就是香港街头兜售的雷曼兄弟公司的"迷你"金融债，没有人能够或愿意了解这种金融债券究竟是什么。这表明金融消费者已经被培养或塑造成金融奴隶，只需不断地追随主人的"皮鞭"，最终也逃脱不了巨大的灾难。

居民家庭部门的"富余"资金没能创造出经济繁荣，反而被既有的金融体系滥用，最终酿成金融危机。这凸显出陈腐的金融体系是消费经济得以最终全面确立的根本障碍。

（二）"互联网金融"颠覆了什么

网络电子商务需要与金融业态相匹配，它首先要求的是支付革命。

这就需要大量的资金账户，而这些账户已无法通过传统的银行体系等得到满足。电子商务推动了大量网络资金账户的产生，网络支付的笔次迅速达到天文数字，网络账户及其交易呈现出"宇宙大爆炸"的态势。在中国，这凸显为以支付宝为代表的第三方支付体系的快速扩张，传统支付业务中的银联系统很快在交易笔次上被超越。余额宝出现后，给予网络账户投资储蓄的功能，从而逆转投资储蓄与其挂钩的银行账户之间的关系。对消费者而言，支付宝已经成为主账户，银行账户沦为次要与附属。这便引爆了所谓的"互联网金融"颠覆"传统金融体系"的公共话题。

支付革命带来商业革命，网络经济解决了一个经济大萧条始终没有解决，甚至根本没有得到解决的问题——突破产销瓶颈，超越市场边界，有效扩张交易。根据麦肯锡的研究，中国网络经济刺激了30%以上的内需消费。不断刷新纪录的"双十一"销售奇迹，更彰显出网络经济所带来的是一场远未结束的商业革命。

这场方兴未艾的商业革命带来的改变可从多方面归纳：有市场边界的无限延展，还有范围经济的超限扩张，更有生产流程的C2B（消费者到企业）定制革命，这些都激发整个经济体系的巨大活力和无限想象力。

还有比较直观的变化是，居民家庭部门的远程交易及其支付成为一种经济常态，甚至超出了企业部门的类似表现，企业部门必须满足与适应这一变化。由此可以断言，消费经济已经成为现实，且这一现实正在不断扩展，并强力改变着行业业态乃至整个经济体系，其中包括工业时代遗留下来的金融体系。

网络数字经济带来了商业革命、支付革命和消费革命，也势必会形成金融革命。

二、从"互联网金融"到"数字金融"

近年来，经济社会将"数字金融"替代了"互联网金融"，进而出现了"数字金融产业"的概念。有必要对相关概念逐一作出疏理。

第一个概念是"互联网金融"。

"互联网金融"是在2012—2013年提出的概念。金融活动的基础是货币，换言之，货币是金融活动的出发点与立足点，如果货币没有实现所谓的"网络化"，而大谈特谈金融活动的"网络化"，不仅有点跳脱，有时甚至不知所云。那么，有没有"网络化"的货币？

网络货币账户是有的，但是网络账户里面的数字算不算是一类货币？或者说就是"网络货币"呢？对于监管者而言，这是个挑战：承认它是"货币"，就意味着货币的"发生"至少多了端口；不承认它是"货币"，则无法完善货币监管。不论怎样，监管部门还是暂时"含糊"应对，将其作为"支付工具"来对待并逐步严格监管。进而，监管部门认定其为"支付指令"，如此，距离"货币"的定位就更远了。

至此，互联网金融的货币基础在理论上无法被认定，"互联网金融"的问题逐步过渡到案例列举式的言说，没能在理论上前进一步。伴随监管部门对P2P（个人对个人）等网络融资的监管日趋严厉，"互联网金融"这一概念成为敏感词，甚至在一些情境下被"污名化"了。

第二个概念是"金融科技"。

这个说法来自国外，而且金融机构体系和监管部门都喜欢用这个词。

"金融科技"一词很"潮"，金融机构体系和监管部门对金融科技都很热衷，其目的就是要做"瘦身"。众所周知，整个金融体系的利润根本上来自制造业的利润，但是若干年来，制造业的利润已经难以持续支撑金融体系，所以金融机构要靠金融利润来自我维系。在利润来源萎缩的情况下，金融机构要长期保持繁荣，出路在于通过数字手段，运用技术力量大范围、大幅度地提高效率，精简流程，并确保安全，降低风险。近年来，金融体系利润压力普遍较大，金融机构希望通过科技创新来压缩成本——做"瘦身"，其中最大的部分就是通过数字技术压缩人力成本和管控风险。

无独有偶，在金融监管方面也是如此。众所周知，监管资源，特别是监管部门的人力资源是很昂贵的，监管手段也往往不足以及时、全面、高效地实现监管目标。在监管部门与金融机构之间的人力资源竞争和技术竞争方面，监管部门往往并非天然地占有优势，而数字技术手段往往能够极大地推进监管部门获取相应的优势。这就使得监管者和被监管者无一例外地陷入金融科技的相互竞争中。

第三个概念是"数字账户",经济数字化变轨正肇始于此。

几个世纪以来,整个账户体系都是银行系统提供的。各项金融活动,如证券、保险、期货、信托等都是相应的账户活动,究其原因,这些账户都基于银行账户体系,银行账户体系是唯一而不可替代的。

银行账户体系的服务对象主要是企业或者大中型企业。对中小企业和个人而言,银行提供的服务是有限的。理由很简单,(中小企业)财务能力不足,无法雇用高薪酬的财务会计人员,也不能把财务活动规范化、细化甚至提升到大公司或上市公司水平。所以,银行自然就要服务企业,特别是服务大中型企业。个人基本上只是作为银行的资金来源,个人的收入少、人头多且分散,所以往往只是作为银行的储蓄存款来源。银行一直在强调做零售,为中小企业服务,但这往往面临很多实际的障碍。

随着数字经济的到来,在银行账户体系之外产生网络数字账户。我们知道的支付宝、微信支付都是与银行账户之间有联系的。然而,它们的功能完全超出银行账户。数字经济崛起的根本原因就在于此,数字账户成就了数字支付。

数字账户体系能够更好地实现所谓的"普惠金融"(Inclusive Finance),这与金融创新共同起到了引领作用。

第四个概念是"数字支付"。

有了数字账户，就有了数字支付。例如，当把招商银行与支付宝联系在一起，招商银行并不知道支付宝账户上发生了什么，所以它们是两套支付体系。这个现象只在中国存在，虽然第三方支付机构在欧美、日本也存在，但它们都基于银行账户。在中国，监管部门曾经认为是数字一样的，但实质上两者是不一样的。

第五个概念是"数字经济"。

有了数字支付，数字经济的基础就具备了。生产是指一群人的活动，交易至少是两个人的活动，那么，有没有一个人的经济活动？一个人的经济活动，就是一个人作决策、作出选择。任何人不分时间或地点都可以独自作出相应的经济选择，但是，这一选择是否具有实际的经济意义？这就需要个人的经济选择活动本身至少能够被识别、被记录、被认可。以往的经济选择基本上是当面或口头作出的，或者需要在纸面上作出，这就极大限制了经济选择活动。网络上的数字化经济活动摆脱了这些物理性的约束。

数字账户体系的建立，成本低、效率高，这就使得任何人在任何时间、任何地点都可以决策。因此，数字经济便诞生了。

第六个概念是"数字金融"。

经济活动数字化之后，其中从支付到金融的部分相应发生数字化。这与银行支付不同，与银行所支持的既有的经营活动也不同。数字金融有两个条件：一是既有的金融活动是基于银行账户的,数字金融活动不是基于银行账户的;二是所有的银行活动、企业活动以及财务活动都应该反映在财务报表上。而它的报表是纸制报表,最小的时间单位是天。所以,"双十一"是从 0 点到 24 点,这是财务合规的限制,而不是技术上的要求。从 22 点到次日 22 点,在财务上是两天,不是一天,因为发生了"隔夜"。如果一定要"跨天"的话,虽然在技术上没有什么障碍,但是线下的配套措施和配套压力就会呈几何级数增长,等同于两个"双十一"合并了。所以,"双十一"一定要 0 点到 24 点,这是整个财务活动 0 点到 24 点的隔夜要求,是大量线下的要求或约束。

现有的货币是银行货币,主要是银行账户货币,现钞或者铸币部分是很小的。银行有电子支付、网银或其他网络账户,但是,到银行去开通的第一个账户是柜台账户,只有在柜台上开户后,才能开通其他的账户。银行系统的根基是柜台,现实的经济活动都是围绕着柜台发生的,所以说商品的买卖、合同的签订、银行的服务都是柜台系统。当在银行账户体系之外出现了数字网络账户之后,大量经济活动就无须围绕柜台了。这不完全是效率空间的问题,两个账户体系之间根本上是分开的,所以,数字金融活动与银行金融活动不是一个形态。

数字金融的立足点就是网络数字账户体系。这个账户体系主要的特质是全覆盖的——尽最大可能地开发覆盖任何一项技术的应用,如何实现获客,客流量有多少,特别是 C 端,这些基本上是决定成本的因素。由此，现有账户体系发生了二元化，出现了二元化的账户体系。

数字账户体系基于两个"场景"（Scene）。它大致可划分为两个部分：一个是对私场景，另一个是对公场景。2017年中国扫码支付的规模是155万亿元，这个部分都是对私的场景，是由私人支付平台来完成的。然而，它有两个问题，一是对私的场景之间是割裂的。例如，不能用支付宝给微信发红包，它们是各有一套平台、彼此之间不是互通的，而从货币角度来讲，货币通货应是互通的。二是企业没有涉及对公的场景，企业数字支付是被动的。事实上，我们的企业数字支付跟日本的情况一样，中国游客到日本用支付宝或微信支付只是在付钱，即B到B。数字经济真正发力处是在对公场景，所以我们的突破点应该在对公的场景上。对公场景部分最主要的变化是数字法币的发行。需要实现的是，以数字法币为核心推进金融科技的创新。数字账户体系由一个"不完全通"的体系到一个"全通"的数字账户体系，还须通过数字法币发生。它的账户体系通过最终场景的覆盖，将医疗、保险、住房补贴、养老金、工资这一系列的范围，全部通过数字法币来实现。

在数字金融到数字法币出现之后，还有一个重要环节——财税的数字化，包括数字债的发生。政府部门发行数字债，发债的中间成本大幅缩小了。

当数字债发出之后，基础利率就容易形成了，在它的二手、三手交易转换过程中,整个数字金融的体系便初具规模了。

银行账户体系不足以支撑金融数字化体系,这是一个基本的判断。单从对私的场景也不足以扩展数字金融发展,只有数字法币才能开辟财政金融数字化。从"滴滴打车"到"三七"促销,网络账户以各种各样的方式实现快速扩张,账户扩张与消费扩张胶着在一起,产生巨大的叠加效应,从而带来消费革命与投资革命。小额交易、小额储蓄、小额投资正在大规模、"季节性"、快速地向网络迁徙。动物世界中的大迁徙、经济社会中的民工潮,甚至工业经济时代的任何一次经济繁荣都无法比拟这样一场巨大的经济变革。这场变革将居民家庭部门推升到决定经济运转成败的中心位置,将全面走出工业经济时代的桎梏,进入消费经济时代,并创造一个与其相匹配和适应的金融体系或金融时代——数字金融时代。

虽然,整个经济社会依然为各种困惑所羁绊,与各种利益相纠葛,被各种观念所支配,但依然不难看出,生产、投资与消费之间的巨大体制分野或金融鸿沟,正被无所不在的网络数字经济所弥合、牵引与拉升,数字化正是过去100年来全球经济变迁的根本方向和必然归宿。

网络数字经济带来巨大的经济变革和社会变迁,其所要摆脱的正是过去两个世纪工业经济时代的致命错误或立场,其所要成就的也正是将整个经济社会的宗旨或重心,回归到工业时代微小的数以亿计的每位劳动者或消费者。也就是说,当我们看到个人数字账户体系崛起时，数字金融便发生了，整个经济社会体系便因此而发生了历史性的"剧变"！

以上概念主要反映了中国经济数字化实践中的种种镜像，也体现了实践认知的渐进性。当然，一切只是刚刚开始，远未到体系化、理论化的阶段。

5.2 技术——从"IT"到"DT"

> 技术如何深入社会经济活动的底层，进而激发出经济活动的本质变化？这不是一个通过技术自身来说明的问题，而应抓住技术改变经济社会的"支点"所在。

一、从林肯到斯大林、戈培尔，再到李佳琦

当电报在 19 世纪 40 年代刚出现时，林肯就已经知道了这项新技术，尽管当时他所在的伊利诺伊州还没有铺设电报线。在 1860 年的竞选活动中，林肯通过电报得知了他赢得共和党的提名，并在随后的总统大选中获胜。因此，当他搬到华盛顿、白宫时，林肯不仅知道电报的工作原理，而且认识到它作为一种交流工具的诸多优点。

在南北战争中，电报这种当时先进的科技第一次在战场上亮相。美国总统林肯就在内战期间广泛使用电报，据说他曾在

第五章　网络、技术与数据

美国陆军部大楼的电报局里一待就是好几个小时。*当然，影响南北战争走势的因素有很多。但是电报，尤其是林肯使用电报的方式，确实是北方军取得胜利的重要保证之一。

就在林肯获得共和党总统竞选提名的同一年，安东尼奥·穆齐首次向公众展示他的发明——电话，并在纽约的意大利语报纸上发表关于这项发明的介绍，但是因为穆齐家中贫困，1874年未能延长专利期限。**及至19世纪和20世纪之交，电报才广泛用于军事和商业。随后，取而代之的是电话。

20世纪20年代，美国出现了电话推销。在苏联，斯大林则大声斥责"电话"为"反革命"。可见，这种双向交流的通信工具，对整个社会历史的进程产生了难以估量的影响。

及至20世纪30年代，电台广播开始在欧美全面普及。在1933年8月18日的柏林国际电子消费品展览会上，大众收音机（Volksempfänger）VE-301型得以展示，之后应纳粹德国宣

---

* 在内战的第一年，林肯几极少使用这套电报系统。但在乔治·麦克莱伦将军指挥的弗吉尼亚半岛战役中，波托马克河的北方军陷入了困境，这使得林肯迫切希望与前线建立更快的联系。于是在1862年的晚春，他开始使用电报向军官们下达命令。到了1862年的夏天，林肯开始养成了一个习惯，并将这个习惯一直保持到战争结束。他经常去陆军部电报局，花很长时间发送电报，等待回复。David Homer Bates.*The Telegraph Goes to War: The Personal Diary of* David Homer Bates，Lincoln's Telegraph Operator. Edmonston，2003.

** 美国国会2002年6月15日第269号决议确认安东尼奥·穆齐为电话的发明人。1860年菲利普·雷斯也发明了一种简易的电话。贝尔于1876年3月申请了电话的专利权。

传部部长约瑟夫·戈培尔要求开发的DKE-38型（德国便携式）收音机被研发出来，这款收音机被民众称为"戈培尔的咆哮"（Goebbels-Schnauze）。大众收音机因其高效率而被作为宣传工具。"希特勒的专政与所有历史的前辈有一点根本性的不同。他的专政是用所有技术手段来完全控制自己国家。通过收音机及扩音器等技术设备，800万人民被剥夺了独立思考的能力，从而使服从一个人的意志变成可能。"* 在柏林国际电子消费品展览会8年后的同一天——1941年8月18日，设在贝尔格莱德的德军电台从废弃的旧唱片中找到了德国歌曲《莉莉·马莲》，经电台播放备受德军甚至敌军的喜爱。英版、苏版和美版的《莉莉·马莲》先后面世，反倒是不喜欢它的戈培尔禁播了这首歌。1943年和1944年，盟军士兵唱着这首歌登陆了意大利和诺曼底，纳粹德国随后处于德国版的"四面楚歌"的包围。

战后，大众广播成为普遍的政治宣传工具，一系列的政治反对势力或敌对势力利用广播扩大影响力，发挥宣传、动员作用，以支持政治反对势力甚至反叛力量。于是，电台广播的开播和收听被许多政府严格管制。

伴随通信技术的不断进步，信息内容从军情传达到商业拓展，再到政治宣传，大体来说，信息传递的方式、规模等远逊于网络时代近乎全体社会成员之间矩阵式的信息交互。

---

* 出自希特勒的军备和战争生产部部长阿尔伯特·斯佩尔（Albert Speer）在其纽伦堡审判中的最后证词。

2019年6月，刚刚年满27岁的李佳琦，已拥有5 000万粉丝。如果这位"口红一哥"携其粉丝穿越到20世纪三四十年代那个风云际会的时代，那些史诗级的广播"达人"们，诸如经济大萧条时代发表一系列"炉边谈话"的罗斯福总统、通过BBC广播团结英国民众渡过至暗时刻的丘吉尔、纳粹德国咆哮的戈培尔……应对他们所发誓捍卫或打碎的世界之未来，又作何感想呢？

二、IT时代是信息终端个人化的时代

IT时代是个信息向个人终端极速增长与扩散的时代，它的目标或方向是使每个人成为信息接收的终端。从电报、电话、传真到互联网时代的个人电脑，再到移动互联时代，亿万个人作为信息终端的大格局形成。

移动互联时代解决了之前所谓的"最后一千米"的信息基础设施的困境，使得每个人能够随时随地联系在一起。这个时代的到来，固然有巨大的技术进步的支撑，但是其成为现实所依靠的决定性力量，是作为信息终端的亿万个人的巨大投入。这个巨大的个人投入既包括资金资源的投入，也包括时间资源的投入。换个角度来看，IT时代技术进步的巅峰或其关键的"锁钥"，是使最广大的个人能够实现最大的资金与精力的投入。移动互联时代的到来，使得个人的投入与技术进步和巨大的商

业变革结合在一起，从而造就了 IT 时代的巅峰。

三、IT 时代的脆弱点：从"信息偏差"到"信息过载"

IT 时代自身具有难以克服的致命弱点，即当所有人都在掌握并处理大量信息时，其个人资源或精力的投入往往也随之达到了极限。IT 时代的网络信息体系带动了数以亿计的个人终端，并极大地占用数以亿计的个人时间与精力，使得工业时代机器替代个人之后，出现了机器全面带动个人，并跑赢数以亿计个人的新局面。以"双十一"为例，这一经济旋流的最大动力来自数以亿计个人的时间投入和精力投入，这几乎达到了个人的极限。这就是说，当 IT 时代每个人成为信息终端并在掌握与处理巨量信息的同时，个人的时间与体能的消耗也是极为巨大的，甚至非常容易临近"极限"。

这个"极限"事实上就是 IT 时代的顶点，就是说个人处理信息的能力与资源是有限的，即个人的"信息运载"。

同时，个人作为信息终端本身又在制造更为巨大规模的信息。从逻辑上看，个人最终难以承载过量的信息，IT 时代的脆弱点出现了：信息因极大范围地分散，反馈生成更为巨大的信息量，个人难以跟进和处理实时增添的过量信息。

当信息"跑赢"个人后，必须处理"信息与信息"的关系，使"信息"跑赢"信息"。

个人越是接近掌握无限的资讯，其时间成本和精力资源便越容易接近极限。这就意味着，人力不仅在工业时代可以被机器替代，在 IT 时代也能够全面地被机器跑赢。人类社会必须接受的一个基本事实是，即便每个成员都能够随时随地掌握与处理巨量信息，但是必须有所选择地放弃一些信息活动，必须将信息的接收与处理尽可能地交还机器和程序，从而从巨量的信息世界中解放自我。

那种对更多、更及时的信息的欲求，转变为信息过载情形下的及时处理与实时运用的需求，超出了个人的能力，出现了严重的"信息过载"。

四、数据与数据的关系确立是 DT 时代的轴心——算法与程序

当"人与信息的关系"达到了极限，那么接下来的问题便是"信息与信息"的关系。这便是不得不发生的转折——DT 时代的到来。

如果说 IT 时代是"信息跑赢个人"，那么 DT 时代就是"信息跑赢信息"，即总有部分信息会得到优先接收或处理，从而使信息总体有效化运行。这就意味着"人与信息的关系"必然过渡性地提升到"信息与信息关系"的新高度。

在技术上，信息与信息的关系可还原为数据与数据的关系，

也就是说，信息关系的共性基础是"数据"。从这个意义上说，IT时代必将升为DT时代。

数据间关系的确立，并非亿万个人通过终端来建立的，而是通过数据平台来汇集程序与处理，通过相应的数据技术来挖掘与提升。大数据、云计算等是已经显形的技术支柱，而从自动化到智能化，从模拟现实到虚拟现实，体现的则是真实的数据成为可用、可再利用的（新）数据的过程。

五、DT时代的经济：账户处理的自动化与账目处理的智能化

既然信息过载需要算法与程序来处理信息的储存、选取、处理等问题，那么，"肉身的人"必不再作为信息的终端，数字账户本身将成为信息的终端，是诸多算法与程序锁服务的对象。

网络经济是以网络账户为组织单元基础的，个人网络资金账户的信息处理将日趋自动化，而个人网络账目处理也将日趋智能化。个人处理复杂账户关系和账目关系的能力与精力是有限的，这就需要自动化与智能化的加入。当然，由此而发生的大量的数据处理及其计算，将依赖所谓的网络经济基础设施完成。这个关乎数据存储与处理的基础设施，无论谁来提供，都带有一定的公共性质或准公共性质。

账户处理的自动化和账目处理的智能化，使得个人或家庭

部门有能力与企业部门展开有效的竞争,那种企业具有的传统的账目处理能力优势将不复存在,企业的普遍小型化成为可能与必然。庞大的企业组织依然存在,但将不再是现有的财务集中处理、税务集中实现的形态。账目信息数据化、自动化和智能化,将促使经济活动更加细密化、分散化、实时化,其协调与协作能力将大大超越企业时代。

六、DT 时代实现了以个人为轴心的"个人资本主义"时代

从历史角度看,工业时代是机器替代人工,进而使用机器制造机器,其最终的经济约束是能源运用的极限。工业时代的组织基础主要是工业企业,即生产企业。经济活动的中心是扩张产能。信息时代试图弥合生产信息和消费信息的沟壑,从而使投资的信息成本最小化,进而使经济活动中最广泛的交易活动信息成本最小化,这成就了 IT 时代,并将信息终端延展到个人。这就意味着未来经济活动的中心将从企业过渡到个人,以生产为中心的经济社会也渐次转型为以交易为中心,"企业资本主义"让位于"个人资本主义"。

个人资本主义时代的到来意味着,个人所掌握的信息的规模、范围、量级、频率及水平不亚于企业,其处理信息的灵活性甚至超出了企业。企业所依赖的是信息优势和资本(机器)

优势，能够大量地替代简单的人力组合，具有所谓的企业成本优势。现在翻转过来，个人在 DT 时代能够具有比企业更为优越的成本优势。以金融市场为例，2021 年 1 月散户"血洗"华尔街，说明个人决策的强大力量，社交投资已经超出巴菲特的机构投资的能量。

个人资本主义时代的账户关系与账目处理都将较企业资本主义时代更为发达、强劲，账户结构和账期结构都将发生数据革命，DT 时代的账户经济在时间和空间上都将发生质变，账户所承载的货币形态也将实现数字化变革。在 DT 经济时代，契约关系、账户关系依然存在，然而对经济关系的理解还必须从数据层面上加以理解与处理。

这就是 DT 时代经济变化的本质所在。

5.3　数据——资源、要素、资产还是"神"

网络经济曾被称为"眼球经济"，个人拥有相应的 IP 地址，其网络活动所产生的是"浏览量"。数字经济关注的则是"数据"，数据主要来自（个人）账户活动的记录，也可称为直接的或间接的账户数据。账户数据覆盖之广、规模之大、频率之高，往往预示一系列的潜在的分析利用价值，不仅具有现实性，而且具有前瞻性。从一定意义上说，数字经济时代的在线公司都是数据公司。有人将数据称为"生产力"，还有人将数据称为"生产要素""新能源"。

一、数据的发生与来源

经济体系内数据的发生，以往大体都是统计的结果。即便是财务数据，也是某一时间段经济活动最终的量化体现，是静态的。在数字经济活动中，数据的发生是实时的，记录是全时的，生成更是程序设定的。也就是说，消除了统计人员和财务人员的"人为加工"过程。

数据的来源不是"人"，是账户活动及其程序与算法，即动态的数字账户体系。这个体系既包含"个人"账户体系，也包含"物"的账户体系。其特点在于，都是账户体系内程序自动生成的。简言之，数据主要就是账户数据。

大范围、大规模的数字账户体系的确立及运行，产生了大量的数据。这就带来了一系列的问题，诸如数据权属、法律性质、可交易状况等，不一而足。其中，有关"大数据"的情形最为"吸睛"，其中也不乏许多误解，它是关于数字经济的数据问题中最能激起纷扰的部分之一。

二、什么是"大数据"

什么是"大数据"？在网络经济时代，人们在经济社会中的诸种活动通过网络账户体系来实现，这些活动即为网络账户活动，其基本内容更多地体现为账户间的关系。这些账户活动及其账户关系是由数字网络程序所设定、驱动的，且被实时地记录下来，形成了"大数据"。因此，大数据来源于大量且被有效记录的网络账户活动。简言之，大数据是网络账户数据。

有了大数据，人们对经济社会的认识与把握进入了一个全新的时代，特别是区块链等数字技术的应用，使得数据的真实性、准确性、可追溯性等得以确保，使经济社会进入一个较"信息经济"更高的新阶段，即"数字经济"。

那么，"信息经济"中的"信息"是什么？这些信息可以是数据形态的，也可以是非数据形态的。即便是非常专业化的信息，也都是供"人"来解读，并由"人"来分析与处理。"数字经济"中的"数字"，就是一系列的数量庞大、复杂多变的"数据"，识别、分析与处理这些数据则往往超出了人力的界限，也超出了人机结合的界限，必须交托计算程序自行处理，这就是所谓的"算力"问题。从这个意义上说，数字经济是对信息经济的超越，是账户体系网络化扩展、深化所带来的程序化驱动与自运行的必然结果。

数字经济时代，似乎谁掌握了大数据，谁就能够对经济活动乃至经济社会做到"全知"，进而能够"预知"经济社会的未来，甚至能够"全能性"地主宰经济社会，这些都是关于"大数据"最为醒目的误解所在。"大数据"仅是经济社会中人们经济活动网络化、账户化、数字化的反映而已，或者说，只是经济活动映射出的各类或多组"影子"而已。

三、大数据终将"神"一样主宰经济社会，消灭经济选择的自由吗

曾几何时，戈培尔通过纳粹德国的宣传机器，将9 000万德意志人洗脑，消灭了政治选择的自由。如果纳粹党人穿越到现在，通过大数据，便同样能消灭整个经济社会的个人经济选择的自由吗？

有人认为，大数据意味着"全知"，进而意味着"全能"。大数据终将主宰经济社会，消除个体差异，成就一元化的经济体系。这是关乎大数据最大之谬误！

大数据是"经济自由"所投射下的数字影像，它无法反噬"经济自由"主宰经济社会。经济社会中的大数据是经济活动的网络化、账户化、数字化的产物，是经济人自由意志的集合映射。换言之，没有高度的经济自由，没有充分而多样化的经济选择，不仅没有"大数据"可言，经济数据更将急剧衰减乃至全面坍塌。

大数据就是社会经济活动的一件"数据化的外衣"，不管它多么服帖，活动着的都是里面的"身体"，且这个"身体活动"是自由意志决定的。如果认为掌握了大数据就能影响乃至决定

人们的经济决策，将自身的意志强加到别人的头上，那就本末倒置，陷入"人靠衣装""佛靠金装"的俗套，甚至堕入"沐猴而冠"的把戏中了。

大数据是事物的表面，而非内在。体检报告上的"数据"反映出体检者的身体状况，但身体状况并不是由这些体检数据所决定的，更不是由那些填写、保留、使用报告的人所决定的。

那么，是否有人能够将自身的意志通过大数据得以延展呢？这就像是在宣称，即便不能神化大数据，但是可以神化掌握或拥有大数据的人。

经济社会的网络化、账户化及数字化，究竟是拓展了经济自由的意志，还是会反过来最终扼杀掉经济自由？一种立场认为，技术始终是中立的。当真如此吗？印刷出版、书报广播、电报电话、铁路与航天卫星、网络与数据技术等技术创新、应用与普及也曾饱受争议，但最终都显现出其巨大的价值倾向或道义立场。大数据本身是众人自由意志活动的产物，是多样化、差异化、自由化经济选择的反映。不管如何操弄议题，也不能使大数据反噬"经济自由"。

四、大数据能"先知"般预告未来吗

"全知"并非"全能"，"大数据"并不能"全能性"地预设未来，但是能否"先知"般地预知未来？这同样做不到。因为大数据在时间上是有约束条件的。

《旧约·传道书》有云："日光之下，并无新事。"但旧事究竟如何重现？只要充分地了解已发生的事物，未来便无所遁形吗？依凭历史数据，就能够预知未来吗？如果可行，那么，先知们便无处不在、无时不在。我们或可宣称，历史昭示着未来，但这在哲学上是危险的，将其上升为一种数理性的逻辑，更是艰难的，甚至是根本无法企及的。即便历史数据足够全面、完整、有效、及时，在逻辑上也难以推断出或确立起"历史决定未来"的命题。

大数据是全量数据，源于事实，也是事实。它并非有经济理论变量性的函数分析，也不能在时间轴上理所当然地延展。在时间轴上，大数据终归是局部的，远非全量，它是实际已经发生的，即其性质上仍然是历史数据。问题再一次提出，通过历史数据能够"预知"未来吗？

大数据本身不是先知，也没有谁能通过大数据成为先知。基于大数据并不能建构"历史规律"，更谈不上把同类数据中有所谓"关系"的某人或某类人嵌入这一所谓的历史规律中，进而使其发挥主观能动性，担纲某种角色。历史数据对于未来有一定的作用，但从根本上讲，历史数据并不能决定未来。换言之，未来并不是由历史决定的。没人能够凭借大数据预知未来，成为先知。

历史数据在多大程度上会影响到未来呢？依凭大数据如何

更有效地预测未来呢？然而，这只是概率意义上的"预测"而已，绝非"预知"。人类经济社会就像是一盘永远下不完的棋，没人能够准确地预判输赢，遑论精确到输赢多少。有了大数据，便无所不知，无所不能，这无疑是一种妄想——大数据既不是主宰世界的上帝，也不是预知未来的先知。

上帝究竟是在掷骰子，还是在做计划？没人知道，包括那些"先知们"。

五、大数据意味着一切信息的总和吗

数据的标准化与格式化决定了大数据不是"全知"的。

数据信息是指在一定标准或口径下的全量数据，但并不意味着包揽所有信息。信息的完整性是一个抽象而复杂的问题。数据信息往往是静态的，是在一定时间点下的结论，且被有效地获取甚至表达出来，这意味着一部分信息是确定的、静态的，而另一部分则是不确定的、动态的。这就像猫的眼睛一样，当你用相机去拍摄它时，它便发生变化，也就必然丢失或隐去一部分信息。所以，全知是就对象自身而言的，并非对与对象有关的全部信息而言的。

现实中，人们对大数据的感受的确是非常丰满有力、醒目刺激的，这使人们在感性上误以为这就是全息的。事实上，这种情形以往也反复出现过，如第一次听到电话听筒里传来另一端亲友的话语,便以为那是真声音;第一次看到大屏幕,会为其迎面开来的列车景象所吓倒。确实,我们对于数据的感性认识,与对其的理性认知是两回事。

数据与数据不同,这不仅体现在数据性质上,而且体现在数据层次与数据结构上。数据性质的不同产生了数据结构问题与数据关系问题,而数据关系又影响着数据性质与结构。换言之,数据并非均质、平衡的。数据结构和数据关系往往更是我们难以把握的。这就需要进行谨慎有效的数据获取、深刻全面的数据分析以及有效的数据挖掘。我们很难用一组兔子的数据来验证另一组鸭子的状况,或者说,这样做风险是极大的。数据的界限和联系是非常复杂多变的。所有的数据之间都存在着某种关联,但是,这些关联需要不断被认识与发掘,而绝非可以通过人为预设来加以限定或排除的。

大数据有助于提升"算法"的"有效性",特别相对于"小数据"而言,从某种意义上说,"算法"是更为重要的。然而,"算法"乃至"算力"问题,似乎一开始便不存在类似的"神化"。

事实上,大数据是在有限条件下的一种全量式的数据获得,但它不是"全息"性质的,也根本做不到全息。如果认为有了大数据的加持,经济社会就成为全息甚至透明的世界,这实在是一种"幻觉"。大数据使人们更趋谦卑,那种有了大数据,便认为大数据无所不有,可以无所不知、无所不能的思想,实为一大

"虚妄"。

六、大数据何堪被"降格"为小数据来使用

在经济社会中,如果取得的数据样本有限,就需要确立有效的分析框架、建立模型、确立函数关系、做回归分析。然而,如果样本不仅是充分的,而且是完整的、全量的,那么数据分析就要摆脱既有的旧模式了。从全样本的大数据中,收窄样本数量,只选取部分样本用来分析,是一种缩量的方法,缩量样本分析后的结论又要适用于总量,这就是对大数据的"小用"。

举例来说,如果能够获得一个城镇全部机动车以及全部外埠入城车辆的运行状况,我们就可依所设议题来直接抓取数据,获得结论。抽样建模分析及其回归分析,不仅累赘,而且极有可能铸成大错。简单来说,大数据就是人扳手指头数不过来,然后交给机器与程序去"扳",不仅数得过来,而且数得出来。大数据可以直接抓取并使用,而非在数理化、模型化、函数化等"加工"后再使用。

大数据具有完整性和全局性的特质,如果采用部分局部数据,然后试图得出超出部分局部数据范围的结论,这种既有的思维惯性,并不适用于大数据的逻辑和现实。因此,大数据不能当作小数据用,小数据拼凑不出完整的大数据。

七、数据是"资产"吗

数据是资源,其中的一部分成为经济活动的要素,但是其有明确的时效性,数据挖掘与利用的成本也不低,特别是要在确定的时间内完成。作为资源要素,其开发利用是受到现实限制的,姑且不考虑法律所带来的隐私等问题的可获得性与可利用性。

可开发利用的数据资源有成本约束,其效益如何,要放到具体的商业环境与条件下审视。那么,这些可开发利用的数据资源往往不是直接可交易的对象。这里面有法律的约束问题、权属问题,更有一系列的财务约束问题。就现有的商业模式来说,现实中,往往采取的是模糊策略,即运用"服务协议"来规避法律问题,这是问题的一个方面。另一个方面,即便法律上可以将那些可开发利用的、可交易的数据作为法律意义上的交易对象,如何解决其定价问题呢?数据定价问题是绝对的还是相对的?数据的源头并不是使用方,而且使用方也未必能够有效地利用这些有价值的数据体系来获取足够的利润,所以,大体而言都是用服务协议的模式,用服务费的形式来解决财务上的成本费用列支。这就是说,数据本身的价值即便在交易中也难以独立出来。

还有一个问题,数据的独立性或排他性是有法律层面的约束的。相同的数据采用不同的应用方式获得的收益存在很大的差异。数据的出让方有没有足够的权利要求相应的利益呢？

把数据单列出来，进行讨论，将数字经济理解为一种数据产出。事实上，数字经济是基于数字账户体系的"算法"，或者说，数字经济是基于程序来运行的。

把数字经济理解为"数字产出"，是一个旧时代或者产业经济时代的旧视角或旧立场。把数字产出与商品或服务产出并列，来理解与阐释数字经济，这是一种偏转或位移。

谁来消费产出的数字呢？程序作为算法能够消费数字，更可以产生数字。那些数据交易的指向还是服务于程序，使其更好地运行。所以，所有的数据都是中间性的产品，都是有严格时间约束的。从整个数字经济体系来看，程序之间的链接会自动寻找更有效的数据来源，相互数据间的隔离、封锁、人为设定的交易，这些在本质上与数字经济体系的自由开放和迅捷背道而驰。数据流的导入或导出往往是程序自身的设定或安排，并非程序之外的人为切入或法律上的另行安排。

数据的自由流动是数字经济自身的要求，更是诸多程序算法之间的要求，因为那样的结果更有效并将带来更多的价值。

第六章　新经济与旧经济

6.1　账户——经济数字化之"轨道"

> 网络革命、支付革命、金融变革等诸如此类的提法的基础都在于,账户体系发生了根本性的变革。换言之,没有账户革命,就无所谓新经济、新金融。

一、账户:未来经济变革的风暴眼

个人账户的崛起对传统会计制度和金融制度的冲击是巨大的,标志着工业经济时代以来,企业部门的账户或账目体系的优势地位正在被打破,企业部门和居民家庭部门两大经济部门在经济活动中第一次拥有了相互匹敌的账户资源。反映在金融领域,就是"第三方支付"的产生以及其不可抑制的迅猛发展。

（一）为什么会选择从"账户"出发去理解当代宏观经济演变

"从'账户'角度出发去理解当代宏观经济演变"这一说法，在朱嘉明先生为笔者的《账户——新经济、新金融之路》一书所作序言"账户、数字管理和数据主义"中的理解和概括很准确。

事实上，《账户——新经济、新金融之路》一书的研究对象不是宏观经济，在写作时也没有刻意从宏观经济角度深入。它主要研究的是，互联网金融——网络经济的发展历程和未来方向，事实上它涉及整个经济历史的变迁。在研究和写作过程中，账户问题变得非常突出。

从严格意义上来说，还没有网络货币，但网络货币的账户出现了。

（二）新旧经济的根本区别在哪里

新旧经济都是现代经济，现代经济的基础是现代货币，现代货币即账户货币。总体而言，旧经济以生产为核心，新经济以交易为中心；旧经济以企业（决策）为中心，新经济以个人（决策）为中心；旧经济是"柜台经济"，新经济起初可相应地理解为"平台经济"；旧经济以银行账户体系为基础，新经济以网络资金账户为中心；基本事实是交易效率超出生产效率。

简单来说，新旧经济在账户方面发生了一个很大的变化。以往整个经济都在银行货币的基础之上运行，银行货币以银行账户为依托，除了银行账户以外就没有其他的货币账户。银行货币支持信托、保险、证券、期货等活动，一系列金融活动账户的基础都是银行账户。但银行账户在个人端的覆盖和使用不充分，居民家庭或个人的账户活动能力以及建账或账目管理能力普遍较低。而在新经济中，网络账户体系迅速发展，几乎无所不在。在中国现有的实际背景下，大量网络账户的兴起是"第三方支付"带动起来的，这是以往经济史上根本没有出现过的情况。

银行卡的发放曾经也很"疯狂"，发到几千万张的时候，大量睡眠账户产生，造成很严重的资源浪费。银行需要不断清理睡眠账户，否则运行会很笨重。相较于银行账户没有取得本质突破，这几年的网络账户发展得非常快，不用担心睡眠账户问题。所以，网络账户对银行体系的冲击，其实是对账户系统的冲击，最终形成了两套账户体系。

新经济和旧经济的区分，是可以用账户来作界限的。如果账户是网络账户，那么大体上就算新经济的部分；如果账户体系依托的是银行账户体系，那基本上算旧经济部分。两套账户体系之间是有联系的，但这个联系并不能抹杀两套账户的本质差异。对网络账户而言，这个联系只是保证资金来源，是兑换关系，也就是说需要银行货币时，就与银行账户连接在一起；反之，可以不连接在一起。兑换关系要求账户之间具有联系，所以频繁在两个账户之间进行资金划转，事实上是在兑换。当然，现在很多人都是两套账户体系同时使用。

如何理解新经济中的"交易效率超出生产效率"？

简单来说，就是交易比生产跑得快。以往都是等生产出来才交易，生产快于交易；而现在很多产品，已经基本上可以先下单后生产。

交易效率的提高，一方面体现为线上交易效率高于线下交易效率，另一方面则已经出现线上交易效率高于线下生产效率的状况。后者正在不断加强，目前正在从一个不断扩张的趋势性事实演进为一个十分明确的整体性事实，这是一个前所未有的经济历史变革。当下所有关于新经济、新金融的理论，正是以"交易效率超出生产效率"这一基本事实为核心展开的。

传统"账户"的主体是"企业"，随着企业市场经济到个人市场经济的转变，经济活动的主体变成个人，一系列个人账户崛起。对宏观经济来说，个人账户的崛起有何意义？

银行对个人服务的发展越来越有限。银行为了转变这种局面，于是出现了零售银行、个人金融、小额贷款等业务形式，但不能解决根本问题。这些问题网络平台能做到。现实环境是一个物理环境，网络没有物理环境上的限制。它接近一个数理环境，可以对任何人提供无差别的交易——在任何时间、任何地点，与任何人交易任何商品和服务。

一个交易大致有两个环节，交易的达成和交易的完成，也就是下单和收单。网络账户体系是把交易的达成和完成彻底切分。比如说先下单，然后收货，这是两个过程。交易的达成和完成分开之后，交易的效率才得以根本性提高。所以，网络账户的崛起使得个人账户发生了本质性的变化。

在《账户——新经济、新金融之路》一书中，个人账户的崛起反映在金融领域，就是"第三方支付"的迅猛发展。2017年4月，微信团队宣布，受苹果公司内购（IAP）机制的影响，对iOS版微信公众平台赞赏功能及二维码转账功能予以关闭。苹果公司的Apple Pay入华一年多来在中国的市场份额不超过1%，被认为是促成苹果对微信作限制的重要因素之一。同年5月，微信支付宣布携手美国零售平台CITCON正式进军美国。

如何看待微信和苹果公司展开的这场第三方支付之战？

第一，"第三方支付"的发生与网络没有关系。"第三方支付"是在商品流通过程当中发生的，没有网络支付条件时就已经产生。第二，苹果公司的Apple Pay基本是基于硬件化的处理。所以苹果Apple Pay的市场份额此后不会极速增长，它们的扩张会很难，当时1%的占比已经很高了。

在网络数字支付这个方向，第三方支付的现有存量能够正常运转、运行好的也不算多，所以从牌照数目上来看，萎缩的趋势很明显。

在加强金融监管、防范金融风险的大背景下，网络金融的发展和不规范现象，是否提高了金融风险？网络金融扩大了金融活动的规模，提高了效率乃至水平，也给金融体系带来了许多新的风险。但是,并不能笼统地认为网络金融在总体上提高了风险水平,特别是模糊地认为,凡是网络金融活动,其风险水平就一定会高出线下金融,这是没有事实依据的。从商业银行的网络银行业务来看,虽然与网络金融服务商之间有强烈竞争,但是总体来说,还是处于不断发展之中,没有事实依据表明商业银行的网银风险水平明显高于其线下的相关业务活动。虽然网络金融风险是新生的,甚至属于陌生的事物,但是,它是可测、可控与可管理的。

长期来看,网络金融将更为有效地控制金融风险,但是在近期依然会带来不少的风险冲击,包括放大既有的金融风险。任何一种金融活动都有相应的风险,这是一种正常现象,只不过是监管者关注点在哪里的问题。

二、账户革命——数字经济的立足点、出发点和制高点

账户革命是指可实现全员、全时的覆盖,消除了空间断点和时间盲区,使得数字决策摆脱物理环境的局限,实现了数理环境下的程序性驱动运行。

(一)经济活动的本质是什么

经济活动的本质是作出选择。一个人的经济选择基于机会成本,多个人的经济选择意味着寻求"完美的经济关系"。鲁滨

逊一个人在荒岛上，也有决策活动，这就产生了机会成本——我今天做这个，就不能做那个。机会成本事实上也可以理解为自己跟自己做交易，意味着必须要作出选择。在一个经济体系当中更多的选择不是自己跟自己，而是同别人，于是发生了相应的经济关系。

（二）整个经济社会努力的方向就是追求一个完美的经济关系体系

有没有完美的经济关系？市场经济在假定条件发生的时候是完美的，但在现实当中，没有完美的经济关系。以机动车为喻，工业时代是后驱的，靠供给来驱动，前轮是交易，只要生产的轮子转得好，交易就没问题。但1929—1933年使全球经济陷入全面衰退的经济大萧条告诉我们，只靠后轮驱动是推不动机动车的。推不动的原因是什么？把所有的资源都给生产，生产可以24小时运转，但交易不是24小时进行的。然而现在的情况是交易的部分正在发生变化，交易可以实现24小时无缝运转，这辆车由后驱转成了前驱。那么将来呢？也许就是一个四轮驱动的经济，生产和交易的界限被打破了。

由此，我们说现实当中好像没有完美的经济关系，生产和交易的匹配正在发生变化。但是，完美的经济关系在数学上"有解"。如果本质上没有一个完美的经济关系，所有的学术、制度、政策设计终归要落空，没有方向性。

(三)完美的经济关系是什么样的"数学解"

现有的经济学模型和法律制度都不是现实意义上完美的经济关系。经济学模型有太多的限定与修正,关键是其主要考量的是经济变量之间的关系,远不是经济关系。法律制度也不能造就完美的经济关系,公式不能写进法学家创造的制度中,因为今天把货币金融的公式写进去,明天就可以把化学公式写进去,这是法官不能接受的,所以法律当中没有公式。

然而,今天的程序比公式要复杂得多,所以程序也不能够成为法律。但问题是经济运行到今天,相当一部分轮子已经转到程序上去了。以下棋为例,两个人下棋可以作弊,也可以用其他手段。如果在网上下棋,一个程序就可以创造一场接近完美的棋赛,但瑕疵是后台还可以干预其中。那么现在后台运用区块链,任何人都不能作弊。我们此类推在这个体系中的所有经济活动跟下棋一样,每一步都无法作弊,那么,这个体系在数学就上是完美的。这个体系反映的是参与者之间的动态关系,这种程序设定的关系超出了经济理论和法律规范。于是存在一个账户体系的问题,经济行为简化为账户活动,完美的经济关系就是完美的账户关系。

(四)新旧经济与新旧账户体系

现在的交易活动也是通过账户来完成的。中央银行、商业银行这一套系统的货币就是账户货币。这个账户货币不是指纸币，账户货币是在绝大多数的时间和状况下，不脱离账户而存在的。现钞交易、信用卡交易和其他交易都是账户交易，绝大多数情况下都是通过账户来安排的。账户很多，网络上所谓的IP、银行账户、机动车牌照，甚至包括身份证，都是一个账户。那么发挥最大作用的就是银行账户体系。

但是，在银行账户体系之外，又有了新的账户体系，所谓的新经济和旧经济的区分是可以用账户来作界限的。如果你的账户是网络账户，那你可以大体上算新经济的部分；如果你的账户体系依托的是银行账户体系，那你基本上算是一个旧经济部分。

网络账户和银行账户是相通的，但是两套账户体系相通的原因是解决货币来源问题。两个账户的同一笔交易并不在另外一个账户体系当中有映射，我用支付宝买什么，在商业银行账户上根本查不出来。两套账户体系事实上是两笔钱。这就出现了一个经济上的根本变化，商业银行成为一个现钞的物流公司。没有发生存款流失，只是有了一个新的账户体系，更多的经济活动在新的账户体系下进行。

（五）从柜台交易到平台交易

经济关系的本质是交易。一个交易大致有两个环节：交易的达成和交易的完成。法律上也是这样：签约和履约两个环节。那么网络账户体系是彻底地切分交易的达成和完成。比如说，我们下单，然后收货，这完全是两个过程。交易的达成和完成分开之后，交易的效率才有根本性的提高。

我们说现在是平台交易，那么与平台交易对应的是柜台交易。以往的交易都是在柜台完成，柜台交易就是"一手交钱，一手交货"。所以在柜台交易中，交易的达成和完成是分不开的，这样就会排队、拥堵，交易成本就高。它们分开就很简单了，交易的达成完全在数理环境中，这样就出现了笔者所称的"交易大爆炸"。

交易大爆炸有三个方面。首先，使已发生的交易数锐减。假设吉林农民种的西瓜8月收获后卖进北京城共需完成20笔交易，现在可能在卖家和买家之间直接发生一笔交易就可以，相当一部分交易被取消了。其次，原先要做成一单生意需要做足够多的交易，比如做一单生意需要80笔交易，80笔交易成本太高了。但现在成本下降了，做800笔交易都可以，所以交易的数量也会增加。这是两个方向同时在动，旧经济当中交易的数量减少，新经济当中交易的数量增加。最后，交易的达成和完成被物流环节切分。达成的部分在数理环境下进行，完成的部分在物理环境下进行。

把交易达成和完成分开，使得投资跟消费之间的界限变得模糊。比如定一套家具，在交货前你就可以把它卖掉好几手，消费和投资之间的差异也变模糊了。经济活动正在大量往数理环境迁徙，说互联网是一片新大陆，大致也是这个意思。

旧经济活动是在非常有限的物理环境下进行的，它的成本更多发生在空间上。按照空间经济学来计算，它讲究经济密度、聚集度等。在数理环境下，现有两条路线能使经济活动变简单。

路线一：从公司来看，大规模地进行资产证券化。从实体资产（tangible assets）变成权益资产（intangible assets），无须将办公室放置在公司名下，用相应部分的办公室证券就可以；无须任何一辆办公车辆，通过用车的合约就可以替代了。现在很多公司做资产证券化，就是让公司变得很"轻"。

路线二：更多转移到交易达成的层面上，把物理性约束甩掉。整个经济活动从一个物理环境向数理环境迁徙，它的效率提高是非常有趣的，这些交易活动都是在网络账户下完成的，网络账户下完成的这些交易活动就是程序跟指令，经济关系可以趋于完美，覆盖范围无穷远。

（六）技术支持：从 IT 到 DT

数字经济是指信息的处理要自动化、智能化，核心是解决信息之间的关系，而不是解决人与信息之间的关系，个人账户是更为直接地获得信息与信息关系的结果，而将过程留给程序或算法。

具体回到交易环节来看，我们把交易的对象数字化成合约，如果这些合约完全是由人来完成，交易成本会比较高。所以在这个背景下，要回归到纯粹的账户与账户之间的关系。账户之间自动化和智能化处理之后，人就能从大规模的账户交易中解脱。比如你要去投资股市，10只、20只股票就把你折腾得足够疲惫了，让你看100只股票是做不到的，这也是很多证券公司存在的原因。因此账户的意义就在于人通过这些数理化的账户去完成更多的交易。

因此在这个过程当中,我们看到的就是账户革命。账户革命在金融交易所完成得比较早,交易所的电子系统创造了一个接近于数理环境的交易环境。这种网络数字经济就变成了"5A经济":任何人、任何时间、任何地点、交易任何商品和服务、使用任何支付方式。这是在理论上成立又在事实当中接近完成的,某一部分没完成是因为经济上没有需要而已。

(七)数字账户与数字货币

平台交易再升级的核心就是使用一套新的账户体系做交易,这使得新经济和新金融产生了。现有的经济活动以中央银行和商业银行建立起来的银行账户体系为依托,证券、保险、信托、基金的账户体系都是通过这个账户体系来维系的,而网络金融和数字金融的账户体系不依靠银行账户体系。这是非常明显的两套系统,两套系统根本的区别将在数字货币上,所以央行要发行数字货币。目前,支付宝和腾讯等在网上已经足够活跃,网络数字账户已经建立起来,而且形成了对既有商业银行的挤压态势。

无论是用区块链技术还是别的技术发行数字货币,技术都是亚层次问题。重要的是只要发行数字货币,就要创立一套新的账户体系。所有的金融活动根本上都是经纪活动(Broker)。区块链实际上是去中间化,它那套账本拷贝的技术、时间戳等使得作弊的成本极高。数字货币如果不需要 Broker，就意味着它不需要中央银行，但这是一个逐步发展的过程。区块链技术的应用是金融体系的"瘦身"，做 Fintech 其实就是在做"瘦身"。

（八）数字资产需要数字账户

未来整个经济社会体系的资产由三部分组成：实体资产、权益资产与数字资产（Digital Assets）。第一部分，实体资产即所谓的有形资产，是指物理性的资产，可以摸得着的资产。第二部分，权益资产指没有物理属性的资产。这恰恰是过去 200 年中增长最快的一部分资产。现在整个人类社会当中，绝大部分资产都是权益资产。100 万美元的家庭资产是衡量一个经济体系富裕程度的基本指标之一。从全球范围看，100 万美元资产的家庭构成是什么？绝大部分都是权益资产。比如住房、家具每年都是要折旧的，但是它权证的部分是有价值的。所以从实体资产到权益资产是通过产权化、证券化来实现的。第三部分，数字资产。数字资产主要有三个方面：（1）数字音乐制品；（2）数字图像制品；（3）数字货币。这其中的变化在哪里？比如用公司的钱买比特币，这些资产却难以记录到公司的账目上，因为没有这个会计科目。现有公司的财报对应的是银行账户体系，所以比特币等非银行账户体系的资产是不能入账的。企业拥有的数字资产现在是无法入账的，或者在法律上很难讲企业拥有多少数字资产。

如果这些问题解决了，就意味着整个社会经济财富当中的数字资产要飙升。就像以前实体资产大幅度被权益资产超过一样，未来社会经济体系当中的数字资产是要占绝大部分的。

从实体资产、权益资产到数字资产是一场根本性的变化，这个变化是通过账户体系革命产生的。这个变化在银行账户体系支持下是根本不可能完成的。这些未来账户体系是普遍化、自动化和智能化的。也就是说，你需要处理哪些交易需要自动化、智能化。

（九）数字账户的拟人化

账户自身的拟人化使得账户成为一个法律意义上的责任主体。

过去的商号或者公司都是与创始人对应的，甚至商号的名字就是创始人的名字。如果出现亏损，应将个人的全部财产用于清偿，这就是无限责任。但是有了商法之后，公司被拟人化。如果亏损，公司有多少资产就赔多少资产，这是以公司为主体的革命。未来这样的革命将发生在账户上面，账户本身会成为独立的法律上的主体。比如在分享经济中，一套五彩城边上的公寓是做爱彼迎（Airbnb）的，突然有人要关心这个房屋的业主是谁。其实业主是谁并不重要，因为根本不影响这套住房的使用。你了解这套公寓的特点就够了，不需要了解账户（房屋）背后的情况，那个结点就应该终止到账户（房屋）本身。

（十）数字账户的时间含义

分享经济有两个基本点，超越所有权和无用即浪费，核心则是超越所有权。旧经济是所有权经济，其中的核心点是为了拥有而生产、为了拥有而交易，整个经济要解决的是拥有的问题，而不是事实的消费。计算贫富差异，不是看消费，而是看拥有，这个经济是走偏了的经济。那新经济是什么？绝对的短缺问题已经基本解决了，主要解决的是拥堵的问题。那么时间因素就会变得越来越重要，所以账户革命的事情是时间经济学。我们看两个账户的根本区别其实是在时间方面。也就是说数字网络账户更有效地处理时间问题，而银行柜台账户体系是处理空间问题。在处理时间问题上，银行账户体系受到时间节律的影响，就是说，银行时间是有断点、盲区的，不是全时覆盖的。这是账户革命的根本变化之一。

（十一）"物"的账户与"人"的账户体系的交错融合

分享经济所引发的问题之一就是"物"的账户。住房、机动车的分享可以实现的是住房账户的数字化和机动车账户的数字化。疫苗出产、物流，其空间轨迹和时间限定，直至最终的使用状况，都可置于该疫苗的数字身份账户之下。可见，"物"的账户在规模、种类与复杂性上总体超出了"人"的账户。

未来，"物"的账户体系获得极大发展，关键是全面确立"物联网"体系。这就使得"物"的账户与"人"的账户之间实现数字账户体系的全面交错融合。从这个视角来看，数字经济借此才真正达到其应有之境界。

三、理解新账户体系,消除对账户的歧视性监管

2016年,马云曾在杭州云栖大会提出了"五新一平"*,引起极大反响。我简单概括为:"五新"旨在"促进网络账户体系的拓展与提升","一平"旨在"消除账户歧视"。

首先,"新经济"的"新"在于账户体系的"新"。

现代经济活动的基本载体是货币,现代货币是账户货币。

---

* 2016年10月13日,阿里巴巴集团董事局主席马云在2016年杭州云栖大会主题演讲中讲述了对当前商业模式、未来趋势的理解。其中最为关键的部分,即五个"新"和一个"平"。"五新"是指:(1)新零售:电子商务这个字眼很快就会被淘汰,明年阿里巴巴将不再提。电子商务是传统的概念,未来必然会被替代。未来,只有新零售——线上和线下结合的新的零售业态。物流的本质不是更快,而是消灭库存,把库存降到零。阿里巴巴将利用大数据打造新零售。(2)新制造:未来的制造必须迈向智慧化、个性化、定制化,不然会被摧毁。原来制造工厂的商业模式走向B2C是大势所趋,只有改造和改革才能适应消费者。(3)新金融:金融领域的创新会加快社会变革。过去的200年,经济一直是"二八"理论,未来的新金融会支持"八二"理论——支持小企业、个性化企业和青年人。原来的小企业由于资金的问题,很多思考没办法完成,未来的新金融将带来改变。基于数据的信用才是普惠金融,有信用的小企业和个人将得到足够的钱而不是很多的钱。信用变成财富,会为社会带来巨大的福祉。(4)新技术:新技术的诞生,比如原来的PC芯片的能力已经由移动芯片来达成,传统技术将利用大数据迈向人工智能。(5)新能源:过去的发展是依靠石油、煤炭等基础能源,而未来的发展是基于数据。利用阿里巴巴技术委员会主席王坚博士的话来讲,数据是人类自己创造的能源,会越用越值钱。"未来政府招商,也必须关注新的'五通一平'。""一平"是指提供一个公平创业的环境和竞争的环境。"我不希望把它变成危言耸听的警示,而是当作改变自己的机遇,从现在开始。"

离开账户活动，就难有所谓的现代经济活动。商业银行账户体系是现代货币体系的"操作系统"，离开这个账户体系，就谈不上现代经济。在商业银行体系之外，并不存在有效而广泛的账户体系，这个经济就是"旧经济"。"新经济"就是在商业银行账户体系之外，确立起新的、更为广泛有效的账户体系，即"网络账户体系"。我们所说的"新经济"的"新"，就是指经济活动大规模地在网络账户体系发生、拓展与提升。

其次，"五新"的"新"在于全新账户体系内的五大经济活动。

新零售、新制造、新金融、新技术、新能源等"五新"是从不同的视角来看待新经济，都是依托新的账户体系来进行"交易"。新零售是指广泛、无所不在、直达数以亿计个人的网络交易账户体系的交易活动；新制造是指同制造活动密切相连的，甚至包括最终消费者在内的、大规模账户体系的多层次交易活动；新金融是指不直接以商业银行账户体系为依托的一系列网络资金账户的交易活动；新技术是指基于新账户体系所需的运营技术和经营创新，是一系列的程序、算法和全新的商业模式、生产模式等；新能源是指账户体系所产生的数据资源，在相当程度上，成为新的经济资源，成为社会经济活动新能源。

最后，"一平"的"平"在于消除账户歧视。

市场准入开放、反不正当竞争、反垄断等，这些是在既有的账户体系下得到的法律保护。对于新的账户体系还存在不足、缺漏，甚至严重的瑕疵。归纳来说，就是"账户歧视"的问题，包括两个方面。一方面是新旧账户之间的歧视问题。现在看来，比较突出的是旧账户体系对新账户体系的歧视问题，在开立账户的环节存在歧视，即以旧账户体系标准为准则，在相当程度上约束了新账户体系的拓展与提升。特别是将新账户体系的功能压缩到类似或低于既有账户体系的层级。另一方面也存在新账户体系歧视旧账户体系，但现在这种情况还极为罕见，基本事实是，往往以"公平"的名义要求抑制新账户体系的能力与水平，甚至将其拉低到旧账户体系的能力与水平。这种自我标榜为"公平"的主张，是一种明显的"歧视"。它往往伴随着"安全"的"借口"，即认为离开既有的账户体系就是不安全的，是不正当竞争，甚至是垄断性竞争，进而要求将新账户体系降低到与旧账户体系同样的水平或层次上，以确保安全，或者施加并不必要的管制。的确，账户歧视往往上升到监管的层面，成为一种呼吁"歧视性"监管的声音。这是应当予以足够重视的。

数字经济的基础是大量的、广泛的、活跃的数字账户体系，"五新一平"的核心就是要拓展、提升并竭力消除账户歧视。事实表明，如果不同地区、不同行业在这两个问题上处理得好，数字经济将会得到长足的进步；反之，则陷入瓶颈，发展缓慢。新经济与旧经济共同构成现实经济的整体，两者有此消彼长的竞争关系，也有协同发展共同进步的广阔空间。"五新一平"不仅着眼于新经济的发展，更主要的是通过新经济的发展带动及促进旧经济的变革，进而推动经济整体的进步。

6.2 支付——数字经济的"发生"

一、数字经济

支付是数字经济的起点，没有数字支付，就没有数字经济；或者说，没有数字支付，数字经济只是处于粗浅的层面，并未深入实质层面，"悬于空中"而没有"落地"。

支付需要相应的账户体系与货币体系。银行账户体系支持的是银行支付，数字账户体系支持的是数字支付。数字支付需要数字账户体系，这并非一蹴而就。有人将数字资产作为数字经济的实质层面。从这种意义上说，数字经济有两条道路：一条是数字支付，另一条是数字货币。问题是第一条道路是通畅的，中国的经验充分说明了这一点；另一条则是不通畅甚至是梗阻的。*

数字支付是理解数字经济变轨的基础所在。

---

* 这是货币数字化的两条道路。就是说，数字货币要走数字支付的路线，不能走数字货币的路线。

二、"第三方支付"变形记

Costco等大型零售商发现,交易过程中既不需要及时地付款给供货商,也不需要占用买家大量的付款,那么它运营的本质是什么?是物流仓储?不对,是商品货款的"账期"。于是,它开始向(银行)当局申请发行信用卡。由此,Costco运营便不再是商品货物,而是买家客户的账户体系,其会计流程清晰,对客户可以作无理由退货等极为慷慨的承诺,并格外守信。这使它拥有了更多的客户,账户体系也更为庞大,上游供货商也更加依赖它的渠道或账户体系。

Costco的账户支付体系是"第三方支付"。事实上,它本身既非买家,更非卖家,其客户系统是建立在买家和卖家之上的"第三方"支付体系。这个支付体系是基于银行账户体系的,是由银行监管部门来进行监管的,即它的账户体系一定意义上是对监管当局开放的。换言之,第三方支付机构是类似于极简微缩版本的银行机构,对监管方而言,其账户体系类同于银行账户体系。

"第三方支付"并不"天然地"等同于"数字支付"。但是,当电商平台开始运作时,情况发生了变化。eBay是早期电商平台的典范,它实行的并不是Costco的大卖场模式,而是百货公司模式,即eBay是真正的卖家,供货商也不是法律意义上的卖家,所有的责任只到eBay。因此,eBay所建立起来的账户体系不支持多对多的交易，而是多对一的交易体系。从这个意义上说，它与 Costco 一样，没有给买家之间的资金往来提供可能，支付是单向的，或者说是纵向的，即仍然是银行账户体系。当中国的阿里巴巴对标 eBay 时，中国市场的买家并不接受阿里作为百货公司的交易模式，而是要直接与供货商交易，也不愿意直接付款给作为卖家的供货商，这就使得阿里必须作担保方或支付商。固此，支付宝诞生了。

虽然支付宝仍是获得了第三方支付牌照，但是这个支付体系包含了买卖双方，其共同存在于支付宝所建立的账户体系中，支付宝成为记账中心。这个记账体系并不是银行账户体系，而是网络数字账户体系。支付宝财户体系有以下四个特点。

（1）支付宝账户体系既不像 Costco 账户体系那样，围绕着卖场的柜台或收银台运转，也不像 eBay 是银行体系的纵向账户支付结算，它是以个人为主导的账户体系，是横向的，是没有银行会计流程或记账时间约束的账户体系。

（2）在中国，大量的电商商家是小商家，它们事实上是用个人账户来进行交易，并非企业公司的银行账户。就是说，支付宝账户体系是以个人账户主导的，这也是它能够摆脱银行会计流程或记账时间约束的原因。

（3）支付宝账户体系是横向主导的账户体系，即大量发生个人对个人的支付。这个横向的支付主导的账户体系，打破了银行会计流程和记账时间的约束，原因就在于阿里电商平台摆脱了 eBay 百货公司的交易模式，促成了个人对个人的开放式的横向支付体系（当然，这是市场体系的现实要求）。

（4）这个支付体系绕开了银行账户体系，也就绕开了财政税收体系。这一模式难以直接获得商务、税务等行政当局的支持，鉴于这一账户体系所支持的庞大与快速成长的电商规模，使其取得了有关当局的"妥协"，一些问题悬而未决地搁置起来。这种妥协与搁置在银行账户体系也同样发生了。

（5）支付宝账户体系的记账中心与商业银行的记账体系是"分离"的，记账规则、记账时间等与银行会计作业和账期安排也完全不同于商业银行体系。这就意味着一个完全独立于中央银行和商业银行账户体系的、完全新设的账户体系及其记账中心产生了。

在网络数字账户体系确立之际，银行支付的垄断或独占体系被历史性地突破了。数字支付"借船出海"，固此第三方支付的变形也获得央行的宽容性监管。数字支付不仅在中国实现了零的突破，且站稳了脚跟，不断地扩张开来。

三、"红包"与个人数字支付时代的到来

仅有电商平台支持的网络数字支付是不够的，作为大量使用的个人账户体系的支付功能需要更为普遍地发生与拓展，甚至是某种"为支付而支付"的冲动性扩张。这不仅极大地压缩

了数以亿计的个人账户数字支付的时间成本,而且使数字支付不再单单依赖电商网购。于是,"红包"支付发生了,"一分钱"红包成为最廉价、交易快速与频繁的数字支付,而"抢红包"更为全面地启动了个人数字支付操作,商家的投入与跟进,最终使得数字支付更为快速地全面确立起来。

资金往来一定要同交易挂钩,这是一种陈腐的观念。在个人网络资金账户关系中,交易往来与非交易往来同样重要,两者相结合才能反映出个人网络资金账户的活跃程度。特别是在激活个人网络资金账户环节,非交易资金往来更具根本性。因为在个人网络活动中,交易活动有其人际边界,甚至有特定人群总是交易活动的不敏感者与不活跃者。如此,个人网络资金账户单纯依靠交易驱动是不够的,非交易驱动必然会后续发力。

个体网络金融时代开启后经网络红包大战,个体网络资金账户得以全面激活,这意味着个人网络资金账户体系有能力替代个人商业银行账户体系。从这个意义上说,网络红包"大战"不仅标志着个人网络支付时代的全面到来,也标志着个人网络金融时代的正式开启。从商品交易到个人投融资,再到非交易的资金往来,个人网络账户体系被全面激活,这意味着个人网络资金账户的功能死角被扫除了,惰性账户被激活,个人网络资金账户的活跃度得到全面解放。个人支付活动大规模"迁徙"到网络,其所带来的冲击力将持续影响整个金融体系的后续变化。

一个新时代就这样在喧闹中不知不觉地开启了，旧时代在这喧嚣中浑然不知地隐退了。

四、支付宝"双十二"成为撬动线下商业势能新支点

古希腊哲学家阿基米德说："给我一个支点，我就能撬动整个地球。"

"双十二"成就的正是这样一个"支点"，以商家的"红包"撬动了客户的"荷包"，从而使所谓以客户为中心的营销环境提升为以客户的网络账户为中心，更为精准地发生和拓展。据支付宝与口碑披露的数据，"双十二"当天有 2 800 万人被带动进入线下门店消费。这标志着账户营销时代的全面到来。"双十二"借了一双慧眼给我们，让我们得以目睹这样一个全新的营销时代是如何一步步地被撬动的。

第一步，撬动支付格局。

2020 年的支付宝与口碑"双十二"，共有 30 多万家的线下商户参与活动，覆盖餐饮、超市、便利店、外卖、商圈、机场、美容美发、电影院等 8 大线下场景，遍及全国 200 多个城市和大洋洲、亚洲等 13 个国家与地区。另据有关报道，7 个省市在内的 22 家电力机构共投入 50 万份电费补贴给用户，接力"双十二"狂欢，缴电费也能有优惠。

线下商家更大范围、更大规模地接入网络账户支付体系,支付格局的中心持续移向线上支付。这个态势将不断强化,线上支付安全、高效、便捷等优势将持续扩张,从而全面撬动支付格局。

第二步,撬动营销格局。

支付格局被撬动,线下消费、线上支付将持续成为常态。

商家与消费者之间线上支付关系的全面确立,意味着线下商家的营销格局也可以大大方方地从线下"顺藤摸瓜"到线上,更为精准地掌握客户信息,主动实施精确化的营销模式,在线上有针对性地拓展客户市场。线下商家的营销已经拓展到线上,可以更加精准地投送营销资源。这就意味着,营商环境正在发生根本性的变化。

第三步,撬动资金账期。

"支付线上化"意味着商家的线下客户转化为其线上客户,商家就有能力与资源利用线上拓展其商品品类与服务范围,这一营销格局的变化,进一步意味着线下商家开始有能力与意愿将其"营销渠道"直接拓展提升为"资金渠道"。"双十二"使得这一拓展与提升加速完成,即"双十二"狂欢期间,线下商家的资金账期不再完全由线下上下游的资金联动来决定,而是开始逐步而有力地受到线上支付的影响。

至此,便捷的支付改变了资金的流速与流向,从而有力地修正了线下商家的资金账期。这种修正将越来越强劲有力,并在一个又一个"双十二"效益的不断冲压下成为不可逆转的趋势。线上资金活动最终不可逆转地将全面改变与刷新线下商家的资金账期。

第四步，撬动利润形成机制。

商家的账目是围绕各资金账期来展开的，资金账期的变化必然导致商家账目的相应调整与变化，由此，利润的形成机制发生相应的变化。某一商家采取更为贴近线上营销的策略，就将促进其上下游商家乃至竞争者采取相应的调整措施。这就进一步促使总的营商环境发生变化，从而使利润形成机制被撬动。

在这个营商环境发生大的变化与调整之际，商家将更为敏感地捕捉并捍卫其利润形成的关键环节。这个关键环节就是更加依靠那些线上客户，这些所谓的"线上客户"就是使用线上支付的客户，这些客户将成为商家竞争的核心对象，也是决定其利润水平的主要力量。

第五步，撬动"线上和线下"场景的"固有边界"。

表面上看，"双十二"是O2O（Online To Offline，即线上到线下）的能力大释放。事实上，它实现的是线上和线下营销场景的混同。伴随着一个又一个"双十二"的到来，线上与线下的界限将越来越模糊，甚至没有人在关心究竟是在线上还是在线下。伴随线下商家的资金账期和利润形成机制的变化，特别是其线上或线下客户结构的变化，其将更有能力与意愿对其线上和线下营销活动作出更加灵活且富有弹性的安排，非此即彼的线上、线下划分也许越来越不合时宜。

将来，我们甚至很难界定，哪些商家或哪些营销活动是属于线上抑或属于线下的。线上与线下的二元时代亦将因"场景混同"而雌雄莫辨。"谁动了谁的奶酪"也将成为过眼云烟。

从"双十一"的商品集中释放，到"双十二"的现金集中释放，其核心都是盯着消费者的"荷包"。这个"荷包"自然就是网络账户。"双十二"的启示是，不仅要给商品打折，更为重要的是，更精准、随时随地地直接给客户的荷包里塞个"不大不小"的正合适的"红包"。

这就意味着，只要"红包"比"荷包"跑得快、好、准，商家才能更为有效地制订多样化的价格谱系，商业经济才更具活力与动力，才能释放出以往无法想象的动能与势能。

五、数字支付超越银行支付

20世纪八九十年代，中国经济是一个现钞经济，商业银行系统在20世纪90年代末才开始逐步且大力发行银行卡，中国经济开始渐渐脱离现钞经济。21世纪初的十余年，中国经济基本上实现了电子货币经济，整个经济运行在货币账户体系上，不再过度依赖现钞。

数字支付是什么？它似乎是数字支付在先、银行清算在后的某种"预付款"模式，这种理解正确吗？让我们从赌场的筹码说起。

进入赌场需要先兑换筹码，使用筹码来赌博。离开赌场时，再将筹码兑换回现钞。这无疑极大地提高了赌博的效率。网络经济中的支付体系就是一个"筹码体系"，银行货币始终在商业银行体系，并没有上线，上线的是筹码。网络经济中的"筹码"是数字账户里的数字。这些账户数字变化的结果是账户的余额或净额。那么，当下线时，可以即时兑换货币，就像赌博结束离开赌场一样。这就是说，网络交易支付事实上只有账户数字的变化，没有发生银行货币支付。这表明，数字支付与银行支付发生了分离，即无须银行支付，数字支付依然能够达成目的。问题是，数字支付发生在特定的社区，就是例子中的"赌场"，而"离场"时，便意味着离开社区，回到银行的怀抱。这个赌场中的一系列支付行为，事实上就是网络社区的支付活动，是网络数字账户体系内发生的支付往来活动。

正如电子货币体系的效率大大高于现钞支付一样，交易效率极大提高的一个重要环节就是"支付"。只有在银行支付体系之外确立其数字账户体系，才能进一步发挥其更高的支付效率，实现数字支付。

原因在于，数字支付摆脱了银行支付的既有约束：（1）数字支付是实时支付，无须银行支付的行内流程作业。（2）数字支付不受银行账期的约束，实时发生支付且可以累加进行，比如说，数字支付不受隔夜约束，不受银行营业时间的约束。这样，同一笔资金单位时间内的周转笔次大大多于银行支付，且数字支付是 24 小时叠加连续的无缝支付。（3）数字支付支持高频的跨地往来支付，使得远程跨地支付与实时面付没有差异。（4）数字支付事实上无须支付者相互验证身份，实现陌生人之间的远程即付，这就类同于现钞面付，无须支付双方进行身份验证；而银行支付则需要通过银行系统验证身份支付。换言之，银行不支持陌生人与陌生人之间的远程支付。具体而言，异地银行支付需要向银行提供收款人的账户信息及身份信息，支付宝或微信支付无须如此烦琐。

有人认为，数字支付是某种预付款抵扣的电子支付，这种认识是将数字支付在会计流程上等同于银行支付，在技术系统支持上将数字支付等同于电子支付。然而，数字支付不同于电子支付，也不等同于预付款抵扣支付。将数字支付等同于预付款抵扣支付，是将数字支付的货币来源等同于预付款。事实上，数字账户内的数字是从银行账户中兑换过来，这个账户内的数字不是预付款。那么，数字账户内的数字是什么呢？这是一个法律或监管问题，鉴于法律上尚未有效地界定，我们可以认为，数字账户内的数字是"支付工具"。即便预付款抵扣可以说得通，但是，也只是支出方的视角。那么，收款方的情况就复杂了，收到付款之后，是可以再支出的。一般来说，预付款抵扣往往只是发生在单向收款体系中。比如说，地铁等市政公共交通往往发行预付款电子卡片，进行充值。问题是这些交通卡往往有着明确的收款方,即便注入香港八达通的收款方众多,但是,任意两张交通卡之间并不能实现支付。所以,预付款抵扣支付并不具备数字支付的功能。这种误解极大地曲解了数字支付极高的支付效率和强大的体系功能。

数字支付的效能,特别是在小额支付方面,实现了远程的实时支付,这从根本上超越了银行支付的功能局限,极大地扩大社会经济体系的支付总量规模,提高了整个支付体系的资金运行效率,填补了众多银行支付的盲区,刺激了社会经济体系的活力。数字支付体系的成本低廉、功能强大、(时空)覆盖广阔,这些都从根本上超越了银行支付体系的极限,爆发出不可阻止的强大生命。

那么,银行体系能否实现数字支付呢?一般来说,银行账户体系的发生是基于银行服务的企业部门。在个人账户体系方面,银行的服务往往做不到与企业同等地位,特别是数以亿计的个人账户体系要完成比企业更为频繁的支付时,银行体系将难以适应。也就是说,数字支付将改变银行既有账户体系的结构与重心。比如说,早在5年前,就有人估算过,以"双十一"购物节而论,如果改为银行支付,其在技术上是无法支撑的。事实上,银行体系在成本上也未必愿意跟进这样的技术安排。即便银行进行了相应的技术投入,不可绕过的问题是,银行支付体系是否能够容纳两套支付体系?其会计作业流程是否一致?其监管合规体系是否一致?这些都是无法克服的阻碍。简言之，银行数字账户体系与既有的账户体系之间事实上是不兼容的。银行支付数字化，除了技术体系要作出二元安排外，还需要合规流程二元化。这就超出了商业银行自身的权能，需要中央银行甚至财政等一系列的监管部门作出相应的调整或安排。也就是说，银行数字支付需要等待数字法币的发行与运行成为现实的那一天。问题是，即便数字法币出台后，银行数字支付也与既有的银行支付大相径庭，银行支付体系仍然面临着二元化的安排。

由此，数字支付超越银行支付是一个必然趋势。

数字支付超出银行支付的束缚，是数字账户体系崛起的根本动力，也是其发展方向。它不仅在相当程度上替代了银行支付，更为重要的是，它超出了银行支付的能力，代表着支付的发展方向。

从根本来说，数字支付的发展就在于账户——个人账户的"数字化"崛起。

6.3 变轨——"新经济"与"旧经济"的区别

一、如何界分新经济与旧经济

2016年初，阿里巴巴电子商务平台的成交额比肩全球最大的零售商沃尔玛，相当于中国社会消费品零售总额的 10%。它标志着：（1）虽然美国新经济在很多方面仍然领先中国，但新经济发展的全球重心正在开始呈现"美中双子星"的格局；（2）新经济在商业上的压倒性优势正在显现出来。而这也可以理解为两个基本事实。

第一，在商业上，全球新经济开始全面快速发展，且这一态势正向金融、投资和制造业等领域渗透或蔓延；第二，在国际上，长期来看，中国新经济必将在很多方面超越美国新经济。虽然美国依然会在较长时间内保持其新经济技术和创新理念的全球中心地位，但中国在数量、规模和增长态势上终将决定性地超越美国。

回头看，20 世纪 90 年代的美国是新经济及其观念与理论的发源地，一路走来，伴随着一系列的质疑、激辩和批判。时至今日，面对沧海桑田般的变化，既有的认识框架恐怕难以涵盖日趋膨胀的事实，这还是要回到一个基本的问题上去：新经济与旧经济的根本区别到底在哪里？

关于新经济的表述中，旧经济几乎可以等同于"传统工业经济形态"，而新经济则几乎等同于"新的科技经济形态"，这是一种直观的经济形态上的表述，而且是非常靠近技术层面的解释。但是，技术总是实时更新且不断变化的，新经济与旧经济之间的界分是怎样的关键性技术呢？这一技术又带来了怎样的变化？

（一）旧经济 VS 新经济：从以企业（或企业部门）为中心到以个人（或居民家庭部门）为中心

（1）居民家庭部门是企业劳动力资源的提供者，是企业产品的消费者，是企业资金来源之一，其在整个经济体系中的地位取决于企业部门；（2）在企业部门的内部，企业与企业的关系是市场关系的主体，企业与政府部门的关系是政策、法律等制度体系的主体；（3）企业与其所雇用的工人之间的劳资关系是社会经济体系中的最主要部分，这三个最基本的经济关系是以企业部门为交集的。由此可见，传统工业经济事实上是以企业部门为中心的。

网络数字技术及其应用，使个人在经济上的参与广度、频度、深度甚至强度都获得了极大的提升。借此，居民家庭部门庞大的经济势能得到极大的释放，使之成为社会经济体系中最为活跃的部分。企业部门必须直面数以亿计的个人，个人选择直接成为经济活动中最为强劲的力量。企业选择退而求其次，努力与居民家庭部门的经济决策相适应。可以说，企业部门对居民家庭部门决策的影响力在不断下降，而后者决策对前者的作用力却在网络数字经济条件下直线攀升。在新经济体系下，居民家庭部门的决策能力、灵活性、强度和力度都得到极大的提升，其对企业部门的影响力或作用力是根本性的。

经济活动的根本是作出选择，正是从这个意义上讲，新经济以个人为中心，旧经济以企业为中心。

（二）旧经济 VS 新经济：从以银行账户体系为基础到以网络资金账户为中心

企业作出选择及其实现，既是法律意义上的，也是财务意义上的。后者是指任何经济活动应当最终反映到账目中。账目变化不仅记录了经济活动，更反映了经济活动的结果。企业账目变化的真实依据，既有实物层面的，也有货币层面的，但最终要统一反映为货币计量的账目记录。企业账目要依照统一的财务标准，以对应银行部门和政府的税务部门。因此，企业、银行和政府三个部门能够在财务上相统一。这个情况只是到了工业经济时代才普遍发生的。企业活动直接反映在它的银行账户活动上。旧经济的运行正是以银行账户体系为基础。

在旧经济体系中，商业银行体系主要为企业部门服务，居民家庭部门或个人往往被视为居民储蓄资金来源，其账户活动能力以及建账或账目管理能力普遍较低。因此，个人或居民家庭部门所能获得的银行服务是非常有限的，特别是相对于企业部门而言。当然，众多的小微企业也面临这种情况。

新经济是以网络资金账户体系为中心的。新经济首先打破了商业银行体系对于账户资源的垄断，一系列的网络交易平台提供了大量的账户资源，个人或小微企业开立了大量的网络资金账户来支持其网络交易。不考虑线下银行卡的基础设施的投入，仅就技术能力而言，网络资金账户体系已经大大超越了线下商业银行的账户体系。

(三)旧经济 VS 新经济:从"柜台经济"到"平台经济"

在旧经济体系中,无论是商品交易,还是金融交易,都是以柜台交易为基础。场外交易(over the counter)是特例,并不是范例。以商业为例,工业经济时代纺织业大发展带来了成衣业,使得成衣业成为百货商店的支柱。百货商家自行组织货源、安排仓储及运输。在百货商场,通过柜台将买家与卖家分割开,卖家在柜台后面根据客户需要临时进行商品的称量与分装。"冷战"时代,西方国家关注民生福利,苏美之间还爆发了"厨房争论",民用商品扩大生产,产品包装也趋于小型化。同时,交通和仓储等物流基础设施大规模兴建,特别是食品饮料,包括冷鲜货的运输与储存设备得以推广,家庭部门的厨房设施也普遍实现了电器化,这就使得零售业发生了"零售革命"。超市和大卖场成为突出标志。超市售卖,将货架等同于柜台,取消了买家与卖家的物理隔离。但是,超市大卖场保留了收银柜台。这就说明它没有从根本上摆脱柜台商业。

不能摆脱柜台,就一定要受到物理条件的限制。关于商业发展的一系列约束最终要归结到买家和卖家之间的物理距离。这就意味着,旧经济必然要禁锢于"实体环境"。

新经济是"平台经济"。就电子商务而言,其不仅没有售货柜台,也没有收银柜台。交易及其支付活动都是一个记账活动,这就意味着商品柜台和资金柜台都不存在。从商业本身的历史发展来看,商品品类或规格等趋于不断放大,柜台就需要相应延长，从杂货店到百货商店，是其中的一个阶段；当商品品类或规格乃至数量进一步增加，则需要大卖场和超市，售货柜台消失，保留有限的收银柜台；当网络交易电子商务发生，货架和柜台这些物理场景都消失了，交易形式提升到网络交易的新维度，就出现了新的"平台经济"。

商品或服务趋于无限丰富，柜台似乎也可以无限延展，但是买家或卖家的体能或管理半径是有限的，这就需要不断地集中。这就是说，最终要实现无柜台交易与无柜台支付，就必须打破旧经济的物理环境约束，彻底地释放交易空间与时间，新经济的平台经济应运而生。

事实上，旧经济的柜台经济是"物理环境"约束下的经济活动，新经济的平台经济是接近于"数理环境"下的经济活动。

但是，新经济的平台经济依然存在自身难以克服的问题，主要有六个方面。

第一，平台经济自身"天然"地带来了拥堵问题，甚至"人为"地造成新的"壅塞"，这从根本上违背了数字经济克服旧经济的宗旨：数理环境下需将空间约束最小化。

第二，平台经济需要最大限度地降低个人的时间成本，而不是保留一定水平或相应地放大个人数字经济决策的时间成本。这就需要要求平台削弱各种各样的广告导入，即要求平台的公共性或准公共性，而这是平台可以模糊与抵制的。因为这些广告导入根本性地提高了个人数字经济的"机会成本"，降低了个人数字经济的自由度。未来平台竞争的实质就在于降低个人的机会成本。

第三,平台有意无意地占用了个人终端的大量系统资源,并着力提高个人账户系统更新的资源或时间,这就决定了双方势必将发生系统资源的冲突。

第四,平台需要持续提高其算力,这不仅在技术上有瓶颈,而且在商业上也有成本约束。任何将其直接或间接地转嫁给平台用户的行为,都会引起相应的抵制。事实上,平台的算力也存在大量的冗余问题,存在峰值与谷值,两者之间的距离不断拉大,最终会使得平台技术成本难以维系。如果考虑到算力技术的快速革新和商业模式的快速革新,老旧平台将难以及时转变,甚至利用其市场地位而抵制转变,成为垄断与阻碍创新的力量。

第五,平台大多局限于社区构建,全覆盖的社区事实上并未出现,一些超级平台并未能建立起无所不包的社区。这就决定了个人不会为一两个超级平台所"绑架",新社区的活力也将层出不穷。那么,数字经济不可能局限在所谓的超级平台,跨社区、跨平台的经济活动将成为主流。平台的开放性与竞争性,使其难以平衡。

第六,平台经济的一个重要支柱就是其数字支付账户体系,各大超级平台拥有属于自身的数字支付体系,跨平台的数字支付往往是各大平台所排斥的。关键在于中央银行数字法币的发行与运行将打破数字支付的封锁与垄断，跨平台、跨社区的支付活动将"全面开花"。如此，平台的支付就会发生全面的位移。

平台经济是一个过渡的数字经济形态，解决上述六个问题的关键是将个人平台化，而非将个人作为平台的附庸。这就意味着个人数字账户必将成为超级数字账户。

（四）旧经济 VS 新经济：从以生产为中心到以交易为中心

旧经济以生产活动为中心。由于整个经济体系追求扩大经济产出，生产企业成为经济领域中的主要利润来源，它往往也能够获得充分的经济资源的投入。在旧经济时代，任何经济问题似乎都能够通过生产来解决。因此，生产环节相对于销售等其他环节是获得最多经济资源的。这样，旧经济在销售环节的投入是相对有限的，这决定了市场体系的扩张不能跟上生产的扩张步伐。经济大萧条就是这种经济失衡的全面表现，人类经济历史上第一次出现了全面的经济衰退和萎缩。这表明，旧经济以生产为中心的模式已经走入了"死胡同"。

交易的扩张意味着真实市场体系的扩张，这种扩张首先是物理性的扩张，使得交易活动能够在更广阔的空间和更为连续的时间范围内展开。但是，物理意义上市场的扩张并不能使交易活动赢得较生产活动更多的经济资源，人类经济社会总是倾向于给予生产活动更多的支持。同时，市场的物理扩张更容易出现边际效益递减而边际成本递增的情况。换言之，市场的物理性扩张往往是非常有限的，特别是相对于生产能力因技术产生的大飞跃而言，交易市场的扩张往往更加不足。在物理环境下，交易往往无法根本摆脱其相对弱势的地位，即生产和交易的不匹配，是旧经济自身无法克服的。这就引出了经济周期论及其经济政策实践。

旧经济带来了"生产大爆炸"，与其相对应的是，新经济创造了"交易大爆炸"。新经济扩张交易绝非是使交易在物理环境下扩张，而是网络数字技术及其应用所创造出来的接近于"数理环境"的交易环境。它拥有庞大的账户体系，支持交易活动的是一系列的程序设置，这个数理环境能够不断地自我学习与调整改进，从而最大限度地满足系统内交易活动的需要。

早在电子商务出现之前，一系列的金融市场交易非常接近于现今的电子商务交易，只是其交易主体、交易种类、交易时间等是相对有限的。但是，它的交易样态是接近数理环境的。因此，金融交易系统也发生过度交易，一方面是由金融交易自身的特性决定的，另一方面金融交易在技术上系统确实有能力创造"交易大爆炸"。由于金融交易的巨幅波动直接作用于金融市场和实体经济，其负面冲击力非常强大。因此，一系列的金融衍生品交易等被视为"虚拟交易"，且引发一波又一波的声讨之声。

那么，新经济所引发的"交易大爆炸"是不是也属于"虚拟交易"或"虚拟经济"?

"交易大爆炸"是否属于"虚拟交易"或"虚拟经济",不是由交易手段决定的,而是由交易对象决定的。20世纪20年代美国出现了电话购物,没有柜台交易,甚至没有纸质交易文本,交易途径是电话通话。但是,交易对象是普通商品,这个交易是真实有效的。而虚拟经济或虚拟交易的交易对象本身不具备物理属性,而是具备法律属性的某份合约。这类交易的定价机制通过市场交易实现。当出现价格上升时,交易格外活跃,甚至出现更多的交易产品;当价格下跌时,交易萎缩也格外迅速,往往直接导致账面巨额损失。因此,经济社会中对虚拟交易或虚拟经济格外警惕,这种情绪或模糊认识往往也波及网络交易或网络经济,对于新经济的质疑与批评之声不绝于耳。

虚拟交易与虚拟经济近乎是在一个数理环境下实现的,这一点同新经济没有什么区别,两者都带来"交易大爆炸"。但是,两者的根本区别在于,前者的交易对象本身不具备物理属性,而新经济带来的"交易大爆炸"中的交易对象普遍具有物理属性。这就是为什么在新经济中会出现所谓的"双十一"或"双十二"之类的创举,而在金融交易中,如此作为则是监管所严厉禁止甚至坚决打击的。

新经济中是不是完全没有虚拟交易或虚拟经济的成分呢?有,但并不是主要部分,更不是新经济成长的主要动力。至于一系列假托新经济或"互联网+"而出现的虚假交易甚至骗局,则不是题中应有之义。

（五）根本变化：交易效率超出生产效率

从技术上讲，新经济等同于网络数字经济。但是，它并不是伴随着网络数字技术的应用一蹴而就的，而是经历一个孕育并不断突破发展的过程。就现实而言，因距离过近还难以准确地梳理出这个经济变化的标志性事件体系，但是，还是可以推定出一个基本的事实。

这个事实就是交易效率超出了生产效率。

如何理解"交易效率超过生产效率"呢？人们谈论到新经济总是无法避开网络数字技术及其应用。最为人所称道的是，网上交易快于线下交易。换言之，所有关于新经济的论述都在直接或间接地以此作为基本事实。网上交易之所以快于线下交易，是因为前者是在近乎数理环境下实现的，后者是在物理环境下完成的，这就意味着交易必然要大规模、大面积地"搬迁"到网上。这就表明，线上交易快于线下交易的本质并不在于交易体系的效率分配结构问题，而在于交易效率整体性地大幅快速提升。这是整个经济体系内效率结构的变化。

效率问题本不是经济活动的中心问题，它的出现很晚，是产业革命的产物。正是产业革命使得经济活动挣脱了时间的约束，实现了连续性的生产。产出的极速增加使得效率问题成为经济活动的中心议题。

在以往的人类社会经济历史中或绝大多数的市场体系下，生产效率一直领先于交易效率。比如，一条汽车生产线平均几秒钟就生产出一辆机动车。但是，它的销售周期相对而言则要长得多。经济大萧条中将牛奶倒入河沟的案例说明什么？就当时的市场状况而言，人们将这些牛奶生产出来，未能在既定的时间内销售出去，根本没有能力加以储存，也许在更远的地方能够销售。但是，当时市场规模有限，根本没有能力销售到更远的其他市场去。工业经济时代有所谓的"倾销"的情况，但是，一则不是常态，二则对于倾销的抵制也颇为强烈。可以说，工业时代的来临，使生产效率大幅跃升，但交易效率是瓶颈，成为经济体系运行中最大的阻碍。

扩大交易需要在交易主体、交易对象、交易时间、交易空间、交易手段等一系列环节上实现革命性的突破。简言之，即"任何人与任何人之间在任何时间、任何地点交易任何商品或服务，并以任何支付手段支付"。这个表述本身便接近于数学化的描述。想要在现实市场体系下构建这样的交易体系，如同建造空中楼阁。这就是说，物理环境中根本不可能形成这样的交易体系。但是，在数理环境下，这个接近于数学描述的交易体系是可以实现的。

网络数字技术及其应用建立了网络数字新经济，其接近于数理环境，也使得交易活动易于达到近乎完美的数理状态。新经济带来的交易大爆炸由此产生，其结果是交易效率开始发力跑赢生产效率。这个状况目前还是局部的事实，但是它是一个趋势。

只有当交易效率超出了生产效率，交易力量才能对生产力量形成真正有效的约束，整个经济体系的机构与质量才得以重构，并更趋合理和更具活力。

交易效率超出生产效率，也表明交易成本快速下降。特别是边际交易成本趋近于零，使得整个经济体系发生质的变化。建立在交易成本理论基础上的厂商理论和生产函数都将受到根本性的冲击，企业的规模以及形态正在发生本质性的变迁。同时，个人在决策能力和灵活性上正在全面地赶超企业。当交易成本极速下降、交易效率极速提升之后，经济活动的重心或中心就从生产转向交易，经济主体也从生产主体（企业）转向无所不在的数以亿计的交易主体（个人）。

从历史角度看，前工业时代是自然生态环境下的经济体系；传统工业时代是旧经济时代，是物理环境下的经济体系；数码网络时代是在新经济时代更近乎于数理环境下的经济体系。对于新经济的一系列称谓，诸如"小微经济""分享经济""意愿经济""普惠金融"等正是从不同视角下透视新经济的特点。

二、数字经济不是"虚拟经济"

虚拟经济既不是一个理论问题，也不是一个政策问题。虚拟经济的内涵与外延远未确定。它往往与所谓实体经济并用，但两者都没有成功地内化为经济理论体系的一部分，也谈不上与其相对应的政策实践。虚拟经济提出得非常晚，约在20世纪90年代之后才开始流行。时值东南亚金融危机爆发，且不断演变为全球新兴市场的金融危机。当时，对虚拟经济的批评上升到了一个批判的高度，即针对金融自由化或金融深化所带来的金融危机的批判与检讨。2008年，发达经济体普遍陷入金融危机的冲击。由于发达经济体系过度金融交易所引发的危机，虚拟经济遭受了又一轮的批判。第三轮批判虚拟经济是近年来网络数字新经济崛起，使实体经济陷入不景气乃至结构调整的阵痛。

十分滑稽的是，似乎实体经济是头盔或盾牌，而虚拟经济成了靶子。这就是积习所致，其中包含着深刻的误解乃至无知，甚至演化为"争座次""争宠"，乃至"指责游戏"。

为什么要将经济划分为实体经济和虚拟经济呢？

在现代经济中往往极难作出这种划分，谈不上是有实质意义的。这一划分隐含着的基本逻辑就是，经济产出是第一位的，甚至有人将之扩大解释为生产力标准。围绕着产出作出的交易是第二位的，脱离产出的交易且获得高额利润则是极度危险的。事实上，这样的思维逻辑早在80多年前的经济大萧条时代就已经被打破了。供给并没有创造出与其相适应的需求，产出决定经济的逻辑被经济大萧条碾得粉碎。在计划经济以粮为纲的时代,农村经济不仅排斥商品经济,还限制手工业的发展,更不要谈之后大行其道的乡镇企业了。工业产出并没有力量决定计划经济体系的农村经济政策走向,也没能决定整体经济走向。改革开放后,工业经济"碾压"农业经济,乡村经济工业化带来了农地减少、环境污染、土地撂荒、农业人口持续锐减且严重老龄化等问题。大量的工业产出陷入能耗大、市场窄、技术弱等一系列困境,放大了的实体经济产能走到了需要压缩与结构性调整的境地。这些问题的根源是实体经济自身,与虚拟经济无关。

回到最初,虚拟经济与实体经济既非理论问题,又非政策问题。口水仗于经济事实往往是模糊的,于经济实践往往是不利的。当农民一年的产出大量烂在地里、难以卖出去的时候,虚拟网络交易是不是就成了救命稻草?当华北陷入严重雾霾,大量排污的实体企业能以巨大产出而免责吗?

过度生产和过度交易都会引发严重的经济问题,根本不存在"生产永远正确,而交易动辄受过"的逻辑。如果将虚拟经济设定为容易发生过度交易的经济部分,那么,并非所有的过度交易都一定会引发经济危机,更难断言,过度交易会引发实体经济的危机。在这些基本问题上,还是应当回归对理论与政策的研讨,而非陷入舆论场。事实上,理论与实践中并没有虚拟经济和实体经济的微观经济栖身之所。

在社会经济体系中,资产大体而言有三类:实体资产、权益资产和数字资产。实体经济往往自认为属于第一类资产的生产。

股票、债券、期货、保险单、信用证、专利、特许等不具备物理属性，而具有法律属性，它们是权益资产。实体资产与权益资产都可用于交易。实体资产有物理属性，其交易伴随着物理上的流转或传递，因此交易就趋于收敛而有限。权益资产没有物理属性，因此交易就趋于无限扩张。这个不难理解，鲜牛奶交易半径和交易次数都是有限的，牛奶公司股票的交易半径和交易次数则可趋于无限。由是观之，后者容易交易过度。所谓虚拟交易往往同权益资产交易画等号。就现实而言，权益资产在总量及交易频次上早已双双超出了实体资产，这突出反映在财务报表或金融市场的估值上。

所以，将所谓实体经济认定为经济主体或核心，至少是有偏差的，甚至是不符合实际的。现代经济的核心是金融。虽然实体经济是重要且必要的，但认定实体经济能够确保经济健康发展，认为金融交易风险过高而极易引发危机则实乃门户之见。数字网络经济超出了实体与虚拟的简单划分，将经济提升到一个全新的维度，即便被扣上虚拟经济的帽子，但数字网络新经济依然远在"棍子"的"打击范围"之外了。

6.4　信条——事实与原则

虽然整个经济体系尚处于数字化的演进过渡之中，且数字经

> 济体系或结构尚未变得十分清晰与明确。但是，经济数字化已成为带有明确趋势性且不断膨胀的事实。新冠肺炎疫情使得这一趋势性事实在全球迅速扩张。这使得之前种种基于旧经济的预想不得不丢弃，而更贴近于经济数字化的"事实"本身。事实上，许多预想往往囿于既有的"原则"，而数字经济所形成的事实正在冲击且铸就适应其拓展所需的新的"原则"体系。

《大学》有云："苟日新，日日新，又日新。"

经济与金融活动总是在不断地推陈出新，有时快些，有时慢些。所谓的新经济、新金融是经济社会巨大变化的产物，这意味着发生了一个具有分水岭意义的变革。

从技术层面上看，新经济、新金融等同于网络经济与网络金融。但从经济进化的历史进程来看，我们不能简单地停留在网络技术层面上来分析，而应当回归到经济与金融本身的历史演进进程中来考察。换言之，技术因素是"突变"，而经济和金融活动以历史性地累积而处于渐变之中。

一、一个基本事实：交易效率超出生产效率

线上交易快于线下交易这一基本事实的本质含义是交易效率超出生产效率，意味着划时代的一场经济变革，我们可称为"新经济"。新经济的基础是互联网运行及数字技术应用，其主

角是数字化的新金融。

对于新经济、新金融的任何描述都离不开网络，也离不开网络交易。各种的分析与阐释离不开一个基本的事实环节，就是网上交易的便捷性、高速成长性与扩张性。这个事实简单地概括为线上交易快于线下交易。

线上交易快于线下交易，不仅意味着网络经济在整个经济体系中占据越来越重要的地位，而且正在全面改写经济体系的演化进程。一个视角是，将线上与线下经济或金融二元化，力图由此诠释新经济、新金融的历史走向。但是，这个视角只是强调了经济进程的发展重心或中心的转移，对于整个经济体系发展变化的观察与解释力度是不够的。另一个视角是，将线上经济或金融与线下经济或金融作为一个整体来看待。这就是说，线上交易的效率高于线下交易，带来的是整个经济体系中交易效率的提高。

目前，交易效率的提高还是一个局部的事实，一方面体现为线上交易效率高于线下，另一方面已经出现了线上交易效率高于线下生产效率的状况。

从一个不断扩张的趋势性事实演进为一个十分明确的、整体性的、趋势性的事实，这是一个前所未有的经济历史变革。当下所有关于新经济、新金融的理论，无法摆脱的基本事实正是以"交易效率超出生产效率"为核心而展开的。

（一）到产业经济时代，效率成为经济活动的中心

从历史角度看，社会是否稳定在相当程度上取决于经济是否稳定；而经济稳定取决于生产和交易状况的稳定，即生产供给和交易需求的匹配状况。这不仅体现为生产量和交易量的匹配，还体现为生产时间和交易时间的匹配，后者就是一个效率问题。经济理论上往往直接假定市场是有效的，就是说交易效率是有保障的。然而，市场体系其实是有边界的。此边界可视为效率减至极低，就是说交易难以达成。从历史角度看，经济活动在空间上普遍地联系在一起，意味着生产和交易普遍组织起来，并在相当程度上一体化。

经济活动的中心原本并非效率问题。在原始经济时代，经济社会以渔猎和采集为主。这一时期的经济活动中心是"范围"，即在地域或地理空间内从事渔猎与采集，使原始的经济活动与自然界动植物的繁衍节奏做最佳的匹配。然而，各个经济单位存在地域性经济活动的边际，即单位面积上的经济积累往往是有限的，难以形成经济规模。这一时期经济活动的突破点在于如何形成规模积累的动植物产出方式。

农牧经济时代是一个规模化的经济时代，灌溉农业和大规模的畜牧业创造了人类经济活动的地理景观。相对于渔猎和采集而言，农牧经济高度集中化，使生产效率有了大幅度的提高，一系列农牧技术的发掘与应用、金属铸币的广泛使用和贸易的普遍化，使得农牧经济创造出前所未有的经济大跃进，人口数

量有了巨大的增长。但是，这一经济历史时代的生产效率或交易效率都受到一系列季节因素的约束，跨季生产和贸易十分有限。因此，这一时代经济活动的效率虽然相对以往有了很大的提高，但经济效率依然受到明显限制，经济规模还是经济活动的中心。

只有到了产业经济时代，生产效率才彻底地挣脱自然节律的约束，实现了 24 小时连续生产，史上最大规模地使用劳动力，改变了经济地理面貌，改变了铸币规律，对资本与技术的应用达到了有史以来的巅峰状态。经济产出呈现出"无限制扩张"的态势，这一时期经济效率开始有条件成为经济活动的中心问题。

大体来说，效率成为经济活动的中心是产业革命后的事情，人类经济社会对于生产效率的不懈追求是产业经济时代的产物，也是这一历史阶段的标志。

（二）为什么是生产效率，而不是交易效率

在农牧时代，交易是十分必要的，农耕文明与游牧文明之间的制衡主要来自贸易的稳定性。而农业经济内部，不同的农业经济区块之间也是以贸易的稳定性为主导。要实现贸易的稳定性，其决定力量往往是国家机器军事力量。春秋时代，诸侯会盟的核心是解决灾年相互救济问题。这就表明，农业经济不是一个整齐划一的经济，各个经济区块之间的生产状况取决于不同年景的气候灾害等差异状况,有时战争、瘟疫等人为因素也会产生巨大的影响。这就意味着,不会出现大量的、全面性的生产过剩状况,同一经济区块在不同时期的经济产出是不同的,不同经济区块在同一时期的经济产出也是不同的,这就需要各经济区块之间要进行有效的经济调配。因此,维持贸易的稳定性是非常必要的手段之一,乃至必须动用国家力量或军事力量来加以稳固。简言之,产出的不稳定性决定了交易稳定的必要性。

稳定交易是交易效率的基本保证。这是由生产效率的不稳定所决定的,至于生产效率全面激增后的交易效率问题要到下一个经济历史时代才能显现出来。

(三)生产效率激增,交易效率相形见绌

19世纪第二次产业革命以来,电气化、铁路、汽车等一系列重大经济变革实现后,人类经济呈现出史无前例的大发展。生产效率普遍性地激增,使得工业成为经济活动的中心。企业资本主义全面确立。一方面,在法律上实现了商法对于民法的突破,商法革命带来了有限责任公司体系,进而确立了股份有限公司制度,使传统的无限责任的经济组织体制得到全面的"转型",从而形成了现代企业制度体系,企业成为经济社会的组织中心。另一方面,在财务上实现了普遍账目的标准化,这就使得尽可能多的经济资源货币化、账目化,成为企业的资产,

货币形态也出现了巨大的、历史性的变革。中央银行和商业银行体系建立起来，银行票据发展成为现代货币，央行和国家力量再使之成为"法偿货币"，货币的供给完全成为一个人为的过程，不再受到冶矿产业的约束。这个过程就是以企业为中心的资本主义时代。

以企业为中心的资本主义时代的重心是使全社会的经济资源向生产领域集中，企业——特别是生产性企业——获得了几乎全社会的经济要素。这是企业部门生产效率的历史性激增所决定的，企业部门不仅是经济产出的主要来源，也是利润的主要来源。这就使得整个经济体系围绕着以生产为中心来运转，其他环节必须进行相应的调整，以适应这一变化。

当生产效率历史性地全面提速且激增的同时，交易效率相形见绌，后者虽有相应的提升，但是应当说相对前者却有不足，甚至有所下降。

（四）大萧条的启示：有限的市场与有限的交易

当生产效率的快速提升成为经济社会的头等大事后，生产力上升为经济活动的核心。不仅大量的经济要素压倒式地向生产环节倾斜，而且为了提升生产甚至压榨其他经济环节，这使得资源和利润都更加向生产环节集中。这种冲击力量完全改变了社会经济生活的基本面貌，使得人类经济社会大踏步地向工业社会迈进，工业社会正是在这样一个基本"失衡"的状态下到来的。

工业经济具有无可比拟的生产效率、经济资源,拥有企业、银行体系等组织体系,也赢得了高利润的投资回报和一系列的资本优势,甚至法律优势。这样一个经济体系呈现出边际扩张的态势,似乎工业经济的膨胀发展不可阻挡。在这样一个失衡前冲的大趋势下,人类经济社会第一次迎来了全面经济产出的扩张,这是在前工业时代所不可想象的。

然而,全面的经济产出的扩张在边际上是不可持续的,它将不可避免地迎来边际上的萎缩。经济大萧条正是这样一场全面的经济萎缩。诚然,经济大萧条所具有的经济历史含义,使整个人类社会经济体系史无前例地陷入全面的经济衰退。全球经济活动受到衰退的冲击,甚至那些最为活跃的经济中心也难逃一劫。

经济大萧条的影响非常巨大而深远。理论上认为,经济大萧条来自供给过剩带来的需求不足。解决之道在于扩张需求。于是,政府部门将扩张需求作为宏观经济政策的核心,工业经济时代企业为中心的格局发生了位移,政府与企业的关系成为经济活动中的重要环节。然而,政府所能够带来的需求是什么呢?从历史角度看,以美国为例,最为突出的政府部门的需求就是战争产业。有人认为,第二次世界大战是工业国家最终摆脱大萧条影响的关键所在。在美国,罗斯福总统当政期间,其称美国将生产6万架军机,实际上,美国生产了9万余架军机。

"二战"后，朝鲜战争接续，继而是越南战争。在麦克纳马拉主政美国国防部期间，五角大楼的支出占到美国联邦财政预算的16%。但是，战争产业值也走到了尽头。一是美国无力掌握战争的主动权，甚至根本无力决定战争的胜负，乃至无力独立终结战争。二是战争产业成为一种不可控制的消耗，且带来了巨大的社会政治方面的反弹。战争产业在名义上扩张的是政府部门的公共需求，事实上，它直接扩大了军工交易，战争的消耗带来军工交易效率的极大提升。为什么是军工产业而不是其他部门？这恰恰是战争产业的特点所决定的，就是说战争消耗工业产出最为迅速，换言之，战争产业带来最为高效的交易需求。

生产效率提升后，交易效率必须相应地提高。这不仅意味着交易半径的扩大，即单位时间内交易所覆盖的空间范围的扩大，还意味着单位时间内交易对象的增多，从而实现交易量的根本性扩大。这就是说，不断扩大的市场与不断扩张的生产能力之间必须匹配，否则就会产生"产大于销"的后果。

经济大萧条表明，生产效率全面地、史无前例地提升之后，交易效率的提升应当成为经济体系最为紧迫的任务。交易效率的提升首要表明的是市场体系的约束。在大萧条中，美国出现了所谓的"倾倒牛奶"的事件，为此备受诟病。问题在于，当时美国的市场体系远不如今日发达，牛奶产业缺乏储存、运输的能力，如果不及时倾倒，后期的费用将更高。这就表明市场是现实、有限的。现实的市场体系是否能够适应生产效率的极速提升呢？经济大萧条恰恰说明，在生产效率取得历史性的突破与高速增长之后，市场体系需要大量的投入来实现交易效率的提升。

（五）扩张交易效率的诸种尝试

通过战争产业全面提升军工产业的交易效率，暂时摆脱了萧条，但是交易效率依然落后于生产效率。在全球战争产业大幅衰败后，"冷战"依然是强化军工交易的手段。问题在于，和平时期军备扩张的主要方向在于尖端军事装备，特别是核工业。军工产业的结构出现了较大的偏转，这使得"冷战"时期军工产业对整个经济体系的支撑或拉动能力不足。在一定程度上，这还恶化了整个工业结构或经济结构。以苏联为例，长期维持着类似战时经济体制，军事工业主导的能源和重工业是经济体系的主干，轻工业不足，使经济社会的民生幸福受到极大的限制。

在这个背景下，苏美之间在20世纪60年代初期发生了著名的"厨房辩论"，苏联领导人赫鲁晓夫和美国副总统尼克松就居民家庭的生活水平问题产生争论，这一争论使得苏美之间愈演愈烈的军事竞争出现了一定程度上的转机，赫鲁晓夫甚至提出了苏美"和平竞赛"的主张。轻工业是能够扩张市场容量、提升交易效率的。美国在这个方面作出了一系列的重大调整和努力，苏联却是困难重重，它的军工、重工产业畸形发展，整个经济体系的价格体系严重扭曲变形。比如，从西伯利亚飞往莫斯科的机票价格要较从莫斯科机场打车到红场便宜。在乡村农场，国营农场的员工甚至用面包喂牛，因为面包的价格比草料还便宜。同样是在20世纪60年代，日本抓获了苏联的工业间谍，发现该间谍意图偷窃的竟是日本制造民用塑料水桶的技术。美国进行制造业的转型并不难，它的企业是私有的，能够及时作出调整。美国一方面强化民用生产；另一方面美国在逐步实现制造业的外移，使得过高的生产效率压力向外转移，同时大幅度提升交易效率。

美国提高交易效率的努力发生在不同的领域。

一是在金融领域，发生了金融创新变革。金融创新变革主要体现在三个方面：以金融工程为代表的交易创新、金融技术导入的金融信息变革以及金融自由化主导下的全球金融市场大跃进。其中，特别要给予重视的是商品交易的衍生化，这使得美国有能力掌控大宗商品的定价权。这主要发生在20世纪70年代，它为20世纪80年代美国的制造业外移提供了条件。商品期货交易、证券交易的繁荣在相当程度上得益于电算化的发展，电子交易普及开来，使其最先在金融交易领域开花结果。

可以说，金融交易的效率提升快于实业生产效率，但这也带来了问题，即金融交易效率片面提升，出现过度交易，造成了金融危机频发。

二是在零售领域，发生了零售革命。在过去的几个世纪中，以革命冠名的经济变迁颇多，诸如价格革命、农业革命、商业革命、产业革命等。20世纪70年代的美国确实发生了"零售革命"，其中以沃尔玛为代表的美国零售业革命最为醒目。沃尔玛曾在全球雇用员工超过200万人，这超过了任何一家生产企业，它代表着零售业在整个经济体系中的地位越来越高，作用越来越重要。众所周知，产业革命中的第一个产业是加勒比地区的蔗糖业。欧洲人喜欢甜食，但是欧洲自身不产糖，加勒比地区的蔗糖对于欧洲来说是一个全新的产业，且它的主要消费市场也正是欧洲。直到拿破仑战争时期，鉴于大英帝国对于欧洲大陆的经济贸易封锁，法国人发明了甜菜来满足欧洲大陆对糖类的需要。蔗糖业是温带与亚热带、热带经济区域联系的重要产业，直到棉花的出现才彻底改变了这一局面。压棉机等技术革新，使得棉花种植推广开来，北美的棉花种植成为经济大项。棉花推进了纺织业，棉纺业改变了人类经济生活，使得服装革命出现了。正是棉纺业所带来的纺织革命造就了成衣业，而成衣业是百货业的核心支柱。

工业时代的商业史是以百货商店为主导的，百货商店超出了以往的商铺和杂货店，大型商业组织以百货为主导的工业时代的商业局面形成了，促进百货商店发展的重要支柱性产业就是成衣业。一般来说，成衣业往往占据了百货商店的1/4或1/3的柜台长度，如果加上纺织面料所占据的柜台，成衣和衣料的总柜台长度将占到百货商店的近 1/3。可以说，没有纺织业与成衣业，就没有百货商店模式。

百货商店成为主要的交易场所，其销售特点是大量的标准化商品，以及大量的分装商品。这就决定了百货商店体制之前的杂货店的上游批发、下游零售的基本形态没有发生根本性改变，都存在着大量分装销售。分装销售意味着柜台是必须的，柜台内侧是总装或混装，柜台外侧是购买者，往往需要分装。柜台作为分装和小包装的操作界面。百货商店没有废止柜台，而是将柜台极大地延长了。

百货商店模式根本没有能力将销售与生产同步。从生产到销售之间的路线还是比较长的，百货商店自身的竞争力在于它的组货能力。百货商店有能力对接大的生产商，因为它拥有更长的柜台，拥有更好的地段乃至大量的购买者。百货商店还能够做到统一的收银，这就使其更有能力同生产商之间实现有效的财务链接。百货商店代表的是集中式的销售或交易，在城市化的进程中，在高密度人口或高流动性人口的区域，百货商店的确成为最佳的销售模式。在这个意义上说，百货商店模式使得城市人口与工业产出实现了最佳的对接，提高了交易效率。

经济大萧条之后，商业革命一直在酝酿，它并非一蹴而就。首先，战后的人口结构发生了较大的变化，出现了战后婴儿潮和大量的避孕措施，家庭部门有了更强的消费需求与消费能力。20 世纪 60 年代个人自由主张和人权运动高歌猛进，消费者主权出现,极大地促进了居民家庭部门和个人在整个经济体系中的地位。其次,产品开始不断地接近最终消费,出现了大量的最终消费品,特别是在食品产业方面发生了革命。涌现出大量的饮料产业,瓶装饮料开始流行,食品加工业也蓬勃发展起来,缩短了食品与最终消费之间的空间距离和时间消耗。快餐业蓬勃发展,直接带动了肉类、面粉、油糖等产业。大量的肉禽饲养出现了,人类历史上第一次同时养活数以亿只的活禽,水产饲养也不断壮大,饲料工业发展开来,加工、运输保鲜等技术设备投入进来。这些使得集中消费的格局被打破了。

大量的超市出现了。超市的出现使得百货商店模式黯淡下来,在超市交易中包括大量的居民日常消费品,其中食品与饮料是大项,且相当于百货商店时代的成衣与衣料大项。同时,石油化工也向日用化学拓展,石油化工业也日益接近个人居民和家庭部门的消费,日用化学大量进驻超市。超市事实上是柜台的进一步延长,同时几乎完全取消了柜台内侧与外侧的区别。引发这一变革的重要力量是工业产品贴近最终消费,并实现了食品工业和日化工业的大跃进。最终消费品绝大多数已经无须分装了,这就意味着柜台革命必然发生:一是柜台需要进一步延长,这就是超市替代百货商店的根本原因。百货商店的柜台长度已经接近或超过了消费者的体能,而超市是在有限的空间内最大限度地延长了"柜台"。即以货架直接替代柜台,而只保留收银柜台。二是日用消费全面提上日程,百货商店逢节消费的旧模式就落伍了，快速的城镇化也使得地理集中的消费模式走向分化。

大卖场（Shopping mall 或 Hypermarlcet）的出现是 20 世纪 70 年代消费革命的又一形态，它主要出现在美国。汽车工业的长期发展彻底地改变了美国居民的居住状况，分散居住成为常态，距离城镇越来越远的居民区需要属于自身的集中商业，大卖场事实上就是应对这种需要而产生的。

大卖场和超市的叠加，使我们看到了以沃尔玛为代表的商业革命。这个革命背后有许多的动因，企业部门使产品更接近于商品，从而使得销售形态发生了革命性变化。从这个意义上说，美国的零售革命极大地扩张了交易规模，缩短了生产与销售之间的空间距离。此外，还有至少三项是值得关注的。

一是仓储物流的革命。今日美国的基础设施老化成为有目共睹的事实，但在 40 多年前，它是最先进、最发达的。第二次世界大战后，美国公路运输发展极为迅速，实现了"门到门"，这个巨大的变化是经济大萧条时代无法企及的。美国的市场体系在 20 世纪 70 年代实现了整体化的进步，全美公路网、铁路网、航运网和航空网都取得了翻天覆地的进步。这也给仓储业带来巨大发展，比如说，大量的冷藏设施，不仅是仓储部分，运输部分的冷藏保鲜设施开始普及，这保证了鲜货市场体系极速扩大。仓储物流的革命使得市场体系扩张与壮大、零售品类激增，从而使产品不仅在距离上，也在时间上更加接近消费者。

这种仓储革命也促使零售行业发生革命。

二是居民家庭部门的设备水平普遍提高。苏美的"厨房辩论"说明美国居民家庭部门生活水平的提高，其中家庭设备水平有非常大的提高。20世纪60年代，随着电视机和收音机的普及，不仅出现了总统选举的电视辩论，而且流行音乐也进入一个全新的阶段。更为重要的是空调的使用，以及厨房设备的现代化，其中电冰箱是非常重要的。普遍来说美国的家用电冰箱容积大于世界其他地方的家用电冰箱容积。非常容易发现的是，美国的家用电冰箱容积是与其超市的食品饮料包装规格相匹配。例如，作为美国大型超市代表的Costco，流行的就是家庭大包装，这些大包装放置在美式电冰箱内不会有任何问题。

三是美国的零售商品责任向产品责任延伸。20世纪60年代，美国的消费主权运动蓬勃发展，生产商和销售商的责任也日趋明确与严苛。其中一个比较突出的变化，就是零售商品的责任也向上游延伸，生产商的责任得到强化，这是零售革命中的重要一环。产品生产商必须明确标识产品的生产日期、使用有效期、产品的主要成分以及有关的保证和提示。这些使得零售商的责任得到一定程度的缓解，也在很大程度上保证了消费者的法律权益。这项法律的变化十分重要，其使得消费者效益得到保障的同时，将从生产到销售的法律责任明晰化，从而使整个生产到销售的流程时间明晰化。这标志着，最终消费品的生产、储存、运输与销售等诸环节都处于一个日趋严密的法律责任体系中，处于整个经济社会、消费社会的监察中。从根本上看，这极大地改变了零售业态，使零售业不再单单是生产企业的下游，生产商的生产活动也更加受到零售终端的约束与限制。

美国的零售革命是多方面因素促成的。全球不同国家或地区也展开了不同程度的零售革命。在欧洲，家乐福是最具竞争力的超市巨头，而在日本 7-Eleven 则是小型超市的巨无霸。这些零售组织形态的变革不仅使产品更接近于商品，而且令市场价格具有决定性的影响。生产商更加贴近消费者，运营商不仅在商品的范围、种类、特点、价格等方面，而且在资金链条安排方面，也更以最终消费为基本指向。

零售革命还带来了资金流的巨大变化，一系列的零售商在账期的设定与安排上具有更为灵活的影响力。事实上，零售商由此开始向金融领域渗透。原因在于，零售商更靠近消费者，也更趋近于掌握现金流。一系列的零售巨头开始独立发行或联合发行信用卡等支付工具，它们也更愿意在客户的消费记录上做积累，也就使得其能够有效地制定更为灵活的价格政策，以及给予客户相应的折扣，乃至直接发放信用卡等。可以说，美国式零售革命在相当程度上催生了零售金融的发展与成长。

美式零售革命保留了收银柜台，通过信用注入释放了消费者的购买能力。但是，仍然将交易锁定为即时清结，这就意味着交易依然被锁定在确定的时间及空间范围之内。换言之，美式零售革命并没有突破物理环境的局限,而只是在确定的物理环境中,尽可能地放大交易量。这是一种不彻底的解放交易。

(六)必须彻底地解放交易:从有限的市场到无限的交易

在确定的物理环境中,经济活动仍然以生产为中心。生产活动占据了压倒性的经济资源,而交易活动依然处于相对弱势。这就意味着,生产与交易不匹配的困境一直在持续地累积,并没有出现根本性的变革。

经济大萧条标志着旧经济的死亡。旧经济是以生产为中心,进而以企业为中心的经济体系。其根本症结在于,始终不能克服扩大再生产的经济冲动。无论是马克思主义,还是凯恩斯主义等,都认为企业具有扩张生产的经济冲动,并认为这一冲动所带来的问题往往是危机性的。如果市场是有限的,而生产趋于无限制,那么,经济平衡就难以实现。扩张政府部门的需求在短期或许可行,但是,并不能从根本上解决市场约束或交易约束等问题。向外转移制造业、扩张金融交易,以及零售革命等也并没有从根本上终结旧经济。相反,政府部门的宏观干预往往带来了一系列的矛盾与困难。产业外移和金融繁荣更是带来全球经济的失衡和金融危机的频繁发生和扩大。美式零售革命向全球扩张,缩短了生产企业与消费者、产品与商品的距离。但是,其效能还是有限的,只是缓和了困难与矛盾,谈不上根本的解决。

解放交易的根本解决之道，是必须使交易的效率超出生产的效率，这就意味着，生产本身需要更直接地受到交易的约束，并非生产的结果受制于现实市场有限性的约束。

如何使交易效率彻底超出生产效率呢？首先，扩张交易主体。既有的市场体系的交易主体虽然在大面积、大规模地向个人倾斜，但是，线下的倾斜程度是非常有限的，其意味着事实上需个人投入更多的经济资源来填补最后1 000米或最后100米。网络信息技术及其设施在解决这个问题上提供了最佳方案，将线下的交易转移到网络上完成。特别是移动互联网的应用使得这一交易主体的扩张得以实现。其次，扩张交易时间。传统商业的交易时间是所谓的营业时间，这个时间限制是很难打破的。因为考虑到经济性，交易必须集中在一定时间范围内，这就使得交易者的交易时间必须有所取舍，时间冲突使许多交易受到限制。网络交易事实上完全打破了时间的限制。最后，交易内容。传统商业交易大多受限于柜台的长度，即便从杂货店到百货商场，再到超市和大卖场，柜台长度转变为货架长度，但是交易者的体能还是有限的。况且，即便不考虑个人的体能状态，仅从商品本身来看，再长的货架也不能充分体现商品的丰富性。网络交易平台是一个非常好的解决办法。

彻底地释放交易关键在于，有效地分离"交易达成"与"交易完成"两个环节，从而根本性地满足达成交易的需求，而将交易完成之后再实现。这就是说，从根本上摆脱即时结清的既有交易模式。如此,交易达成环节可以完全脱离"柜台"来实现,那么,释放交易潜能或势能就可以完全摆脱现实的物理场景来实现,摆脱"柜台",实现交易。

这就意味着,交易能够在一个接近数理环境的场景中达成,而将交易完成留在物理环境中实现。网络数字体系是一个接近数理环境的"维度",在网络数字环境中,线上交易可以克服线下交易的物理局限,达成最大量的交易。交易大爆炸完全可以成为现实,数理环境下的交易效率极大地超出了线下物理环境下的生产效率。

二、数字经济的"5A"——全员、全时、实时全域等全覆盖

在任何时间(Anytime)或地点(Anywhere),任何人(Anybody)与任何人交易任何商品或服务(Anything),使用任何一种货币(Any kind of currency),这种几乎完美的数学表达(以下简称"5A")在以往视同于痴人说梦。就算将人类经济社会中的交易活动彻底开放,似乎也不可能实现这样一种状态。数字网络技术使这一切成为可能。现在,这已经成为局部事实并在不断扩张,已成为一种整体性、趋势性的事实。

交易似乎要较生产更容易些,但使交易完全覆盖不同的交易主体、交易内容,并在时间、空间和支付手段上不受到限制,

这需要一个更为基础的技术变革。这个变革就是数字网络技术。"5A"的交易状态是人类社会经济历史上史无前例的、分水岭式的重大变革。

在"5A"条件下,既有的财务账期发生了重大变化。其中记账时间的差距消失了,实现了同步记账。同时,大量的中介消失了,账户关系相对来说更简单了。交易效率、支付效率得到提高,账目关系和账户关系得到完整记录。虽然这些记录并非财务性质的,但是这些记录可以全面完整地反映相关交易活动。这些变化给传统的财务活动带来了一系列积极的影响,从而使各个环节的资金状况发生了相应的变化。简言之,资金效率得到了非常大的提高。既有的资金约束在一定程度上降低了,新形态的信用也发生了。

最为重要的变化在于,数字网络经济可以应用任何种类的货币。这是新金融的根源所在。当然,网络数字经济扩展了交易对象,涉及不同权属状态下的交易,就是说交易不再局限于所有权、使用权等其他形式权属状态下的交易活动日益呈现出不断拓展的活力。这就是所谓的第六个"A"——交易对象处于任何权属状态(Any state of ownership)。

三、趋势

未来,新经济与新金融将出现四个主要的变化趋势。

第一个趋势是经济中心从生产到交易发生位移。这个"位移"是未来其他三大趋势的基础。

第二个趋势是经济决策的权力从企业到个人的转变。经济学研究的中心问题是作出决策或者作出选择,而选择的主体是谁呢?既有经济学理论在这个问题上比较含混,既肯定了个人,也肯定了企业,将企业与个人同等或混同地认定为"理性人"。但是,即便在既有的经济学理论中,个人理性和自有理性存在鲜明的差异。比如,劳动供给函数实现向上弯曲,就是说,当工资收入高到一定水平后,个人便不再愿意劳动供给了,甚至工资收入越高,越发减少劳动供给,劳动意愿越降低。但是,对于企业则明显不同,当产品的价格不断高涨时,企业会加大供给。现实中,这两种"理性人"的差异会更大,一些企业即便在价格下降时也要扩大生产规模。而个人当工资降到一定程度时,就选择不工作;当个人工资收入高到一定程度时,选择尽早辞职。那么,未来经济是由生产函数决定,还是由劳动函数决定呢?不论怎样,选择权将加速向个人倾斜。未来,经济决策权力移到个人,从商业模式到资金运营都将作出相应的调整,不仅生产和销售模式要发生变化,甚至整个经济体系也将发生相应的转型。当下出现的 C2B 兴起,只是个人经济决策体制的开端而已。

第三个趋势是经济观念从效率到效益的转变。当交易效率大大超出生产效率后,经济活动的中心将是效益,而不再是效率了。这个效益也不再简单地归结为生产效益，而更为根本性地转移到最终消费的效益上，即从设计、生产到消费的整个链条的效益。在经济活动中，企业利润最大化将不再适用于未来的经济时代，并且既有的利润生成方式在数字化的新经济形态中也难以有效地衡量。这是因为在账户关系体系中，账期和信用关系发生了巨大变化，账面的利润数值高低很难体现为经济效益了。整个经济体系将更加关心最终消费者的体验和感受，这正逐渐成为经济活动的中心目的。微观数字化经济运行所强调的"算法"便是明确的例证。

值得探究的是，人类社会经济历史的变迁与发展，正是体现为这样一条基本的发展线索——"规模—效率—效益"。当生产效率极大提升后，规模不再是问题。进而，当交易效率极大提升后，效益开始具有恒久的目标指向。

第四个趋势是经济制度将从法律规范、财务规则到一系列的网络账户体系的基础协议。未来，经济活动的主体是个人，更是一系列的账户，经济活动的基本形态将更加突出地反映在账户关系体系中。支持账户关系体系得以运行的是初始协议或基础协议。虽然这些协议一经定下，便很难有大的改变，但是并不排除其会不断地更新。线下的法律规范或财务准则依然有效，但是对于经济活动大规模、大面积地向网上移转，这些线下的规范或准则却难以同时搬迁到线上去。那么，线上的规范从何而来就成了问题所在。有人担心其效力问题。举例来说，网规是否具有充分的约束力？这个问题颇受人们关注，因为线下的强制似乎要比线上强大得多。但是，当人类经济活动大规模地搬迁到网络后，网上的约束力才是最强和最有力的，线下既有的法律规范体系和财务准则等的约束力反而弱化了。

当下，通过线下的约束来强化线上行为规范的冀望，从根本上来说，是方向性错误，只能在短期内起到一定的震慑作用。事实上，现在线下的规范体系几乎完全没有能力应对线上的复杂状况，即便能够应对也做不到及时、有效。因此，未来经济制度建设的基本方向主要在线上，要通过各种资源来强化线上经济活动的规范性。线上活动的约束力主要来自基础协议，一个基础协议不够完善的账户关系体系，其经济活动往往会出现诸种状况，所以必须及时修正，否则其账户活动就会面临快速衰减甚至崩塌。

基础协议是未来经济活动的主要规范性支撑，它的有效性和灵活性将是确保经济活动绩效的支柱。特别是基础协议将自始至终约束或直接过滤掉一系列有问题的账户活动，甚至使之自始不能发生。特别要注意到的是，以区块链为代表的一系列网络技术在确立基础协议方面具有卓越的优势和强大的动能与势能。这些基础协议的效能将是线下的制度规范体系根本无法比拟的，在杜绝、识别、惩处乃至救治等诸方面，均能发挥更有效力、效率的约束作用。

四、原则：新经济、新金融的价值层面

新经济与新金融有其坚实的技术层面的支撑，从而实现其有效的运行。然而，新经济与新金融依然有着强烈的价值层面的倾向或归属，甚至新经济与新金融在价值层面的作用力或冲击力要远远强于既有的经济社会。

"5A"经济关系体系是最自由的经济体系。自由是其根本的价值体现。当下，技术层面的解读往往关注新经济、新金融的"去中心"技术指向或基础，强调了更为公开、透明、平等的价值追求。这些似乎是对既有的经济体系中一系列弊病的矫正。但是，我们也必须十分清醒地认识到，新经济、新金融与旧经济、旧金融相比较而言，从根本上更加关注"自由"。因此新经济与新金融将实现人类历史上最为自由的经济体系。这个经济体系的自由不仅从企业自由向个人自由实现了真正的飞跃，而且这个自由超越一系列的现实权力的局限，基本上只受到基础协议的约束。

这个自由的最终指向是个人，它更直接地体现为账户体系、账户关系的自由。未来，账户的主体特征也将发生变化，成为拟人主体。正如，纵观经济史上企业公司化之后，法人制得以确立，公司本身具有拟人特征，成为法人。从这一点上看，基础协议的主要加入者名义上是个人，实质要落实到账户本身。未来，账户将成为"新"的法人，通过账户拟人化，账户再去

成立新的账户，如此衍生扩展，方可处理远远超过今天能够想象的、复杂的经济层次与活动。

账户的拟人性全面建立起来，账户关系体系的复杂性和有效性都将得以保障，而人的经济自由度也将达到人类社会经济历史上新的巅峰。

工业经济时代是以企业市场经济为核心的，而未来经济是以个人市场经济为核心的。

资本主义这个概念同中产阶级关系密切。从经济社会历史的视角来看，中产阶级是新兴的企业阶层。为什么会有资本主义呢？其大体的意思就是，使经济社会中尽可能多的经济资源或要素为生产服务，其途径就是通过资本化，使绝大多数的经济资源或要素实现货币化计量与资本化入账。马克思主义的表述，即或为一切生产资料归于资产阶级。企业成为人类经济社会的中心的确有其非常吊诡的一面，这被解读为"资本的魔力"，是生产效率极大提升的结果。与其相匹配的另一面就是人成为劳动力，这在马克思主义看来，即所谓的"劳动的异化"。这些意识形态味道颇为强烈的表述或阐释，将经济社会直接引入社会政治领域，即经济基础决定上层建筑。

在经济领域中，资本化并非以企业为终结，人类经济社会或为此经历了短暂的分裂与对抗。但是，资本化的历史步伐终将迈过企业，回归到人的层面或高度。个人是经济活动的中心，这是永恒的经济法则。企业或资本化，或货币化，只是这一永恒法则的桥梁，而不是终结。

经济关系最终是人的关系，而不能被简化为企业与企业的关系，或变形为市场与政府的关系，抑或是企业与政府的关系。那种认为一切经济问题最终都可以通过生产来解决的观念是极其错误的，认为一切经济问题都可以在企业层面上得到完善的解决更是根本性错误。经济关系的本质是人的关系，经济活动最终还是要回归到人本身。

工业经济时代的巨大历史进步在于"资本化"，在于将货币关系上升为经济关系，将经济关系纯粹化为数量关系。新经济与新金融时代是以数字网络技术为基础的，其没有彻底地摆脱经济活动的货币关系，更没有远离经济活动中的数量关系。反而，它通过波浪式持续不断地努力与进展使得经济关系回归到人与人的关系，从而反映在账户关系中，量化为数字化的货币度量。

在这样一个全新的经济时代，个人能够掌握的经济资源极大地超出了过往。其获得经济信息能力和处理能力有根本性的提升，不仅极大地超出以往任何经济历史时代，而且在与企业的比较中，其差距也大为缩小，甚至说个人的账户能力或账目处理水平赶上甚至超过企业。

在经济学上，企业理论认为，企业的基础是成本优势。然而当交易效率极大提升之后，企业所具有的成本优势不再明显，一系列的企业反而体现出成本劣势，从而需要转型甚至直接退出市场。企业外部关系中银行的作用亦将萎缩，并且为大量个人的决策所左右。个人将渗透企业的各个环节，并非以企业雇员的身份，而是以消费者、投资者，甚至是潜在的消费者或投资者的身份来影响或左右企业的决策。企业或将日趋小型化，企业活动在相当程度上更为直接地依赖对个人的认识与处理能力或水平。

个人的经济能力和能量都得到史无前例的提升，这决定了个人或居民家庭部门不再简单地充当商业银行的资金来源。居民家庭部门或个人之间将直接发生经济或金融关系，这就使得金融领域内的脱媒状况趋于严峻，旧有的中介式的金融关系将快速失效。个人将成为投融资的主体，企业也将更加小型化，更加依赖个人决策活动。

个人资本主义的到来，现在或被称为所谓的"共（分）享经济"或"普惠金融"等。事实上，共享经济没有讲清楚的是彼此共享的究竟是什么？这个概念还不可以用"共享"来代替，其所反映的真实途径是企业的规模经济活动正在碎片化为以个人为主导的经济活动，个人之间的关系是良好的超越所有权的分时独享关系。普惠金融，本意是针对特惠金融。普惠金融也只是体现了金融活动的最小单位接近于个人而已。

新经济与新金融所带来的冲击还在不断地形成与凝聚之中，无疑，个人市场经济时代将创造一个更加理性与自由的经济社会。

五、新经济的理论冲击

数字网络经济像一片新大陆,既有的经济理论在探索、发现、解释与开发这片新大陆的历史进程中,首先需要应对的是,传统经济大陆板块与数字经济大陆板块碰撞前海啸般的冲击。

那么,数字网络经济对于经济学的冲击表现在哪些方面呢?

(一)第一个冲击:稀缺性是否继续作为经济学的基石

稀缺性是搭建经济学理论基础的逻辑假定。这个假定一旦瓦解,整个经济学理论大厦便会倾覆。现在这个假定正在被网络数字经济动摇。

大体而言,主要有二个原因。

一是资产结构的巨变以及资产规模的暴增从事实上全面瓦解"稀缺性"假定。从实体资产到权益资产,再到数字资产,资产结构正在发生显著的变化。资产规模也正处于"非生产性暴增"的趋势中。

在经济社会中,对于"稀缺性"的理解往往基于实体资产,这是一种非常狭窄的认识。在原始经济中,原始的经济生活并未遭遇到绝对贫困或严重短缺的束缚,相反,原初丰裕社会是一个普遍性的事实。在这方面,人类学比经济学更有发言权,而经济学则恪守近代理性主义下的"稀缺性假定",并没有获得充分的经验事实的支撑。当然,人类学关乎原初丰裕社会的研究结论，主要在于实体性资产方面。

近代工商业的发展及资本主义的到来，使得权益资产快速膨胀。那种关乎"稀缺性"的朴素经验或观念，在实体资产上较易理解。而在权益资产上，就已经捉襟见肘了。权益资产快速地超出实体资产，令人瞠目结舌，匪夷所思。时至今日，还是有人不能理解日本的房地产资产曾能买下整个北美，因为两地的实体资产规模似乎一目了然，似乎有违"常识"，殊不知那只是权益资产的账面价格比较而已。

如今，全球资产的基本结构是以权益资产来计算衡量的，并非实体资产。比如说，在家庭资产构成中，实体资产往往只占部分，甚至不是大部分。其中，不动产介于实体资产与权益资产之间或兼而有之，大多数情况下，房地产是关乎银行抵押的权益资产。在公司资产中，实体资产普遍未占其大部分，权益资产占大部分，特别是资产证券在权益资产中占比很大。在政府资产中，发达国家的债务资产是主要部分，实体资产相形见绌，可以说，政府部门是运行在权益资产之上的。

当今，商业社会更倾向于"轻资产"商业模式，实体资产往往"重"得很。经济社会的财富创造虽然离不开实体资产，但是财富创造的过程及其管理基本上是围绕着权益资产展开的。正是从这个意义上，资本短缺较实物短缺更为严重，但是整个经济社会正在告别资本短缺时代，零利率甚至负利率时代整装待发。经济社会普遍关心的问题已不是实物短缺，也不再是资本短缺，而是权益资产被"变造"与"滥造"，这就需要对其进行有效的监管与约束。

经济学说中的"稀缺性"假定，事实上已经为资产负债表中的"平衡性"约束所取代了。只不过它的瓦解还有待经济社会财富结构发生进一步的"巨变"。这个"巨变"就是数字资产对于整个资产结构与规模的"扩张性冲击"。

二是数字网络经济导致"交易大爆炸"，导致可交易品的暴增，从而全面腐蚀了"稀缺性"假定。

稀缺性是为"生产"而设定的假定，当然，并不能排除"交易"。这里面隐含着先生产后交易的逻辑。由此，似乎生产是根本之道（这个问题后面还将述及），交易次之。

原始社会的经济生活中，生产首先是为了使用，其次是为了交易。对于石器时代的人们来说，交易是颇费思量的，首先要确立财产的观念，而在原始社会中确立起财产的观念是缓慢而困难的。由此，生产为了使用是一种常态，是为自给自足。当人类社会经济逐渐走出石器时代，财产的观念便渐渐而普遍地确立起来，交易长期而持续得到拓展与强化，萨伊定律也有力地说明了生产与交易的天然融洽。到了近代，大规模生产和交易发生了。但是，先生产、后交易的格局虽稳固下来，却发生了交易与生产的脱节，直至经济大萧条的爆发引发了生产的全面萎缩。这是否说明"稀缺性"假定在生产大爆炸后就失去意义了呢？当然没有。宏观经济学得以催生，旨在由政府部门创造有效需求,最终扩大交易。然而,政府部门并没有带来与生产大爆炸相耦合的交易大爆炸。相反,它所带来的问题与困难似乎更多。

数字网络经济带来了"交易大爆炸"。然而,这一交易大爆炸是否意味着生产可以继续其不断自我强化的扩张态势呢?恰恰相反,交易大爆炸不仅意味着交易主体、交易范围、交易效率及交易成本的巨变,更意味着交易对象的"大爆炸"。其中,社会经济资产中的存量开始逐步而全面地汇流到即时交易的维度中。Airbnb、滴滴、优步等这些共享经济的翘楚代表着交易大爆炸带来的冲击正在现实中碾压着"稀缺性"假定。

"交易大爆炸"意味着没有什么是不可交易的,至于它的生产时间本身并不重要。在这个意义上说,已经实现了交易同生产的脱钩,就是说生产的约束已经降到最低限度。"交易大爆炸"还意味着,交易的达成和交易的完成已经成为两个环节,交易的达成往往是最为核心的。这就是说,经济活动的中心事实上已经从生产层面转移到交易层面,且实体意义上的约束力,不管同所谓得到"稀缺性"的假定有着多么千丝万缕的关系,至少在交易达成环节已经被全面腐蚀了。

经济史告诉我们,"稀缺性"作为一种理论上的假定,在观念上是一种嵌入式的植入,在事实上并不适用于所有的经济史阶段,在观念上也不是一成不变的。

（二）第二个冲击：理性人是谁

原始社会无所谓经济学，更无所谓经济观念，这就是现代人难以理解原始（经济）生活的原因所在。即便是在殖民时代，欧洲人看待印第安人的种种行为还是甚觉惊诧，当然可以冠之以"不理性"之名。在观念史上，理性主义只是覆盖了一段历史时期。所谓的"理性"是特定历史阶段的产物，并不是自古有之。

现代经济学的根本之道是作出选择，更"好"地作出选择，这是经济理性的体现，理性人作为经济学的基本假定发生。如果说"稀缺性"是关乎"物"的假定，那么理性人则是关乎"人"的假定。因为"物"的稀缺性，人的理性选择就非常重要了，这在逻辑上是高度自治的。

然而，这个理性的"人"是谁呢？如果是指自然人，那么他需要在相应的理性环境中成长到心智成熟的阶段，才能作出理性的选择。这就涉及文化、制度等一系列的社会问题。如果是指公司法人，那么它就是在特定的法律环境及商业环境中，作出一系列的经济选择。应当说，似乎后者较前者更容易代表理性人。放弃自然或社会环境不谈，自然人与法人，究竟谁是理性人呢？经济学理论并没有为此作出界分，这个问题也似乎没有对经济学家造成困扰。原因无外乎二者都是有利于自身的，是理性的。

问题是，自然人与法人的理性并不能混同。劳动供给函数与生产函数反映出两类人——自然人和公司法人——的"不同理性选择"。这个问题就是大家耳熟能详的渔夫海滩晒太阳而拒绝出海打鱼的故事。渔夫代表的是自然人的理性选择,而劝渔者代表的是公司法人的理性选择。当然,最终是人的理性战胜法人的理性。然而,整个经济理论体系是建立在市场理性基础之上,就是说建立在公司法人的理性基础之上的。现实经济社会中,两种理性人在市场交易或法律制定等的博弈中,个人往往处于弱势地位,受到 CEO 或营销者们的驱策与激励。经济学在多大程度上是公司法人之学,抑或是居民家庭之理呢?

数字网络经济带来了"交易大爆炸",使得数以亿计的个人在庞大而复杂的经济体系的博弈中胜出。蚁民般微小但数以亿计的交易"牙齿"正在啃噬着产业巨头猛犸象般伟岸的身躯。至此,经济学的理性人假定,直面这场经济大转型、大进化的图景,似乎必须要作出选择了。旧有的、一团和气的、面目不清的"理性人假定"面具正被腐蚀破损乃至脱落下来。

(三)第三个冲击:制度针对谁

一千只鸟在空中组成一条"鱼"游来游去,而数千条鱼在海中变化出一只"巨鹰"展翅翱翔,这些以往似乎只有在卡通片中才能看到的魔幻异象,如今在数字网络经济中出现了。这就是所谓的"跨界"。

只要有足够多的客户资源,就有能力实现跨界。跨界已成为数字网络新经济中的常态,它不仅吞噬掉企业与企业的边界,使之化影无形，更标志着企业生态环境的根本变化，意味着企业生命曲线的交互变异。

为什么能够实现跨界？企业组织理论对此不能给出很好的解释，产业组织理论也因此面临崩塌。"交易大爆炸"使得交易成本急速下降，边际交易成本趋近为零，企业厂商理论的基础被"洞穿"了。企业组织体系面临网络数字经济的碾压，企业制度体系也摇摇欲坠。旧有的公司理性垮塌了，不能转型跨界的公司要么本身足够小，要么必须变得足够小；能够转型跨界的公司则呼"风"唤"雨"、兴"妖"作"怪"，更多的新公司千奇百怪、生机盎然。这般图景似乎只有在达尔文涉足的加拉帕戈斯岛上才能看得到。

当公司法人制度体系渐渐式微衰退，财政税收、产业政策、金融体系等诸多旧制度框架都会受到"病毒般"的侵蚀。恰于此时，一种关乎全面回归计划经济的论调出现了。倡导者兴致勃勃地认为，借助于大数据、云计算、算法和无所不在的网络，计划者能够更好地作出计划并执行计划。这就是说，未来的经济制度有可能面向计划经济！甚或认为，计划经济的全面失败并不在理论上，而是在实践上；并不在技术上，而是在心智上。数字网络世界无穷大，数字网络活动被完整地记录，亦可被充分地认知，但是并不意味着它可以被任意地干预、随意地操纵。

个人选择是数字网络活动的主体。在数字网络活动中，人性的丰富性、复杂性、多元化、差异性等才得以最大限度地释放出来。然而,人们在数字网络活动中的活动是通过网络账户实现的,从这个意义上说,互联网是账户连接的网络。账户、账户关系、账户体系,这些将是数字网络环境下制度规范体系的核心组成部分。这些对于旧有的经济学来说,是完全陌生的东西;对旧有的经济制度而言,也是颇费思量的。离开了网络账户,便难以刻画人们的网络活动,也难以理解甚至真正接触到网络经济的实际。既有的经济制度及其理论针对的是人,不论是自然人还是法人。但是,数字网络经济活动发生在网络数字世界,其主体是账户。

账户活动如果完全由人来完成,那么依然可以将之视为"人",但是账户活动将越来越自动化与智能化。如何界分"人的行为"和"数据活动"?这要比如何界分公司法人和自然人的选择复杂得多。毕竟数据活动将越来越多,越来越复杂,将其回归为人的活动,不仅在技术上越来越困难,在价值上也将越来越受到质疑。数字网络经济秩序的自我生成是其最为重要的资源与来源。在这个方面,懵懵懂懂是常态。既有的经济理论中关乎制度的部分,无疑将面临更为复杂与无助的局面,像更多的经济理论部分一样,它将更为核心地关注自身生存的理由与勇气,而不是执拗地扮演上帝的角色。

(四)第四个冲击:机会成本

在既有的经济理论中,虽然涉及机会成本,即选择 A 意味着放弃B，但是，似乎这一命题被严重自我矮化了，即如果不存在预算约束，机会成本就不存在了。机会成本的前提是所有经济活动都存在约束条件，经济选择的根本约束可以理解为预算约束。进而，机会成本也就难以逾越生产成本或交易成本的理论地位，甚或被一带而过了。这说明，既有的经济理论是以生产活动为中心的，是以交易活动为补充的，甚至只是将交易活动作为生产的延伸而已，即个人选择事实上没有获得充分的理论知识。

正如前文所论及的，劳动供给函数是向上弯曲的，它是收入函数的一种理性反应。事实上，即便收入没有达到强大的地步，人们随年龄的增长也会渐次减少劳动供给。这就是说，生命时间的约束是刚性的。机会成本更普遍地适应在消费领域，人们的消费选择或放弃，不仅取决于收入约束或预算约束，而且取决于时间约束。比如说，同样一个星期日的下午，选择外出游玩还是去影院观影，是一个机会成本问题。如果选择影院观影，选择哪一部影片，又是一个机会成本问题。这些都说明，机会成本的约束条件往往是"时间"，并不是"预算"。

因为生命时间的有限性及其节律的相对确定化，因此人们的消费活动受到极大的时间节律的约束，这就决定了人们消费选择的机会成本约束。数字经济活动极大地提高了人们经济决策的自由度，但是时间的约束条件仍然是难以克服的，同一时间只能作出相应单一的选择。这就决定了数字经济条件下,机会成本的约束更具有根本内涵。

机会成本越低,人们的经济选择越容易,自由度就越高。以往的经济理论将其刻画为人们的收入或财富越多,自由度就越高,即"财务自由"说。财富多寡固然影响到经济自由度,但是,即便财务自由了,依然会面临选择问题,依然会面临看哪一场电影,选择哪家餐馆的问题。更为关键的是,这些选择之间是彼此普遍相关的,就是说,个人经济决策的时间约束在数字经济条件下越来越强,而预算约束却在相对下降。

企业几乎永远受到生产成本或交易成本的约束,机会成本要么是被吸收了,要么根本无法反映到其财务报表中来,也就难以真正成为其决策依据。

在数字经济条件下,个人经济理性将战胜企业理性。个人经济活动与决策的根本在于,提高个人的经济自由度,也就是说,无论其作出怎样的决策,差异都是日趋缩小的。人们天然地倾向于机会成本低的经济社会与经济生活。数字经济将个人奉为经济社会的中心,其强大的动力源泉正在普遍地降低人们经济选择的机会成本,从而使人们的生命时间更为自由。

对于企业来说,一方面,企业为了实现更大的产出利润,着力压低其生产成本和交易成本,机会成本往往是预算约束问题或者选择偏好问题,被生产成本或交易成本所吸收。企业是被会计假定为永生不死的,即所谓"永续经营",它为了产出利润而不眠不休。同时，企业也没有生命意义上的消费活动。另一方面，企业往往在不利的情况下，会主动理性地选择破产，而人则往往拒绝这种"理性"的退出。因此，从根本上来说，企业永远也不会将机会成本作为主要的决策依据。

数字经济时代的到来，个人的经济选择将更直接地受到机会成本的约束，普遍而自然地趋向于机会成本低的经济生活，从而根本性地改变社会经济生活的面貌及其理论基础与内涵。

第七章　全球视角下的经济数字化

比较——国际趋向或格局

什么是数字经济？目前还没有一个准确的定义。那么，如何来认识数字经济呢？

首先，数字经济是一个程序驱动的经济。"程序"是更为复杂、动态的规范体系。它不以外部约束为运行保障，而是内设规范来运行，这就产生了"近乎完美的经济关系"。其次，数字经济活动是程序驱动下的"账户"活动，发生在"数理环境"中，其"结果"落实于现实的物理环境中。"账户"活动核心就是"决策活动"。经济活动可划分为生产、交易、投资、消费等类别，其本质是经济决策，即作出选择。决策活动数字化，是数字经济的主旨所在。

我们说数字经济是一个新经济，旧经济的主要代表即产业经济。产业经济带来了"生产大爆炸"，而数字经济带来了"交易大爆炸"。交易决策通过程序驱动的账户活动达成，交易完成则留待仓储物流等诸环节跟进完成。商品买卖不再完全依赖于交易柜台的物理铺设及无限延展——事实上，柜台交易早已达到其物理边界。在经济上，物理柜台的边际成本也已超出其边际收益。交易数字化也要求生产数字化、投资决策和消费决策等均趋于数字化。账户不仅触及每个人，而且触及各类"物"，实现所谓的"万物互联"，就是说经济决策及其指令的方方面面都将数字化程序驱动，且在时间上实现全时无缝覆盖。

与旧经济相比较，数字经济依赖于大规模、大范围、层层叠叠的数字社区，其所覆盖的决策主体和对象是非常广泛的，且日趋庞大而复杂。各个数字社区本没有国别边界可言，甚至数字社区天然就是跨境的。新经济对于国别经济具有相当的渗透性，那些巨无霸式的数字社区的国际性发展，是数字经济最为醒目的现象级事实。但是，总体而言，数字经济仍处于国别范畴内快速发展阶段，其国际性的渗透或扩张远未成熟发达。主要有三方面原因：（1）货币层面：各商业银行的头寸支持受限于监管，跨境支付的银行货币来源处于强管制中；（2）商品层面：商品交易的跨境通关及其销售平台的监管限制依旧严格，包裹贸易远未大行其道；（3）语言文化层面：社区交流的语言、文化习俗等存在差异，带来事实上的交流互动的约束。这就表明，数字社区在技术上是天然跨境的，但并不能完全摆脱物理世界的国别约束，不论这些事实上的约束是硬性的，还是软性的。以Facebook所推出的支付工具Libra的案例来看,有两个特点:(1)它最终还是没能建立起跨国别的货币支付体系,依然要锚定美元,事实上是美元数字化的一种变形而已,也就是说,它的商业银行的头寸支持主要来自美元;(2)其27亿的用户规模是一种简单的数据加总,并非同一性很高的单一账户体系,账户活动仍依照各自语言文化、经济区域等形成各个相应的亚层次的模块组群。再以电商巨无霸亚马逊或京东为例,前者事实上放弃了中国市场的扩张策略,后者国际扩张策略受到挫折。不难发现,跨国数字社区远未发达成熟到成为超越国别的国际数字社区。

从国别或国际区域的视角来看,数字经济的现实发展及其趋势如何?大体来说,可以选取四个指标来加以分析判断。

第一,时区覆盖范围。数字经济是没有时区限定的,但是,其支付和银行货币头寸的对接需要作出相应的财务安排,这就存在记账时间的纪律约束。举例来说,中国在地理疆域上虽跨多个时区,不同时区的作息时间或有不同,但奉行单一时区制,财务记账时间却是统一的。由此,"双十一"网上购物节是0时到24小时的跨时安排。这在财务上是一个完整的记账日。所以,它不会选择更具人性化从当日20:00到次日20:00的时间安排,否则,就会发生两个财务记账日,存在隔夜问题。这是线下财务规则的约束。不过,这都是发生在单一时区的最佳安排。俄罗斯有11个时区,虽经减少也有8—9个时区,美国共有6个时区。简单来说,如发生俄罗斯版或美国版的"双十一",其在财务时间标准上就会过于复杂,俄罗斯各时区处于同一财务记账日的时间为5—6个小时,美国为18—20个小时,如果完全按照中国模式进行,就是若干个"双十一"叠加。考虑到境内跨时区的交易安排,财务统一记账时间安排几乎是不可能完成的。相反,处于同一时区的不同国家之间,其记账时间是统一的,其数字经济的融合就少了这个巨大梗阻,线上线下间的经济融合就不会发生"时间梗阻"。

第二,官方语言数量。印度的官方语言有22种,不仅跨语种交流存在障碍,统一的商品物流等安排也因此存在巨大的效率损失。中美两国人民使用的语言都是多样的,在官方语言上的情况大体接近,相对来看,中国更倾向于单一书面用语。近年来,中国普通话的推广和居民阅读能力的提高都是非常显著的,而美国的非英语化趋势也在强化之中。语言共通性或单一性在相当程度上决定了数字社区的整体规模及效率。

第三,人口规模。人口规模越大对数字经济的积极作用越大,数字账户数量及其活跃度就越高,其经济效能就越大。数字经济自始便无"人口包袱",并享受"人口红利",不论其人口的年龄或性别结构。虽然年轻人似乎更容易融入数字社区活动,但是人口规模还是数字经济规模的根本动力所在。

第四,基础设施。电信、交通等基础设施对数字经济的物理约束很大,比较从芝加哥到洛杉矶与从兰州到深圳的物流时长及其价格,很容易发现中美基础设施的差异在不断拉大。第五代通信体系的建设更有可能刷新电信基础设施的容量和效能,将全面刷新数字经济。应当说,基础设施的能力、水平与规模同数字经济发展的能力、水平与规模之间是呈正相关的。

当然,一方面,文化习俗的影响力还是需要重视。比如,货币经济高度发达的日本极具使用现钞的偏好,其现钞支付的便捷性冠于全球。所以,对于数字支付的认识与接受程度就偏低。另一方面,法律规则的约束也是一个重要因素,如欧美等社会经济体系对于个人隐私与自由高度重视,施以严格的保护,这就极大地提高了数字经济运行的合规成本,几乎没有数字经济粗放乃至野蛮生长的可能性。

大体来说,单一性程度高的经济区域,数字经济就容易形成规模,产生更高的效能。反之,则难以形成规模,也难以产生更高的效能。结合大的时区分布,全球数字经济,自西向东,可分为三个大板块:欧非时区、东亚时区以及美洲时区。其中,东亚的人口、语言以及基础设施等综合状况要更有利一些。虽然欧美在技术、法律以及旧经济基础等方面具有更好的条件,但是,其数字经济发展总体趋势处于相对较弱的水平。如果虑及数字支付发展状况,尤其是数字法币的总体推进进度,以及基础设施更新换代发展的规模与体量,全球数字经济发展东西策动的大格局可以初步形成。

当然,数字经济最初的发展阶段都有其粗放的一面,过快的发展也会带来一系列意想不到的反冲击,诱发不稳定,出现过高的风险，既有的社会经济体系中制约作用的短板也将更趋显著。这些都有待进一步观察、识别、分析、判定，需要谨慎处理与积极响应。

第三部分
货币数字化

经济数字化带来了崭新的社会经济生活,进而决定了新的资产形态与货币形态,促发了货币演进。而今回溯数字货币的到来,大体上经由两条路线:数字支付或数字资产。无论是数字支付还是数字资产,都是创设新的"账户体系"。所谓"新的账户体系",是指超越了既有的银行账户体系,在银行账户体系之外确立了新的账户体系。

出现银行体系以来的数个世纪,根本没有银行账户体系之外的"账户体系"。这个革命性的变革是数字技术渗透到社会经济生活中的结果,就是说经济数字化必然带来货币数字化。只是这一货币变革不是在既有的银行账户体系内的变革,而是在银行体系之外发生的变革。

数字资产往往以"数字货币"的名义登场,但是其最大的问题恰恰在于其是数字化形态的"资产",其价格仍旧需要用银行货币来计算及表示,且受到市场供需的影响而发生"波动"。这就使其难以发挥计价、记账的功能,乃至根本难以成为有效的支付工具。事实表明它与数字货币是渐行渐远的。稳定币的出现可以弥补数字资产的这一缺陷，将其价格的浮动尽可能地缩小。但是，稳定币的本质还是数字资产，仍旧"不稳定"。

数字支付是一个脱胎于"第三方支付"的数字化产物，是本应属于银行账户体系范畴，并由银行监管部门监管的"第三方支付"。数字支付自行建立起一套超越银行账户体系的自我账户体系，使之脱离了银行监管的既有框架，在商务监管以及税务监管下，也因其脱离银行性质而游离在外。一经产生，数字支付体系便核爆炸般地开始扩张。它运行的是个人全时账户，大量的账户关系是一个全新的超越银行的记账体系，并支持个人与个人直接的账户往来，在规模、范围、频率等各项指标上极大地超出了银行账户体系。

应当说，数字支付真正支持了数字经济的货币需求，而数字资产至少现阶段只是激发出一系列货币数字化的种种幻象。问题是，不解决数字支付问题，任何货币资产都将难以成为数字货币。即便有关当局热衷于数字资产货币化，但也不能违逆社会经济生活依然充分显现的数字支付的趋势。

数字支付所涉及的核心问题就是它虽然不是银行支付，但又必须与银行账户体系建立稳定且高效的联系。这不能理解为银行账户体系向外伸展，也不能理解为是银行支付的一种极简式的外挂。两套支付体系各自遵循其自身逻辑原则，而货币支付演进又要求二者要有"继承性"与"过渡性"。

最终决定货币数字化走什么路线的基本力量是"数字法币",它将决定数字支付或数字资产谁是可依靠的"货币变轨"的路基所在。

第八章　数字经济与数字货币

8.1　渊源——数字经济与数字货币

> 数字经济的到来，数字账户覆盖到"全员""全时""全域"，个人能够通过数字账户随时随地进行决策，这就需要与其相适应的货币形态。

一、数字经济时代的来临

大体而言，人类经济社会经历了三个时代：前产业经济时代、产业经济时代以及后产业经济时代。

在前产业经济时代，早期是分散的狩猎和采集，然后经历了大规模的动植物驯化阶段，主要产出对象是动植物，基本都在同维度活动。时间是有自然节律的，一年四季，白天黑夜。

产业经济时代发生了一个"生产大爆炸"。产业的产生其实是有次序的，第一个产业应该是加勒比的蔗糖业，然后逐步发展到棉花产业。这时就需要很强的动力，由此工矿业才有了很大的发展，工矿业的发展意味着时间节奏被打破了，可以无缝连续生产。在这个时代初期，铸币基本可以解决问题。到了工矿时代，铸币已经无法满足投资，慢慢产生了中央银行和商业银行体系。

现在则是后产业经济时代。此时的问题是制造业能够带来的利润越来越少，已经不能支撑产业经济时代创造的金融体系。后产业经济时代是从网络经济到数字经济，而过去10年大体上是网络经济的时代。

（一）信息经济、网络经济、数字经济

信息经济很早就有了，比如电话、电报，美国在20世纪20年代就出现了电话广告。在信息经济时代人比信息跑得快，总觉得信息不够用、不及时，人要等待信息。而与信息经济时代相比，网络经济是经历了所谓的"信息大爆炸"，信息足够多、足够快，但人处理信息的能力不足。如何应对这种不足？一定要靠技术方面的进步，这是经济领域的信息技术升级为数字技术。由此，发生了"交易大爆炸"，使得交易效率历史性地超出生产效率，数字经济由此产生。

（二）数字经济的特点

首先，整个经济社会进入交易大爆炸的时代——任何时间、任何地点，同任何人交易任何商品和服务，甚至于使用任何一种支付方式,这基本上接近数学上的处理办法。

其次,经济活动的中心从企业转到了个人。相应地,原有的金融体系是以企业、特别是以生产企业为中心,中小企业因为没有财务能力,基本不在覆盖范围内,而个人基本是作为银行资金来源的。现在随着经济活动中心要转到个人了,金融体系也要覆盖每一个人。

最后,决策机制也是不同的。决策机制其实是一个财务约束。产业经济时代是生产成本第一,所有的目标都是要降低生产成本。认为所有东西都可以通过生产更多来解决,但这个逻辑80年前就已经推翻了。在网络经济时代,交易是24小时无缝衔接,目标是要降低交易成本。但到了数字经济时代,中心转到个人,一个人的经济问题就是决策。所以对应的是机会成本,机会成本是整个经济活动的价值所在。机会成本在物理条件下能拉开的幅度是很有限的,但在数字网络条件下可以拉开得非常快,机会成本越低,自由度越高。

换句话说,产业时代看产出效率,网络时代看交易效率,数字经济时代看使用效率。

说到使用效率,就涉及所有权的问题。现在一切经济活动基本都是围绕所有权进行的,大量商品按先购买后消费原则,拥有基本的消费,一定要先拥有足够多的商品,而这带来根本问题就是拥堵。拥堵问题的本质是时间现象,时间现象在空间上是无解的。

其实，人们所能够拥有的物理性资产是有限的，消费更是有限的，经济活动其实本质上在于时间，不在于空间，也不在于拥有的数量。所以，通过纵观经济历史，最终的目标就是要把每一个人的机会成本降下来，这样自由度就大大提高了，也使得整个经济体系和每个人的价值都可以贯通。

二、数字资产与数字货币

数字货币离我们的社会经济现实已越来越近，特别是数字法币，已渐次渗透到我们的社会经济生活。我们从概念、理论、政策、实践多个层面分析数字货币，认为整个社会经济体系将面临数字货币所带来更为紧迫的实践挑战与理论冲击，亟待更为深入的理论思考和更为积极的策略应对。

（一）概念上，数字货币不同于数字资产、数字支付

认识上，不宜将数字货币与数字资产、数字支付等概念混为一谈，由此方可避免一系列"货币幻觉"或"货币错觉"对数字货币实践的干扰。

（1）数字资产不等于数字货币。

2020年10月23日发布的《中国人民银行法（修订草案征求意见稿）》中，列明了人民币的银行货币与数字货币的两种形态，即"一法两币"。具体来说，"一法"是指人民币作为定价、

计价乃至记账单位的法定唯一性不发生变化;"两币"是指货币形态包含数字形态和非数字形态。所谓的"非数字形态",即银行货币,包含银行账户货币、现钞与硬币。

相较企业等机构而言,个人往往无须支付记账,对于使用何种定价、计价及记账单位等不敏感,所受限制也不多;企业等机构的财务活动则须严格依法合规进行,没有自行选择使用定价、计价及记账单位的记账自由。各国中央银行法律等均充分保障法定货币的地位,不受其他类货币与资产的妨碍。

须明确的是,数字加密资产没有在任何国家或地区取得法定货币地位。所谓各种"币"的称谓,并不具备法律效力。对数字加密资产,我国尚未作出法律界定,持有与交易数字加密资产既无明文禁止,也无明确司法保障,针对代币发行融资则明定非法。毋庸置疑,以"货币"来命名的加密资产,丝毫不意味着它是"货币",更不代表它可以法外发行与流通。从世界范围来看,对于加密资产,基本上都是渐趋以资产作为法律定位的。

数字资产,特别是加密数字资产,有着一系列的数字技术功能与潜在市场价值,对数字经济的拓展与提升意义巨大,对其应持开放态度及支持立场。但是,牵强附会地称数字资产为"货币",极易在经济社会中望文生义般引发"货币幻觉",偏离其数字资产的创新方向,图利公众,引致严厉监管。

在货币史上,资产上升为通货是有先例的。阻碍加密资产成为"数字通货"的致命缺点,主要有三点:一是它的法币价格波动频繁,甚或剧烈,影响到其与银行货币关系的稳定性,不适合作为定价或记账单位,也不利于支付;二是支付效率低下,特别与既有的数字支付平台体系相较,完全不具备市场优势;三是场景缺失,这是加密资产落地应用成果不彰的主要根源,这也表明其资产属性远远大于通货的工具属性。

在所谓"宽容监管"的条件下,加密资产并未取得在货币方向上的实质进展,而催生了两个"变种":代币(Token)与稳定币。

在货币史上,民间自发"代用币"多有出现,往往是铸币不足的产物,或者特定商品或管制交易下的选择,诸如"盐引""茶引"等。其中,纸钞也曾被称为"钱引",作为铸币的代用币,为官府所垄断发行。数字代币有其促进经济数字化的积极作用,作为数字账户活动的辅助记账手段而发生、发展,然而其使用范围往往各自孤立,根本谈不上广泛的流通。在数字法币发行之后,私人数字代币将逐步而全面地退出。

稳定币旨在满足支付——特别是跨境支付等——的需求,是跨境支付安排中的新的工具或数字手段。它也不是"货币",而类似于"过桥资产"。稳定币的市场表现也不那么稳定,没有从根本上解决加密资产法币价格波动的问题。

过去10年,加密资产距离"升格"为"数字货币"越来越远。其间,以比特币为代表的加密资产的法币价格出现了大幅上涨。由此,"加密货币"是否较法币而更具优势与接受度呢?恰恰相反,这正说明"加密货币"资产属性的局限。正因如此,过去10年间,各国有关部门陆续明确了比特币等"加密货币"的资产属性,且否定其货币功用。

必须指出的是,基于区块链等数字技术的加密资产具有一个突出"优势"在于,它可以实现跨数字货币社区的流通,甚或冲破一系列的人为阻隔,实现真正意义上的全流通。如此预判固然合理,但它是预设在数字货币社区体系之上的,没有建构出相对成熟的数字货币社区体系,而跨越性地建构跨社区的数字货币,是为"空中楼阁",也是一种别样的"货币幻觉"。如何构建出相对成熟的数字货币社区呢?关键是满足经济数字化的现实需求,从实际出发,而非囿于这样或那样的货币执念。

(2)数字货币不局限于数字支付。

以个人的货币经验来看,很容易将货币功能锁定在支付上。由此将数字货币的功能局限在数字支付上,特别是个人或零售端的数字支付。进而认为,只要数字支付获得市场体系的接受与认可,且有良好的发展态势,就无须再由中央银行发行数字法币。事实上,这是将支付从诸多的货币功能中抽离出来,并凌驾于货币本身之上,甚至认为只要满足了支付需求,货币本身便可有可无。

无疑,这是一大"错觉"。它导致了一系列的误判,如错将第三方数字支付平台所提供的数字支付服务认定为"货币发行",那么,就没有必要再由中央银行发行数字法币了,否则,便加剧了不平等的市场竞争。

作为数字支付平台,支付宝或微信支付等账户体系是"数字支付工具",不是银行类账户。其账户余额是(待发出的)"数字支付指令",不具备货币的法律地位,不可"错认"为数字货币或银行货币。根本而言,第三方数字支付平台不是货币发行机构。

应当看到的是,第三方数字支付平台所提供的数字支付服务的范围主要集中在个人端,企业或政府机构只是作为收款方,且其收支流程仍处于银行支付体系的规则之中。也就是说,数字支付仅限于个人或居民家庭部门,没有真正触及企业部门和政府部门。同时,第三方数字支付平台之间的竞争是垄断性的,彼此封闭是常态。因此,现有的第三方数字支付体系是不健全的,对公场景是封闭的,对私场景是割裂的。这就需要中央银行发行数字法币打破这种局面。

发行数字法币的关键在于,在既有银行账户体系之外,另行设立数字法币账户体系。该账户体系支持对公与对私两大场景,且支持账户为主体的数字决策活动。

(二)理论上,宜摒弃货币价值说与数量说

货币必须基于自身价值或可兑换价值——这是货币价值说的核心观点。它是铸币时代的货币认知,在政治经济学时代得

以确立，为整个铸币体系建立了理论基础。中央银行与商业银行体系建立之后，货币创造机制产生了，货币数量不再受限于总的铸币规模。在金本位制下，事实上，只需保障银行窗口的纸钞与黄金的边际兑换增量即可，无须百分之百的黄金准备。具体来说，就是准备金与货币乘数的设定问题。"货币数量说"就此产生，并且替代了"货币价值说"，是货币理论与货币思想巨大历史进步的标志。当然，"货币数量说"仍有其不完美之处，对于货币总量的管控上需不断向实践让步。20余年来，"数量说"也被不断突破，出现了"泰勒规则"等，即保持适度通胀的学说。

数字货币的兴起，既不同于银行货币体系下的银行货币，也不同于贵金属货币体系下的铸币。长期来看，应以数字货币经济为基础，构建与其相适应的货币理论新学说。现实来看，选择性地运用"价值说"与"数量说"来阐释并建构数字货币体系，已经成为常态，似乎在数字货币下，价值说与数量说史无前例地融合在一起，且毫无违和之感。

理论是灰色的，而货币的生命之树常青。

为什么要把已经抛弃掉的"货币价值说"重拾回来，用作解释数字货币呢？难道数字货币意味着铸币的"复辟"或"回归"？当然不是，显而易见，数字货币毫无铸币性质的价值可言。那么，可否以"信用"来替换"价值"为数字货币铸就灵魂呢？

货币的信用说有两个解释：一是"数量说"，二是"共识说"。"数量说"是在价值说崩解之后确立的，也就是说，每一单位货币的价值已经脱离了铸币价值约束后，货币总量，特别是发行总量或流通总量是受到约束的，从而确保货币总量价值的稳定性。如何确保货币总量？本质上是货币发行者的承诺，是基于其信用。"共识说"是指，货币发行者和持有者之间的共识，它的基础是发行者承诺"回收"发行出来的货币。也就是说，如果发行者不做回收安排，便难以取得被发行者（即持有者）的信任。确定的数量和有效的回收安排是现代货币的信心基石。

补充说明三点。首先，私人"加密货币"不能确保其总量固定。原因很简单，即便每一私人"加密货币"的总量是固定的，但是引起采用开放性的、自由竞争的货币发行策略，加密货币的总量是根本不能确定的，且各私人数字货币仍可通过拆细而扩容。其次，也存在因密码丢失等原因造成事实上的缩量。最后，私人数字货币发行无法直接放弃回收安排是其致命的缺失，也因此无法获得信用乃至建立共识。

价值、数量、信用、共识等这些解释都存在片面性，"回收"是根本性的约束条件。根本而言，发行与运行数字货币必须确保数字货币与银行货币之间的稳定联系，即二者之间转换的代价最小、效率最高。这就是说，至少在货币数字化的初始阶段，因数字资产转换成本不稳定，效率低，不适合充当数字货币。

这就表明，只有中央银行才是开启数字货币发行与运行的可靠途径。具体而言，数字法币是作为银行法币的数字代币发行并运行的，两者之间的兑换率保持1∶1，数字法币是银行法币的绝对稳定币。同时，数字法币的发行量是由实际发生的与银行法币的兑换量决定的。因此，数字发币的发行，宜采取所谓的"购买式"或"兑换式"发行。

从理论上说，数字货币的发行与运行无须确立其独立的发行理论。作为数字法币的发行者——中央银行，只需提供零成本、无时差的双向兑换渠道安排即可，而无须设定发行计划。这就意味着需在银行账户体系之外另行设立数字法币账户体系，并确保两套体系之间自由、安全与高效的货币转换。

凯恩斯在《货币论》中开宗明义地指出，"现代货币是账户货币"。数字货币理论的构建应基于数字货币账户体系及其实践活动，并应着力避免简单、刻板、片面而草率地剪拼、搬用"货币价值说"与"货币数量说"，宜摒弃套用这些旧的理论范式，发现并解决新的问题。

（三）政策上，应推进货币政策的数字化

首先，数字货币是否构成银行存款？

银行货币在业银行兑换数字货币后，该部分数字货币是否仍旧构成银行存款？该部分数字货币是现钞的属性，在任何一个时间点上，它只有一个持有者。这就意味着，该部分数字货币不构成银行存款,不在货币创造的层次划分序列。从这个意义上说,央行认为,数字货币是流通中现金(M0)的替代。具体来说,该部分数字货币在法律上只归持有人所有,在财务上也不计入银行存款或银行资产。其发生意味着相同数量的银行货币的减少或退出流通体系,即退转回数字货币的发行方——中央银行。

其次,利率和货币总量问题。

第一,数字货币不产生利息。原因很简单,没有货币权属的让渡,即不发生货币的他者使用,也就无从发生利息。直白地说,数字货币持有者不能自己给自己付利息,即便如此,利息来源问题还是解决不了。那么,中央银行作为数字货币发行者,可以作贴息发行,列入发行成本,有如数字人民币的红包发放等。但是,发行成本是一次性列支,不是按时间单位持续地支出。

数字货币的发行与运行,表明货币体系中零息资金及其使用的增加。毫无疑问,一方面,这将从局部出发降低整个货币体系运行的资金成本,降低中央银行利率政策的压力;另一方面,通过数字货币账户活动按比例收取一定费用等政策安排,将为持有或交易数字货币增添一定成本,这就出现了所谓的"负利率",进而为货币调节提供了新的且更为有效的政策工具。

第二,数字货币的增长意味着银行货币的相应减少。数字法币的发行与运行,意味着居民家庭、企业及政府部门都将开立数字法币账户及拥有数字法币。相较银行货币，数字法币具有一定优势，这意味着会有一定量的银行货币将转换为数字法币。以商业银行的立场来看，这就意味着银行存款的相应减少。那么，银行机构的利差就将相应减少。具体来说，银行存款的减少是否意味着贷款的减少？即贷款派生存款，还是存款派生贷款？对此，理论上仍有不同意见。

另外，银行现钞不同总是要在一定时间周期内回流到银行机构，而数字货币却没有必要定期回流到银行机构。数字货币24小时无缝运行，不存在银行营业时间与节假日。因此，账期的安排就大大不同于银行货币，微观财务会计流程如何应对数字化的冲击是一个大问题，包含税务流程、审计、稽核等安排将出现许多新情况与新问题。

第三，货币政策能否全时、实时、有效及直接地覆盖数字货币的实际运行？

法人机构因数字货币而出现的财务流程数字化，对于货币规模、流量、流速等的扰动将会出现哪些新情况及新问题？诸如此类，需待全面而深入地观察、分析、研判及积极的策略应对。

货币的数字化意味着中央银行的数字化。中央银行将管控银行本币、数字本币及外汇。如果通过干预银行货币与数字货币的兑换窗口来间接调控银行货币总量的规模、流速、流向等，不仅会造成相当的政策时滞，还会产生一系列的盲区。因为数字货币流转是全天候的，并不遵循银行既有的账期设定或会计流程。

这就表明，发行与运行数字货币，必须推进中央银行的数字化，确立货币政策体系的数字化变轨。

(四)实践中应关注"场景"问题

数字货币支持各经济主体的全员、全时、实时、在线的经济决策活动及支付活动。这表明，数字货币运行所支撑起的是一个史无前例的超大经济体系，旧有的经济时空、宏微观经济、产业条块等分析体系已不足以涵盖及应对如此巨大、纷杂而又有充分数据记录的经济活动体系。实践中须牢牢把握数字经济的"场景"问题。

首先，数字货币开启对私与对公两个基础场景，场景的本质是数字货币支持数字化的决策活动。

数字货币不仅开启对私的场景，也开启对公的场景。也就是说，居民家庭、企业和政府部门都将开立数字货币账户，将大大超出既有数字支付平台所覆盖的范围及所支持的数字经济范围、规模、结构与水平。

场景是可分类的数字经济活动，不仅包括支付活动场景，也包括决策活动场景等。根本而言，支付活动是决策活动的一部分。因此，场景是以决策活动为基础的。银行账户体系的功能是以支付为设定基础的，这就表明，数字账户体系将替代银行账户体系，成为数字经济体系下各经济场景活动的基础设施。

场景体系的构建是需要在实践中反复探索与不断推进的，各场景之间也容易形成强弱不同的相互支持与促进的关系结构。

其次，数字货币的核心是支持远程在线，形成不分时、不分区的超大市场体系。

远程在线决策需要数字支付的支持，24小时连续的账户活动，即不分时地支付活动完全超出了银行支付功能设定，而且不分区域的远程支付也超出了银行体系的跨地支付购功能的承载力。这超越了以往经济地理局限的直接约束，形成了超级大的市场体系。因此，数字货币账户体系的决策活动和支付活动，对于既有的市场体系的改进与提升只是局部问题，超出既有的市场格局构建更广大的数字化市场体系，才是其谋篇布局的全局问题。这是研判与推进数字货币、构建数字经济场景的根本着眼点和立足点。

最后，数字货币是实时、全时、全额乃至全员的记账体系。

当前，只有实时全额支付系统（Real Time Gross Settlement，RTGS）可以同数字货币账户体系相比拟。RTGS已有百余年的历史。RTGS技术上基于电子支付且不存在账户歧视问题，但它是一个银行为成员的非常狭窄账户体系，不会开放给银行成员之外的企业与个人。从这一点来看，RTGS账户体系是一个封闭的账户体系。

既有的银行账户体系是一个开放的账户体系，企业、政府、个人都可以开立相应的账户。但银行账户体系存在一系列的账户分级设定与管理,这既是营销的策略选择,也是业务体系资源配置的必然要求。根本而言,银行账户体系并不能消除账户歧视。这就意味着银行账户体系的覆盖范围,在主体、时空、决策及支付金额等方面都是有限定、差异和盲点。

数字货币账户体系正是一个实时、全额的支付系统,也是一个实时、全员的决策系统。更重要的是,数字货币账户体系能够做到银行、企业、政府、个人的全员参与,且不会由此出现账户等级的初始设定与干预。也就是说,在原初设计与运行上,排斥账户歧视。可以说,数字货币账户体系是一个开放的体系,是一个几乎全员平等的账户体系。

可见,数字货币天然是个"超级的RTGS",是开放、平等的。它对整体经济运行、货币体系以及监管安排等一系列方面或领域亦将带来难以估量的积极作用与深远影响。

综上所述,整个社会经济体系将面临数字货币所带来的更为紧迫的实践挑战与理论冲击,亟待更为深入的理论思考和更为积极的策略应对。

三、数字货币与数字法币

数字经济的解决之道依赖于数字法币,只有数字法币才能做到全通,把私对私、私对公打通,当然也要把公对私打通。

要让货币资产在财务上被认可,数字资产就必须进入财务报表，如此必然涉及会计科目、会计规则等一系列的调整，最后要求整个报表的数字化。银行法币数字化是整个数字经济的起点，它会引发财政的数字化等一系列后期的变化，这样整个经济数字化才有可能产生。

数字货币的发行与回收是很重要的。如果是数字法币，它的发行可以是兑换式发行，即用既有的银行币来买，发行逻辑还是在银行币端，需要多少换多少，这是发行问题。

法币发行是跟回收联系在一起的，私币最大的缺陷是不回收，而不是锚定——从货币史可以看到，有锚定的美元很快就消亡了，而布雷顿森林体系垮台后，没有锚定的美元存在了这么长时间。锚定不解决任何问题，核心是回收，回收才能建立共识。共识是要在发行者跟被发行者之间建立起来的，不完全基于被发行者，这是一个根本问题。

还有一个问题是法律安排和技术安排。中心化和非中心化的问题有多个角度，其中一个在法律上是可以中心化的，在技术上是可以去中心化的。

另外，数字币有三个可能来源：银行、现实的经济活动和网络社区。但是，银行来源是零，如果银行能够运转，根本不需要支付宝、微信支付，更不用说其他的私币了。现实的经济活动和网络社区这两方面的来源呢？比如我们原来说多少比特币换一个比萨饼之类的，但即便能换又有什么现实意义？青花瓷也可以换比萨饼吧，只要你愿意跟老板谈，很多东西都能换，这些来源是有限的,而且就比特币来说,其总价值是无法应付中国经济的数字支付规模。

货币史的经验告诉我们,要成为一个稳定的货币形态,必须过两关才可以:一是小额支付,二是大额交易批发。除此之外,要保证政府和企业各个部门都在使用。支付宝和微信支付的小额支付这关基本过了,但大额交易批发这一关卡,支付宝只是少量涉及,也就是说,在支付宝野蛮生长的时期,企业和政府部门的财务运行完全基于银行账户体系,数字支付基本可以忽略。

全球央行都表态要区分私人币和法定币,而且对发行数字法币基本都持开放的态度,只是量的问题或者早晚的问题。

现有社会资产是两部分:一部分是物理资产,另一部分是法律意义上的资产,现实主要的资产是法律意义上的权益资产。

未来数字法币是一个根本的转折点。数字法币出台,即大家都具备整个数字支付手段,数字资产也产生了。直到有了相应科目甚至报表数字化之后,整个经济体系当中的财富结构就变成了三层,数字资产会大大超出权益性资产。

既有的经济学理论认为经济活动在时间上是均值的,排除了时间对经济活动的影响。但现实是,外向的经济活动通过扩张,在空间上无解,一定要在时间上打开,其核心是每一个人的时间安排,也就是所谓的流量问题。但是现在抓流量的方法在技术和商业模式上都走偏了,将来平台可能会发生根本性的翻转，每个人都可能成为平台。网络经济与数字经济不同，它的矢量关系会有一些变化，网络时代都要集中到平台，现在要反过来，碎裂化关系要掉过来，触及每一个人。

总之，网络账户和数字货币的结合，是整个经济数字化的开始，这样会使时间效应最大化，过滤物理上的差异，使得机会成本最小化，这是我们必将看到的图景。

8.2 形态——如何理解货币形态及其新变化

> 数字经济带来了一系列的货币新需求，这些新需求汇聚起来，出现了货币新形态。那么，如何理解货币形态及其新变化呢？

一、货币形态的"新"与"旧"

货币的"新"与"旧"是相对的，同一区域、不同时期，也会出现旧的货币形态"复归""复活"的现象。从历史角度看，货币形态是根据现实经济状况的需要，适应性地做出相应的调整与变化，是为常态。

社会经济的总历史趋势是不断向前发展的，货币形态也从实物性的货币到金属铸币，再到纸币，进而成为银行记账货币，如此阶段性的变化发展。从全球来看，实物货币作为特例还在个别地理范围或特定场景下存在；金属铸币基本上为硬币所替代，且在流通中日趋减少，许多小单位的硬币已不再发行，甚至事实上退出了流通；纸币还在广泛使用，但是银行电子货币事实上已经能够更大范围地替代纸币了。

不难发现，现实货币体系往往是多种形态并存的，并不是以绝对单一的形态存在并流通着。从金属铸币到银行硬币至少有两千多年的历史，从纸币到银行纸币有千余年的历史，即便说银行间电子记账或支付手段也存在百余年，开始大范围普及个人也有几十年的时间了。可以说，一种新的货币形态的出现，首先要与旧货币形态和谐共处，适应发展。各种货币形态之间有冲突也有妥协，在共同满足社会经济体系变化发展中，各自有所进退，彼此相互间有所替代地出现一系列的结构性变化。因此，认为货币新形态完全取代旧货币形态的观点，既不符合货币史实，也不存在现实可能性。

必须明确的是，所谓的货币形态，是一种货币的事实状态，并非未来的可能性，即货币形态是已经发生的、实然的，不是假设的、虚置的。因此，关于货币未来形态的设计、技术，或者观念的阐释，都是货币假想或幻想，并非实然的货币形态。把头脑中的某些货币构想，认定为现实中的可流通的货币形态，进而宣称新货币形态的发生，只是一种无端的臆想。在货币史上，将货币假想引入现实的货币体系中，进而造成货币危机甚或灾难的不乏其例。

二、货币形态不是物理性的

对于货币形态的理解，人们往往同流通中的货币载体直接联系在一起，或者以通货的物理性状来标识，这是一大误解。比如，电子币并非电子形态的货币，而是由电子形态发出的货币记账指令。个人刷卡消费时，只是通过电子手段发出了支付记账指令，是否支付、如何记账等，完全交给银行体系的后台来进行处理。严格来说，只存在电子货币指令，而并不存在"电子货币"。

不同物理形态的货币，如金属铸币、纸币、电子货币，各有其流通的特点，货币历史的总进程是货币载体逐步脱离物理形态的约束。纸币面额大小完全不受物理性状的限制，银行票据更是如此。这就表明，货币在纸币阶段就已经在本质上摆脱货币物理形态的约束。因此，通过货币材料确定货币形态已成为"过去式"了。

诚如凯恩斯所言，"现代货币是账户货币"。账户货币或记账货币的物理性状不重要，或者说根本无所谓物理性状。货币的形态是由账户的记账规则决定的。各种银行票据是记账指令或记账货币，电子货币是记账指令。纸币在流通中与金属币几乎没有差异，与金属币最大的不同是，纸币必然要阶段性地流回到银行机构，而铸币或硬币则无须如此。也就是说，只有硬币可以完全脱离银行记账体系，纸币是不完全脱离银行记账体系，而银行票据及电子货币完全不能脱离银行记账体系。

如此来看，社会经济体系中的现实货币形态可以分为三类：完全脱离银行账户及记账体系的硬币、不完全脱离银行账户记账体系的纸币、银行票据及电子卡片等完全银行账户记账货币。从趋势上看，银行账户记账体系下的货币形态是主导。

三、货币形态也不是价值性的

早在纸币的面额脱离了物理约束之前，金属铸币通过面额的标示，也在力图摆脱物理性的约束。在中国货币史上，即有所谓的"大钱"或"小钱"之分。账户货币在完全摆脱了"物理约束"的同时也就摆脱了"价值约束"。银行货币的价值稳定性与其发行量密切相关，而窗口兑换贵金属的保障很快废止了。现代货币的稳定性是建立在发行或流通量的基础之上，而非建立在价值的稳定性。

当然，从价值稳定到数量稳定，有一个过渡期。这一过渡期在 20 世纪被浓缩为布雷顿森林体系的确立及其垮塌。然而，纵观历史，俄国很早便已经进入不兑现纸币阶段，更早的是我国历史上金朝自始便发行与运行不兑现纸币。

摆脱物理形态约束，进而摆脱兑现约束，纸币的发行与运行依靠数量约束。应当说，进入中央银行时代，货币运行才有了可靠的方法来稳定其数量。账户货币的数量稳定，也存在一个从绝对稳定到相对稳定的进程，近年来，出现了一个动态调整与平衡的实践过程，即数量的总量稳定向增量稳定的拓展。最具代表性的是，由斯坦福大学的约翰·泰勒于1993年根据美国货币政策的实际经验，确定的一种短期利率调整的规则。泰勒规则所致力实现的通货膨胀目标制已经渐渐为各中央银行所参考与接受。

由此看来，政治经济学时代本质上作为解释性的"货币价值学说"，已经为中央银行时代的"数量说"所取代，且从刻板的总量说转趋为稳定增量的政策实践所超越。

四、货币形态与"记账规则"

金属铸币时代，产生了较为稳定的货币记账单位，记账活动有了明确的依据。纸币时代，金属铸币的记账单位被继承下来，铸币与纸币的兑换关系借助价值稳定的约束稳定了下来。最终在银行时代，转化为纸币与硬币的稳固关系，且纸币作为主币，而硬币作为辅币。纸币的运行遵行自身的记账规则，而硬币作为辅币遵循纸币的记账规则。事实上，大多数情况下，硬币虽仍旧保留铸币的流通惯性，但只涉及小额交易或辅助性的支付手段，由此也较少涉及记账。银行时代，货币完全账户化，账户活动技术上完全取代了铸币时代的活动流转，记账活动的复杂性和极高效率，是铸币时代无法企及的。特别须明确的是，财务记账活动成为货币流转的主要内容，企业的银行账户活动已经不能完全复归到铸币活动的层面了。比如说，企业的应收账款的流转，完全是记账活动，而非铸币时代的货币流转。

至此，货币形态不可从物理意义上作狭义理解，也无法从价值层面上作抽象理解，更不能拘泥于僵硬的数学公式作推导，货币形态是现实中货币记账规则体系下的产物。现代货币是账户货币，本意在于货币活动及其流转主要采用的记账活动。就个人端而言，银行票据、储蓄存折、所谓的"电子货币"等，都是银行货币的记账环节、工具或指令，而纸币现钞与硬币，日益沦为银行货币记账活动的辅助性的手段或补充。"完全脱离"银行记账活动的货币活动部分，虽仍然存在，但是已经处于强监管之下。货币记账活动在不同层次上存在着，也存在许多的记账环节，个人的体验往往是片面的、局部的。

实物货币、金属铸币以及纸币的发行与流通的规则各不相同，往往被解释为是由流通货币的物理形态或其性状的不同所决定的，或者是抽象的价值可以将不同的货币形态"统合在一起"。但是，为什么经济社会选择不同物理形态的通货呢？这是由现实经济变化所导致的货币需求的变化所决定的。而货币需求又发生了怎样的变化？比如说，应收账款可实现流转，在铸币时代是难以实现的，更是无法想象的。那一阶段，类似情况须借助于相应的法律安排，作为债权的转移，而非账目的有效安排。可以从根本上说,"价值保障"被理解为其发行依据、流通依据、记账依据。根本而言,这个记账依据必须从账户记账体系来理解,而不是照搬贵金属的流通逻辑。

两个主体之间的支付往来,可发生一笔记账关系。这是两者同处于一个账户体系内才发生的情况,其中存在账户开立与维护、记账指令、记账人、记账规则等一系列的问题。谁来保障这一账户体系的运行呢?如果做不到这些,就采用铸币流转的方式,记账成为辅助性的;如果不同铸币之间还是不能很好地流通,就采用贵金属流转的方式,记账完全是单方的行为。将货币形态的变化浓缩为币材的演变,是一种非常简略易识的表达,但是往往将货币的账户属性和记账规则的变化省略了。货币经济的发展正是将纷繁复杂、彼此割裂的账户关系和记账规则简单化、标准化,从而极大地推进经济关系的往来速度。从这个意义上说,货币形态变化的本质是记账规则体系的变化。

记账规则体系是由账户开立、记账人、记账指令,以及记账规则等一系列的规范组成。现而今,记账规则体系主要就是银行账户体系。所谓的旧钞、旧币退出流通,不完全是法令的禁止,而是其与现行的记账规则体系不相容的结果。只有记账规则体系本身发生变化,货币的形态才发生变化。

现行货币形态,即银行货币。银行账户体系中功能最为强大、范围最为广泛、内容最为庞杂、规模最为巨大的部分集中在企业账户一端。也就是说,银行货币的主要运转在以企业为中心的体系中，个人是这个体系相对次要的部分。银行体系的终止固然对个人的经济生活带来根本变化，对企业的存续而言则是决定性的，如果将银行货币体系拉低到个人功能水平，不仅企业体系难以为继，银行体系自身也将坍缩瓦解。可以说，银行货币的记账规则体系是建立在企业账户体系的基础之上。这也就是说，银行货币的形态变化将取决于企业端需求的变化，而非个人端。

当前，货币形态出现了数字化的趋向。它并非发生在企业端，也非发生在银行端，而是发生在个人端。数字社区个人账户体系的建立，使得个人间的数字支付成为可能。银行端是跟进方，为网络数字账户体系提供"银行（货币）头寸"。企业端也是跟进方，开辟数字账户端口以接受个人端的数字支付，并交由银行机构转为银行货币接收。个人端数字支付的发生与发展，基于数字社区个人账户体系，独立于银行账户体系，也无从遵循既有的银行账户体系、记账指令、记账规则。从这个意义上说，个人端的数字支付导向新的货币形态。

然而，数字社区个人账户体系并不适合企业部门及政府部门。也就是说，其对公场景是封闭的，且数字社区个人账户体系之间并不联通，甚或人为地割裂开来。这就需要中央银行发行与运行数字法币，以克服数字支付的不足，满足社会经济数字化的需要。

数字法币的记账规则体系不会复制商业银行的记账规则，

必须由中央银行来确立新的记账规则体系。

第一,数字货币法定化,必须满足全时、实时支付。这是商业银行记账规则体系所无法满足的需求,也是其无法做到的。简单说,商业银行的账期安排不能满足数字货币运行的基本要求。数字货币没有隔夜问题,没有营业时间与非营业时间的间隔,是全时和实时记账的,且是按照秒而非日来记账的。

第二,数字货币法定化,必须满足全员、全额支付。这是商业银行记账规则所难以满足的。所谓的普惠金融,即最大范围地提供金融服务,数字金融能够在成本上负担全员金融服务。数字法币账户体系的开立,是普遍性的,不受商业成本的约束,不会在开户环节制定达标"门槛",不会有选择地提供账户服务。数字法币将实现全额实时支付的点对点的资金往来,无须作相对应的信用安排或差额支付。

第三,数字货币法定化,必须满足个人和居民家庭、企业、政府机构等三大经济部门的数字记账需求。各个私人数字支付平台或网络数字支付社区只能服务于社区内的个人成员,不涉及企业部门及政府部门,这不能满足数字经济发展的现实需求,必须通过数字法币实现全部门的参与。换言之,数字经济要求数字货币不能排斥任何经济部门,不得排除任何个体或主体。

第四,数字货币法定化,必须满足地理空间上的全覆盖,消除"在途资金",实现无距离差异的支付结算。数字货币是数字网络社区的产物,自始没有"同城"等问题,是否在一个城市或区域,并不影响其账户的开立,账户体系不以地理区域为条件差异。至于"跨境"有两种情况:一是数字法币兑换银行货币的商业银行认为存在跨境的问题,包括开立账户的主体、资金的流转,以及银行头寸的提供等诸方面,存在跨境问题。这种情况下,监管当局当然认为,同样存在跨境问题。二是商业银行或监管当局不认为存在跨境问题,网络数字账户体系自身便不能存在跨境问题,只是始终存在"跨社区"的情形,以及不同的数字法币之间的兑换交易问题。

简言之,数字货币的法定化,旨在全面彻底地实现"全员、全时、实时、全额、全距"的货币流转,其记账规则体系依然完全超出了商业银行货币体系所能覆盖的范畴,这就需要确立全新的数字货币记账规则体系,新的货币形态也就此发生。于此,对其认识与分析框架正是着眼于货币新形态下的理论基础建构。

8.3 共识——数字货币的"共识"问题

一、"价值"不是"货币共识"的基础

关于货币问题最为朴实,也最为粗浅的一种看法,即只要有"价值",且被普遍接受,就称其为"货币"。问题是,有价值就会被普遍接受吗?事实当然并非如此。那么,被普遍接受

一定是基于价值吗？事实亦非如此。"价值"与"普遍接受"之间有没有因果关系呢？价值是不是对普遍接受的"事后追认"或"追加解释"呢？如果将普遍接受认定为所谓的"货币共识"，那么，究竟是价值造就了货币共识，还是货币共识产生了价值？两者谁是"因"，谁是"果"呢？

在北美殖民时代，贝壳与烟草都曾作为货币流通。齿贝是来自温带海水的贝壳，其边缘是向内收缩，状如嘴唇包着一口牙齿。贝壳有多种，人们为什么会选择齿贝作为货币呢？或许，齿贝的构型使其较其他贝类更趋坚固而不易破损吧。那么，烟草为什么也曾作为货币呢？或许，烟叶便于存储且有着广泛的消费人群，易被普遍接受。同一时期，不同区域，或有着共同的通货；同一区域，不同时期，或有着不同的通货；同一区域，同一时期，也有不同种类货币并行流通的例证；不同时期，不同区域，也有共同流通的货币形态。时空并非决定货币形态的根本条件，也并非造就货币共识的决定力量。货币形态的变化不以时空为约束，是货币历史上的常态。

人们货币共识的形成是基于共同的货币需求，而这一共同的货币需求是基于共同的经济需求。例如，19世纪中叶英国人侵占香港，曾想改变香港货币的白银基础，转以黄金或英镑为依归，结果失败了，为此所建立的造币厂也只维持了两年时间而破产倒闭。同样，英国在红海之滨的埃塞俄比亚推行英镑以替换当地流通的哈布斯堡王朝时期的特蕾莎银币，结果同样失败。英国货币当局不得不在该地发行流通同样的银币，虽然特蕾莎王后早已去世，且哈布斯堡王朝也已不复存在了。没有理由认为，英镑不具备价值，或白银更具备价值。为什么当地的民众不改变既有的货币共识而追求更具货币强势地位的英镑呢？具体来看，香港虽沦为英国殖民地，但是经济仍然与内地紧密联系在一起，通货改变意味着冲击或截断现有的经济联系，这是做不到的；而就埃塞俄比亚的民众而言，经济生活没有发生改变，哈布斯堡王朝是否存在，或英国殖民者意愿如何，英镑有多强势，都不构成其变革通货的事实依据。

在货币史上，所谓的货币"共识"往往是在具体情形下的产物，比如，我国的宋朝，朝廷中枢有意施行货币分区体制，出现了铜币区、铁币区，以及铜铁币并用区。目的在于阻止铜的外流，因为铜荒不足以支持大范围的铜及铜钞（票）的流通。正是基于此，铁币代替铜币，而铁币过于沉重，改用铁钞（票）替代，即交子。进而，出现铜钞（票），即会子。再如，南宋会子分界发行，每两年回收旧钞，折价回收，回收价格可达七折。即便如此，会子发行与回收均没有由此受到抵制，为什么？社会经济体系接受这一货币安排，是为"共识"。

二、两个货币"共识"：发行共识和流通共识

现今，货币共识往往被狭义理解为类似于流通共识，甚或

认为，大家都接受，就能流通开来，那么，就有了货币"共识"。这是狭隘而肤浅的货币认识。

货币共识的基础是发行共识，亦即在发行者与被发行者（接受者）之间形成共识。发行共识是前提，是基础，而并非流通共识是前提或基础。发行共识如何达成呢？原则简单而直接，就是发行者安排"好"货币的"回收"。只有发行，没有回收，即便有价值，也是流通不起来的；有发行，有回收，有回流的安排，有货币的流通回路，才有真正意义上的货币流通；否则，只有发行，没有真实有效的回路、回流与回收，那么，就是货币的单向流动，即便流通起来，或迟或早造成通胀而被抵制、被抛售，而出现货币的崩溃。

有人认为，只要发行者保持发行量及有效的价值保证，就不需要做回收安排了。这是错的，最有效的发行量的控制与价值保证恰恰在于发行者的货币回收，一旦拒绝，任何承诺与保证也便无法获得信任。当然，也有另一种情况，就是被发行者，亦即流通使用者，不配合回收，造成无法回流，这也无法达成货币共识。如两宋时期，人们选择融币藏铜，使铜退出货币流通；另如，经济社会也会选择改变铸币的重量，出现减重或增重，所发行的货币因改重而不会发生回流。

简言之，发行共识是货币共识的前提与基础所在。

流通共识，也并非所谓的价值决定论。比如，前文所提及的铸币的增重或减重，也等同于改变了货币的价值标准。价值标准也需符合流通的现实需要，并非有所谓抽象的价值来指导规范人们的货币选择及其流通。发行者与流通使用者之间在标准方面往往会有冲突、博弈与平衡，应寻求达到一个相对理想可行的结果。法定货币的流通共识，是基于法律强制力保障第三人必须接受。具体来看，即便某人不愿意接受法币，并不意味着他立即受到惩罚，使其不得不接受，而是接受后，可以再流通下去，亦即出现"第三人"，他必须接受，如此下去，货币得以流通。那么，法币本身即便毫无价值可言，但是，通过支付或偿还债务等具有法律保障，如此保障其发挥流通效力。

流通共识决定了流通范围。那么，发行范围和流通范围之间往往并非完全重合，如美元，发行范围局限在美国本土，而流通范围则颇为广大。然而，美国当局反而限制海外流通的美元以现钞等形式的大量回流，这就出现了境内外两个美元之间的张力。

发行与流通之间存在着博弈与平衡，根本而言，流通者的共识是根本性的决定力量。过量发行或导致流通加剧，甚或酿成货币体系的坍塌，阻止流通加剧，需要使用利率等手段进行限制，根本之法在于，及时而有效地安排回收。如果出现全额回收，意味着旧币退出流通，必须辅助新币的发行，这就出现了币制改革。发行不足，流通受阻，也会导致货币体系的坍塌。这就意味着，发行与流通的数量成为货币成败的关键。问题是，这个数量是动态的，还是静态的；是总量性质的，还是个量性质的？这就意味着一系列的有效与及时的货币调节问题。那么，调节的范围究竟有多大呢？是否能够超出货币共识的范围呢？

三、数字货币的共识问题

货币共识本身是局限于一定范围内的，该范围或等同于该货币发行及流通的范围，也就是货币共识形成并发挥作用的"社区"，由货币发行与流通的主体所构成。

货币本身的形制、材质及其市场价格或抽象的价值，发行或流通的地理空间范围等，以往这些都作为货币共识的内容。这些在数字经济条件下，都是大量衰减、省略的对象，即便是在银行货币时代，也是被简化为一系列账户体系的设计与记账安排的。

"现代货币是账户货币。"货币共识的本质在于记账规则。数字经济更为明确地将货币共识凝聚到记账规则上来，并且该规则体系的实践与完成交付于程序来进行处理，这就摆脱了银行柜台的时空约束，挣脱出既有记账规则中的账期安排。简单说，数字货币的记账规则不同于银行记账规则，实现24小时连续不间断的实时记账，实行点对点的全额支付，等等。

数字货币账户的主体不仅包含银行货币时代的企业、个人以及政府主要经济部门的各成员，还将覆盖一系列物的主体，不仅是机动车、房地产等，物联网自身也将出现数字账户体系。

这就预示着，数字货币不仅相较银行货币拥有更高的流通效率，而且拥有更为广泛的货币主体与账户主体，记账规则的复杂性也将大大超出银行体系。此外，货币监管更需要实现数字化，以应对更为复杂多变的货币趋势。

数字货币的共识将由相应的数字社区来决定，数字社区超出了现有的地理空间、主权范围、时区划分等。这将带来更大范围的博弈、冲突与妥协，也预示着数字货币的共识范围将全面超出银行时代。

8.4 资产——数字资产不等于数字货币

> 数字经济到来，数字资产随之而至。整个社会经济体系的资产结构也将面临数字化"洗礼"，虽然许多数字资产以"数字货币"的名义面世，但事实上，加密资产等数字资产并不等于"数字货币"。在法律意义上，数字资产或可以提升为数字货币。但在实践中，通过数字支付发生数字货币才是更可行且走得通的路线。

一、社会经济财富正向数理环境大规模迁移

从历史角度看，社会经济财富大体可分成三类：实体资产、权益资产和数字资产。

实体资产，英文称作 tangible assets。从词义上不难发现，这类资产主要发生在物理环境中。根本而言，其发生途径取决于生产。

权益资产，英文称作 intangible assets。从词义上直接来看，就是触摸不到的或者说不是物理环境下的资产。这类资产是权益性的资产，比如说证券、版权以及合同所设立的资产等，可以说，权益资产是法律或制度环境下的资产。

数字资产，英文称作 digital assets。从词义上看，它是数字化的资产。也就是说，数字本身并不直接成为资产，数据也并不直接等同于资产，只有在数理环境下那些特定确权化了的数字或数据才是所谓的数字资产。这个特定确权化便是数字资产产生的途径或依据。

在农业经济条件下，资本几乎不创造社会财富，或者说社会财富不是或不主要是由资本创造的。在工业经济条件下，资本则更为积极地创造社会财富，甚至说社会经济财富主要是资本所创造的。资本是制度设定的，体现为数量化的货币，并记入账目，从而使财富创造成为一种可以在账目上发生的活动。虽然并不是财富的所有来源，但是账目上的社会经济财富或者说法律支持下的权益资产在总量上已经超出了实体性资产。历史学家或社会学家或将这一历史阶段称为资本主义。正是在这个阶段，社会经济财富在相当程度上等同于资产，而这种资产是可以或已经账目化了的，整个社会经济体系是可以在账目上运行的。社会经济财富大量地资产化、账目化，几乎全部可以转化为账目资产。当权益性资产成为社会经济体系中的主导部分后，人们依然认为实体性财富得到了前所未有的增长，而往往忽视了权益资产事实上获得了更大的增长。工业化国家或发达国家的社会经济财富主导部分是权益资产，只有穷困落后的欠发达国家或农业经济体，其实体资产才大大超过其有限的权益资产。这种状况也常常被表述为金融抑制，就是说资本自由度很低，或者资本本身匮乏。

数字资产既非实体资产，更非权益资产，现实来看，它主要有三个方面：（1）数字音乐制品，（2）数字图像制品，（3）数字货币。未来，数字资产的种类无疑将更加丰富，总量也将大大超过权益资产。举例来说，2000年悉尼奥运会第一次采用数码技术来获取体系赛事的影像，而2016年里约奥运会就出现了机器人发稿。这就表明体育市场的图片或图像已经完全数码化，数码已经从体育拓展到了新闻传播，而这种拓展几乎是颠覆性的。起初，部分数字资产是从非数字资产转化过来的，之后，数字资产自始便是数码形态的。权益资产向数字资产的转化，在技术上更加依靠区块链技术，随之出现的是智能合约。

正是从这个意义上，本书阐释了一条非常鲜明的数码网络新时代的财富发生途径，值得读者对其仔细品味。

不难发现，实体资产主要发生在物理环境中，而权益资产则依托于具体的法律制度环境，数字资产则发生在数理环境中。

现实的物理环境,即数码网络环境,具体来说,就是相应的账户体系。

既有的账户体系是依托于柜台模式建立起来的,而在数码网络时代,账户体系的确可以直接发生在线上,依托平台而建立。具体来说,实体资产可以通过铸币或现钞等支付来进行交易,权益资产只能直接或间接地通过银行账户体系来完成交易,数字资产的交易可以并应当通过网络账户体系来实现交易。这个网络账户体系是接近于数理环境的,是线下所难以或根本无法复制的。

二、数理环境下,财富革命依托于账户革命

在实体资产时代,社会经济财富立足于生产活动;在权益资产时代,社会经济财富依托于严密有效的制度保障;在数字资产时代,社会经济财富依托于有效且稳定的经济关系。举例来说,爱彼迎并不是依赖生产活动,其商业模式是充分利用存量铺位,它不依靠房地产的开发量,不依靠家具床的生产量,也不依靠严谨、精确、有效的法律合同,而是以适用于全球的用户,满足全球各地的法律规范要求。它依靠的是有效且稳定的经济关系,这种关系是账户关系,即爱彼迎系统平台上的账户关系。

这种账户关系不仅适用于消费关系,而且适用于投资关系

或生产关系。其所反映出的本质特征是账户之间的交易关系，或者是相互之间彼此相融的指令关系。至于消费、投资抑或生产是账户体系之外旧经济的解读，从新经济的立场来看，系统内的账户关系是系统所设定的关系模式。这种系统设定的关系模式是由所谓的程序决定的，是由算法驱动的。

将经济活动映射到一个相对纯粹的数理环境，依托的是数字网络体系。将经济关系抽象为几乎可以操控的数理关系的途径是将经济关系简化为账户关系，进而将账户关系设定为账户系统的自运行。通信网络技术在账户终端与所有人之间实现了充分的、高效的、全时的联系，使账户使用者越过了"柜台"，通过网络账户"平台"来实现交易。如此，交易便在数字网络环境中发生了"大爆炸"。交易大爆炸意味着账户体系的膨胀，账户关系发生了根本性的变革。这些便是账户革命最为直观的外在表现。

账户革命不仅体现在账户数量、规模、范围、活跃程度等方面，而且体现在账户关系的变革方面。可以说，既有账户关系的基础是报表关系，报表的基础是科目、账期等。账户关系更为直接地反映了交易关系，体现为合同关系。交易大爆炸更是交易合同数量、规模与范围的大爆炸。这就是说，账户关系并非单纯的支付关系，更不是指令关系，无须到相应的报表变动中去找依据，而是直接体现为账户主体间的合同关系。

线下购物狂潮的醒目例证是美国"黑色星期五"的"血拼"、

我国线上购物的突出例证是"双十一"。两者的共同点是，大量地消耗体能，占据消费者的时间。虽然线上的"双十一"已经大大超出了线下"黑色星期五"的"血拼"，但是网络消费无疑占据了消费者更多的时间，这种状况很快逼近了消费者生理承受的边界。特别是手机终端大规模、大面积、碎片化地占据人们的时间后，必须努力地将个人从大量的网络交易等活动中解放出来。最为明确的变化在于，账户交易的自动化和智能化。

这就意味着实现账户关系的自动化或智能化，账户体系自身必须得到变革与提升，并非简单地将线下转移到线上而已。未来将日益显现出线下账户体系与线上账户体系的区别，其中最为醒目的是大量线上账户体系的自动化与智能化，这也将是"标配"。自动化和智能化的交易将极大地提高交易品质和水平，从而整体性提升网络账户体系的交易质量，这就意味着交易合约将更为直接地体现为社会经济财富。

社会经济财富最为活跃的部分是财务意义上的资产，这些资产往往标注在财务报表的科目中。资产证券化使这些财务资产更为"轻便"，使得资产的财务流转不受具体资产形态的约束或法律权属的局限。然而，即便充分实现了坏账资产证券化，报表上的资产依然等同于合同性质的资产。社会经济财富和财务意义上的资产，其价值往往体现在交易流转之中，或者说，体现在合同层面上。大量的社会经济财富转变为财务报表上的资产，说明了社会经济的巨大进步。但是，还远远不够，这些报表上的财务资产不仅需要大规模的证券化，还需要更为彻底合同化。正是从这个意义上说，金融资产是天然的报表化的财务资产，更是可以充分证券化的，甚至"天生"就是合同资产。因此，金融资产是最容易交易的，甚至往往在交易中发现与确定其价格。但是，并非所有的资产都适合金融化、证券化。网络数字经济在这个方面取得了长足的进展。简言之，将大量的资产账户化，且实现了账户交易的自动化和智能化。

账户交易自动化和智能化的基础是账户体系交易功能的整体性提升。这不仅是交易达成或支付等基础功能，更为根本的是，账户关系是体系化的、规范化的，是在程序约束下的。其基础技术是区块链技术，这是账户交易真实、完整、有效与不可更改性的保障。筑牢账户体系的技术基础，智能合约才会得到普遍的应用，而恰恰是智能合约等将成为账户下资产的主要形态。

从这个意义上说，区块链是社会新经济财富的密码。

三、金融中介与区块链技术

金融中介的逻辑基础是信息、技术等方面存在差距，所以需要更具信息或技术能力的经纪人来完成。众所周知，区块链技术以"去中心化"为指向，在交易双方中嵌入的中介就是

"中心",而区域链技术的本质是"去中介化"。在金融领域,最重要的中介经纪人就是商业银行体系,银行账户体系几乎是一切金融交易活动的账户基础。银行的运营是中心化的,商业银行体系自身也是中心化的,中央银行往往就是商业银行体系的中心所在。既然区块链"去中心化"与"去中介化"是一而二、二而一的事情,那么我们就难以用中介化的旧金融逻辑来解释去中介化的新金融。

在其他领域,学者们往往用"多中心化"来代替"去中心化",但是,在金融或经济领域,这样的提法就有问题。事实上,还是回归到"中介化"与"去中介化"更有助于说明与解释问题,而不是制造出更多的问题。

区块链技术所支持的账户体系,将更为有力地操控资产或社会经济财富。然而,这究竟是否为中介者提供了空间?这是一个根本性的问题。换言之,旧金融治下的中介者是否能够在新金融体系中依然占据"中心化"的位置,并在事实上操控一系列的账户资产呢?对此,有人持否定立场与态度。在旧金融或旧经济环境中,集中交易或中介交易是有效的,甚至是必须的,但是在新金融或新经济环境下,这几乎是无效的,甚至是有害的,区块链技术更是从根本上排斥它。换言之,新财富的密码与中心或中介之类不兼容。

区块链技术是数字网络技术不断快速发展达到的一个新阶段,不仅会在应用中面临各种机遇与挑战,而且也将不断地提升与拓展。

（一）加密资产与货币数字化：比特币、稳定币与数字支付

加密资产往往通过区块链等技术实现，能够有效地去中介化，实现一个去中心化的账户体系。这符合去中心化的价值观，但是在效率上存在一些问题。比如，运用区块链技术开发的比特币所支持的每秒交易笔次往往无法与支付宝相比较，即便从每秒7笔大幅提高，也无法达到每秒几十万笔次的量级。问题还不在这个效率问题上，而且数字资产的价格不稳定。

数字资产的本质是资产，资产的价格是由市场决定的，是浮动的。故其不能充当计价货币，更不能充当记账货币，即便越来越多的人在支付上愿意接受它。比特币等数字资产"致命"的缺点，使其所谓的货币功能大为减损，而每次的价格波动都只是在不断地强化其"资产"的属性。

基于此，才出现了所谓的"稳定币"。顾名思义，稳定币就是要克服加密资产的价格波动。它需要相应的机制，但并不能从根本上实现所谓的"稳定"。换言之，稳定币是相对稳定，是绝对不稳定。然而，至少各种稳定币的推出和应用克服了既有加密资产支付功能不足的弊病。

如果不能实现支付功能，或者说支付功能不稳定或不健全，

就不可能使其货币功能健全，不能发挥计价、记账作用，这就形同宣告了数字资产货币化道路的梗阻。

数字货币的意义不只在于可以提供一种技术上可行的"数字货币"，而且在于它必须在规模、范围等方面取得实绩，不仅仅局限在狭窄的"网络社区"。它不仅需要实现"跨社区"，更主要的是必须与银行货币实现自由、频繁的通兑。

必须纠正的一个错误观念是，在数理环境中，可以实现完美的货币关系乃至完美的经济关系，但是无须聚集既有的货币关系或既有的经济关系，否则就从根本上阻断了货币历史与经济历史的连续性。数字货币不是货币历史的终结，数字经济不是经济历史的终结。同样，数字资产也不是社会经济财富的终结状态。经济社会的发展过程中会选择更适宜的货币、资产与经济形态是为了发展。这种发展是连续的，即便在技术上或商业模式上出现了个性或"跳跃"，但是其历史的连续性是无法中断的。我们所说的社会经济从物理环境向数理环境的"迁移"，所表述的正是这一"连续性"。

四、货币数字化的两条路线：支付数字化与（数字）资产货币化

在货币史上，货币形态的变革既有资产形态的变革，也有支付形态的变革。从本质来讲，支付形态的变革才是根本的，

只有通过小额支付与大额支付两个层次的变革，才能够稳定新的货币形态，实现货币变革。

资产数字化乃至出现数字资产，其所带来的货币冲击是巨大的，这就促使数字资产货币化的实现。正如前文所述，大量的数字资产事实上是借以"数字货币"名义来推行的，这丰富了社会经济体系中的资产种类与活跃性。但是，这距离数字货币还有一段非常复杂的进程。

支付数字化与数字资产货币化是两条渐行渐远的货币数字化的路线，就目前而言，以支付数字化为基础的货币数字化道路是通畅的，以资产数字化进而货币化的路线是不通畅的。坚持资产数字化进而货币化的路线，一方面，基于坚持货币革命，基于币材的惯性思维，认为数字化是从有币材到无币材的革命，事实上是一种资产形态的变革；另一方面，基于货币价值说，认为货币本身具有一定所谓的"价值"，决定了必然是由一种数字资产的形态升级为数字货币。

凯恩斯在其名著《货币论》的开篇中便指出："现代货币是账户货币。"虽然数字资产也有其账户，但是其账户是以一种社区所有关系为主导。其所支持的是数字资产的流转，将社会经济活动建立在数字资产的流转之上，以此作为支付的基础的努力是徒劳的。其适应的范围往往是有限的数字社区，而这些社区的功能是单一性的。即便Facebook（脸书）作为超大数字社区推行数字资产形态的数字货币也存在问题，而不得不进行相应修正。

8.5 分享——分"时"独享

> 数字经济决策的复杂多样才刚刚发生,未来将更趋于复杂多样。由此,数字货币的决策亦"有样学样"地适应更复杂多样的趋势,一方面是账户体系结构的复杂多样化,另一方面货币本身更趋复杂多样化,特别是智能货币也将不断涌现。今天,我们尚难想象数字货币的未来,这是由社会数字经济生活所决定的。但是趋势是明显的,诸如"分享经济"就揭示出完全不同的经济样貌。
>
> 数字货币关乎数字决策,它不一定脱胎于数字资产,也不一定就是关于所有权转移下的交易,其所服务的社会经济生活的数字化变轨,要求其必须适应性地跟进或引领。分享经济难以通过既有的银行账户体系完成。目前,它需要新的数字化平台体系;未来,它需要更趋智能化的数字货币。理解货币的数字变轨,应从社会经济的数字化变轨中来理解、认识与把握。

一、分享经济的货币内涵

Share Economy,在中国被翻译成"分享经济"或"共享经济"。应当说,"分享经济"的译法更符合本意。"共享"非常容易使人联想到所有权意义上的共有,即便在所谓的"享"环节,也不存在"共"的状况。事实上,"分享"指的是"按时享用"。这就为社会经济财富提供了一个新的立场或维度——时间。

首先,在过往的经济理念或体系中,必须由增量来满足消费,存量在所有权唯一的条件下几乎被锁定了,不能用来交易或"分享"。即便是出租、出借活动,事实上占有的都是较小的部分,法律上处理起来非常繁重。举例来说,在一些受季节影响较大的旅游胜地,可供出租的房屋并不多,投资也很有限。因为除了旅游旺季,长期的闲置降低了投资效益,而当地居民的房屋出租交易也不顺畅,所谓的民宿是数字经济条件下才出现的。这是一个时间问题,并非空间问题。那么,季节性旅游胜地的市场营销的扩张就具有极大的局限性。数字经济为此提供了可能性,促进其大发展。这就使得不能出清的市场存量出清了。

大量的存量回流到交易中。在贸易、投资中,存量与增量的关系也需要进一步协调。放大来说,存量和增量是一个时间上的划分,虽然在法权上也可以作出界分,但是本质上是一个时间的划分,因为无论存量还是增量,都处于有效的使用期限内。

其次,货币流通量和流通样式,要适应增量交易,也要适应存量交易。这个问题如何在实践中深化理解,需要从分享经济入手。

二、分享的基本特征

分享有两个基本特征：第一，不用即浪费。这个原则决定了大量地占有是所有权派生的行为，它不等同于消费；第二，超越所有权。既然占有不等同于消费，那么，产出就不能局限于所有权的约束。当然，从企业的立场或角度看，产出并售出，就是产销率接近百分之百。这是大量生产、大量购买的模式，至于是否消费，并不是生产企业或销售商真正关心的问题。甚至可以说，从生产商到消费商都在不遗余力地使消费者沦为购买者、所有者，而使拥有替代消费。这就为分享经济提供了巨大的空间。

问题是，以往即便如此，所有者只能通过有限的出租行为，而让渡使用权。但是，这个市场过于狭窄。大量的经济产出并不适宜出租，法律和财务方面的程序都很复杂，交易的达成与完成十分烦琐困难。尤其关键的是，交易双方达成交易与完成交易的效率都很低，成本也很高。数字经济为此提供了很好的解决方案，分享经济获得了大发展的时机与空间。可以说，分享经济代表着未来的消费方向。

这里还是从消费动机与行为说起。

消费只能通过购买所有权来实现吗？"大量生产"才能"大量消费"吗？只有"大量消费"才能带动经济增长吗？在分享经济下，这些问题的答案都是否定的。分享经济使得在空间上不断扩张而日趋脆弱的经济体系在时间轴上找到了新的发展方向。从这个意义上说，分享经济是经济社会未来的根本方向所在。

三、只有"购买"才能"消费"吗

首先，通过购买，实现消费，表面上是一个货币经济问题，即付费。事实上，这是一个关乎所有权的法律问题，即排他。隐含的逻辑是所有权优先，只能消费自己已有的，不足的部分必须通过购买。反言之，自己所有的也不会给别人消费，除非出售给对方。出借或租让无须出让所有权，不是同样可用来满足消费吗？现实是，这个部分在整个社会经济体系内的占比极低。

既然消费只能通过购买所有权来实现，就必须有足够多的商品可购买。于是，大量生产就成为必要，进而大量产出"有助于"大量消费的实现。由此便延伸到第二个问题。

四、"大量生产"才能"大量消费"吗

2018 年是全球金融危机 10 周年。10 年来，将其同 80 多年前的"经济大萧条"相提并论的声音不绝于耳。两次金融大危机提出的是同一个基本的经济问题："产出"与"购买"的

关系。1929—1933 年"经济大萧条"爆发表明，大量产出并不意味着大量购买，供给并不能创造出与其相适应的需求，所谓"供给创造需求"的萨伊定律踢到了"经济大萧条"的铁板。这在产业经济或企业财务上被称为"产销率"。产销脱节不仅会造成企业部门财务困难，还会拖累金融部门发生流动性困难，进而触发整个经济社会的危机。

"经济大萧条"之后的 70 多年，战争产业、福利社会、制造业外移、金融自由化、放大消费金融等一系列政策尝试与实践努力，结果只是暂时地缓解了产销矛盾，而非从根本上解决问题。10 年前全球金融危机爆发，这一次是所谓的"资产负债表危机"。就是说，企业普遍持有大量金融资产，而这些金融资产是风险定价产品，价格萎缩使得企业部门普遍出现资产萎缩，影响到流动性。事实上，这是制造业普遍走低而金融部门虚高的结果。它将经济社会再次拉回到"大量产出"与"大量购买"的根本冲突上来。就是说，如果不能持续地维系制造业的繁荣，企业利润便难以普遍提高，金融部门的短期扩张更不能扭转颓势，反而会触发整个经济金融体系的崩塌。

似乎经济体系必须维系大量生产，并大量地购买消费，否则便会发生各种危机。这个逻辑所反映的是，企业理性不断扩大产出的动力，进而需要扩张产销率，使整个经济不断地扩张消费，自觉或不自觉地将经济增长等同于产出扩张，这是所谓

"生产力"的标准。

从历史角度看,"大量生产、大量消费"是产业经济时代的特质。表面上大量生产是为了大量消费,事实上是刺激与扩张消费来满足不断增长的产出需求,大量消费以满足大量生产。大量生产不等于购买,即便给予财政金融补贴,大量购买最终还是不能跟上扩张生产的步伐,反而将金融部门脆弱化。大量购买带来的企业利润,进一步转化为金融利润,往往进一步刺激产出扩张。这就将企业的生产理性凌驾在个人的消费理性之上。经济社会中的种种乱象乃至危机便由此而来,甚至被理论化为"周期性"。

大量产出并不等同于大量消费,也难以被大量消费掉。这里面既有收入分配的问题,也存在生产业结构和消费结构之间关系的问题,同时也存在着环境成本、消费者权益还有厂商责任与经济主导权归属的问题。从根本上讲,社会经济体系的发展与稳定是要解决好产出、购买与消费的关系问题。总之,这是企业本位还是个人本位的问题。

消费取决于个人的经济理性,产出取决于企业理性。大量生产并不等于大量购买,大量购买也不等于大量消费。企业利润最大化往往与产出最大化相结合,这便与个人支出适度、消费适度相竞争。根本而言,经济活动取决于个人的消费意愿,而非企业的产出意愿。换言之,个人理性应决定企业理性,而非企业理性塑造个人理性。

说到底，经济发展的根本方向是扩张消费还是满足消费呢？生产商希望不断地扩张消费，如此便可以扩大产出与销售，以确保利润。消费者却不是天然地倾向于扩大消费，更不只是从产出增量方面来满足消费，从存量方面来满足消费更是其首选。

这就涉及两个问题：一是经济体系中大量的存量应用于消费；二是先购买而拥有，后消费的模式必须被打破。事实上，这就是分享经济的两个基本原则：不用即浪费与超越所有权。其根本含义是，经济社会或经济体系中存在着大量闲置的资源如果不被有效地利用，就是经济体系巨大的浪费。在这种状况下，还要生产更多，形成更大的闲置，这是经济扩张的恶果，也使经济、环境等更趋脆弱，经济社会将因此陷入动荡。

五、"大量消费"才能带动经济增长吗

产业经济带来了生产大爆炸，数字网络经济带来了"交易大爆炸"，这就使得经济体系告别了生产与交易之间的历史性的不匹配。但是，这并不意味着"大量生产、大量消费"的模式获得永生。恰恰相反，交易大爆炸不仅推进产出增量的有效交易，也将触发存量的有效交易。从这个意义上说，分享经济获得了历史性的机遇，而增量交易居于支配地位的状况必将被松动乃至瓦解，存量交易将大行其道。

事实上，工业产品的寿命不断被人为缩短，更新迭代更趋频繁，消费时尚不断被拉抬，这些都是在试图维系大量生产与大量消费的旧模式。这个旧模式在企业理性主导下具有强大的扩张性（Expansion），其法律支撑就是所有权，其结果是消费恒定而拥有更多。分享经济在个人理性主导下具有普惠性（Indusion），其交易模式并不是排他性的所有权，而是分时消费，其结果甚至是无须拥有而满足消费。

六、向内收敛，分享经济提高效益

几个世纪以来，产业经济主导整个经济体系乃至经济社会，经济扩张成为主旋律，这种扩张往往是空间维度的，扩张本身带来了危机和萧条，并在事实上严重扭曲了消费。而经济活动在时间维度上的延展却没有相应实现，即拥有带来了闲置与浪费。分享经济是在时间维度上的细化，它使得日趋脆弱的经济体系在空间上不断扩张，进而在时间轴上找到了新的发展方向。简单地说，不断向外扩张的产业经济日趋脆弱，经济数字化后，不断向内收敛的分享经济将极大地提高经济效益。正是从这个意义上说，分享经济是经济社会未来的根本方向所在。

分享经济告诉人们，货币数字化不是简单地服务于生产的扩张，也不是简单地服务于交易的扩大，而是要服务于决策的细化，特别是在时间维度上的细化。换言之，如果仍以生产者或交易者的视角来看待数字货币,那么,就会自觉或不自觉地"跑偏",数字货币是服务于全员、全时、全域的数字化决策活动。

8.6 现钞、现金,与记账货币

一、数字现钞能否替代实体现钞

(一)能像管理机动车一样管理现钞吗

借一双"大数据"的"慧眼",透视社会经济体系中的任何人或物,似乎都像是一辆辆行驶中的机动车。

每一辆装上 GPS 的机动车都可以在系统上看到,所以技术上管理几百万辆机动车或在更大范围管理几亿辆并不是很大的问题,如果想知道某一辆车现在在哪里,通过程序或监控系统能够迅速捕捉、跟踪到它,系统可以锁定它。

现钞是否可以像机动车一样被监管呢?先不考虑这样做有无必要。美国有一位小说家西德尼·谢尔顿,写了一篇短篇小说,讲的是,一枚一美元硬币在不同人手上流转,涉及不同人的命运的故事。在 20 世纪 80 年代,它是一部题材新颖别致的畅销小说。今天,这就成了一个技术性的问题,一个可讨论其实践操作的问题了。追踪每一张现钞在技术上的可能性是存在的,比如在现钞上嵌入 SIM 卡等。虽然在技术上是可行的,但是在经济上成本太过巨大。

（二）数字现钞能否替代实体现钞

现代经济网络覆盖的交易笔次越来越多，频率也越来越高，满足数字经济运行需要的态势十分显著，网络交易与网络支付是常态了。

再看现钞，现钞的特质是什么？两宋时期的纸币有字和号，到后来，银行法币有编码，编码并不复杂，之所谓"冠字号"，类同于每一张纸币的身份证号码。那么，编码是不是现钞最本质的特征呢？它的合法性建立在有防伪技术、有押金押送等，但最本质的技术就是编码。

每一张纸币的冠字号与纸币之间都是一一对应的关系，就是所谓的身份单一性与确定性。但是，这个单一性与确定性对于该纸币的持有者或所有者来讲几乎没有什么意义。为什么？假定有证据表明，该纸币消失了，所有者是否可以向发行单位申领补发一张同样冠字号的纸币呢？即便相关手续费由申请者支付，发行单位也不会作出补发。

在法律上讲，这就是冠字号"特定化"的问题：没有特定化，所有者与持有者与该纸币的关系就不可能"固化"，就是说必须实际占有，不得脱离。如果实现了特定化，那么所有者或持有者就可以脱离纸币实物了。这就好比银行账户中的数字，每1元或每100元并没有特定化，银行账户反映的只是"余额"，没有那些具体的多少个100元或1元，在余额中，不区分此"1元"与彼"1元"。如果给予账户里的货币以现钞一样的身份属性，给出各自的冠字号，那么技术上就可以跟踪每一个一元或一百元的流向或流程。也可以说，它不是地铁列车线路上的车厢或乘客，而是挂有车牌的机动车，可以通过车牌被细化识别与跟踪了。

（三）云时代的货币经济

数字时代有一种特性存在，就是可以追踪到每一张现钞。每张纸币有一个号码，这个号码可以做到永不丢失，总量上也可以确定，有的号可以被消掉，丢掉了可以补上，还可以把一些号停掉。

数字货币通过网络发行的技术条件渐趋具备，大数据的基础设施也完善起来，还有就是货币观念的大变革。网络经济必须进一步扩张，逼近数字货币的网络发行就占有了的图景，现在大致上可以做这样的预想。

我们进入云时代能够看到的是实体货币相对数字货币的萎缩，最主要的就是货币账户的扩张。

现在有一些观念，就是一部分对另外一部分发动的攻击、侵入，很可能是一个时代的根本变化。比如说渔猎时代是小规模，到农业时代是第一次大规模。农业生产是有限的，到工业时代无限制的生产，但交易是有限的，工业时代供给方面得到了彻底的解放，但到数字时代交易本身发生变化，如果经济本身发生了变化，那么货币肯定要跟进作出相应调整。

所以现在一般的说法是，要把实体和虚拟区分开来，特别是要把网络经济当作虚拟经济来看待。看得见、摸得着的东西是实体,看得见、摸不着的东西就不是实体。所以传统货币金融不能够突破无限交易的天花板,大萧条的核心是交易不能得到放大,宏观经济的理论就是有效需求得不到满足,交易受到了限制,供给不受限制。现在看交易的瓶颈已经完全被突破了,但是突破之前需要很多交易,怎么做呢?金融体系制造了很多交易,这一部分是问题。有人称,在蘑菇云中看到了撒旦的脸,那是工业时代的终结。

要不要跟踪每一张现钞呢?也许反洗钱的监管当局认为,这或许是一个"好办法"。但是,更简单的是完全的记账交易或记账支付,一切货币活动都是有迹可循的。本来银行账户体系就可以实现,但是银行账户体系的覆盖是有限的。那么,数字账户体系确是可以实现支付数字化、记账数字化的。

现钞的被替代是一个趋势。实物的现钞,无论纸币还是硬币,都将沦为"历史"。

二、"无现金社会"?

(一)不能片面地理解"现金",将其等同于"货币实物"(或"现钞")

在经济社会中,人们往往将纸币、铸币甚至电子货币等称为"现金";以"现金"支付的交易,被视为"现金交易"。经济社会普遍使用网络支付之后，以纸币、铸币、电子货币等支付的交易大为减少，甚至在许多地方消失了。于是，就出现了所谓的"无现金"交易，甚至提出"无现金社会"。这是将"货币实物"等同于"现金"，将不使用"货币实物"进行支付结算的交易理解为"非现金交易"，将普遍的非货币实物交易的经济体系，称为"无现金社会"，进而认为，没有实物依托的数字货币不是"现金"。简言之，这是"肉眼"带来的偏见，眼睛看得见的是现金，看不见的就不是现金；掏得出来的是现金，不用掏出来的，就不是现金，这便错得离谱了。是否看得见或摸得着，根本不是判定是否是"现金"的标准。

"现金"是一个财务概念，有所谓的现金管理规范。现实经济生活中所谓的"取现""用现""套现""兑现"等，有财务意义上的"现金"含义，但对个人来说，大多指的是"货币实物"，在许多情况下，就是所谓的"现钞"。具体来说，小额的部分往往指的是"零钱"（铸币）或"零钞"（小额纸币），大额的部分指的是"面额"（纸币）。"现钞"与"现金"的差异就在于，前者是实物的概念，后者是财务的概念。金属铸币时代，铸币用"范"来浇铸，近代铸币为硬币替代，就是用机器冲压而不再使用浇铸方式了，造币的效率大为提升，金属币的质量、品相都有极大的改观。"钞"是纸币印刷的金属印版，所以是一个金字旁。古时发行纸币被称为"行钞"，纸币也被称为"钞票"，也有所谓"点钞""用钞"之类的提法。现今，"现钞"

往往指的就是流通中的纸币等货币实物。可见，将"现金"与"现钞"画等号是错误的，认定没有货币实物，便是"无现金"，则更是错得离谱。

经济社会离不开"现金"，不会出现一个"无现金社会"。

依照财务规则，现钞只是现金的一部分，但绝非全部。网络支付可以实现"无现钞交易"乃至"无现钞社会"，但绝不是所谓的"无现金交易"，更非"无现金社会"。从宏观角度看，流通中的现金并不会因为数字货币的出现而消失，反而会得到强化。数字货币没有实物形态，但是它在财务性质上是"现金"。因此，数字货币大行其道，不意味着一个"无现金社会"的到来，它既没有必要，也没有可能消灭"现金"。其他种类的网络支付工具的普遍使用也是如此，可以造就一个无现钞的支付体系，但无法产生一个"无现金"的社会。

现金交易是指成交和结算在同一天内完成的交易方式。现金流量表是三大财务报表之一。现金管理不仅是日常性的财务活动，还是相应的金融业务，更是有关当局的监管内容。银行等类似的金融机构也有着一系列的现金业务。货币政策当局将货币划分为若干个层次，正是从流通中的现金 M0 开始，渐次拉升为 M1、M2 等。诸如此类，不胜枚举。围绕着"现金"，企业、政府、金融机构乃至居民家庭各方面的经济活动，虽然可以越来越广泛而普遍地不再依赖"货币实物"，但也根本离不开"现金"。片面认识导致了错觉，错觉滑向了严重的误解，甚而谬行到"无现金社会"的幻觉。

（二）数字货币是"现金"，货币实物不会彻底消失

大量的移动支付、网络交易等没有"现金实物"的交易活动，在财务上往往正是所谓的"现金交易"。一系列的交易凭证和交易指令，都是直接或间接归于现金结算流程的。交易者看不到货币实物，甚至看不到现金实物，但是这依然是"现金交易"。广泛而普遍的记账交易并不等同于"非现金交易"，更非"无现金交易"。

经济社会越来越广泛使用的各种数字网络支付工具，在使用中不仅作为现金的凭证或现金交易的记账指令，其来源更不是凭空产生的。那些准数字货币或未来的法定数字货币往往直接或间接地来自对既有现金的"兑换"，法定数字货币自身的货币属性依然是"现金"。未来，经济社会的确远离了货币实物，数字货币等大行其道。但是，这只是经济社会逐渐放弃了货币现钞而已，流通中的货币，其现金属性没有发生根本的变化，只是从物理形态转换为数字形态而已。

数字经济需要数字货币，而数字货币是现金的"发扬"，并非现金的"消亡"。就此而论，网络数字技术为经济社会带来的正是"现金"的数字化，而非造就"无现金社会"。央行发行数字货币将带来更为有效的货币政策运行机制，流通中的现金将更趋于有效与活跃；金融机构的现金业务将更为有效、发达与成

熟,而非趋于减少甚至消失;财务活动中数字化的"现金"将更趋积极、精确、有效益,根本无法减少使用,更无从消亡。可以说,数字经济与数字货币带来的正是一个数字现金大行其道与更一上层楼的全新时代,绝非现金减少或消亡的"无现金"末路。

货币历史表明,新旧货币形态之间的兴替转换是结构性的,旧形态货币依然有所保留,并不会彻底消失,这一连续性或继承性往往是必要的,甚至是必须的。因此,数字货币滥觞于数字经济时代,货币实物并不会消失,仍然在经济社会中存续下来,以确保货币体系的连续性及稳健性。

总之,无视"现金"的财务属性,将其矮化为"货币实物",派生出"无现金社会"的错误概念,这些无益于货币理念的正确认识,甚至紊乱了社会认知,不利于货币形态的进步与发展。

三、信用、协议、价值,与记账

(一)信用,应该是一个普遍协议下的产物

一根棍子的两端:一端是很重要的普遍性的协议,另一端可能是最远端的个人或者比个人还小的部分。这根棍子在旧时代是直的,也就是说这个协议的一端和另一端的部分是不可能连在一起的,要把它掰弯了,这个普遍的协议和它末端的个人才会合在一起,合在一起从法律上来讲比较简单,签署这个协议的人足够多了就可以合在一起了。但是这还是不可能的,足

够多的人都要签署一个普遍的协议在技术上或许达不到，但区块链可以解决这个问题，所以谈一个信用问题要先把这个事实摆出来，这是普遍协议下的产物。

中国人说"立德、立功、立言"。"立言"就是"言而有信"，答应过的事就要做到。跟谁答应？老百姓说"人在做天在看"，好像这个协议是人跟天订。

"诚信"，概念上来自西方契约的状态，这个契约来自犹太教的一神教，大家只信一个神，跟神立约就形成了这个契约。美元纸钞上印有"In God We Trust"（在神面前，我们立信）。在我国，有先王制币说。王也好，上帝也好，就是做基础协议的，有大的宗教信仰的背景，大家才有普遍的契约在；或者说有一个强大的政权，才可以有普遍的契约在。有普遍的约定在，由此往下逐步出现我们所说的信用问题，一个信用发生大致涉及三个层次。

第一个是法律的规则。第二个层次是商业上的惯例，发生的信用什么情况下要用信用去解决。第三个层次是财务上的规范。这些东西还得服务于财务上的运转，财务上有账期、科目一系列的安排，这是我们熟悉的信用时代。它的协议最基本的还是法律上的条款，逐步构成一个协议现实的体系。

（二）电子货币与数字货币同为记账货币，两者有什么区别

电子货币俗称电子卡片，有接触式和非接触式两种。电子

货币有两种，储值的和非储值的，发行者以银行为主但不限于银行。一般来说，银行发行的电子货币就是所谓的"银行卡"，分为贷记卡和借记卡两种。电子货币是记账货币，大体而言，记账时间与交易是同步的，但也可能存在一定的时间差，在交易方的出账和入账方面会不同于交易记账时间。具体来说，使用电子货币交易时，记账当即发生，但是资金的出账和入账时间往往是银行后台来安排的，会有一个时滞。决定时滞的有两个因素：一个是技术上的原因，另一个是财务上的账期。一般来说，技术上的时滞大大缩短了，只是不同的界面所反映的信息会有时间差。财务上的记账信息往往是由后台处理的流程安排决定的，但是大多影响不到交易本身。

使用电子货币——银行卡时，往往称之为"刷卡"。这是因为，最初的银行卡并没有实现实时或全时的电子化。具体来说，在飞机航行中，不具备信号传输的条件时，就得使用POS机，就是单据复写，卡片凸起的号码被复写在三联单上，作为记账依据，但是出账及入账需要后续完成。电子货币极大地缩短了交易前台与结算后台的时间间隔，但是并没有完全消除。

而数字货币是"点对点"的账户间同步记账，无须前中后台的时间间隔，出账和入账同步发生，记账是出账和入账的结果，而非原因。换言之，使用数字货币支付结算，并不存在一个账户之外的记账中心，更没有一个划账中心。甚至是支付即完成结算,根本没有类似于电子货币那种"前台交易、后台结算"的流程。可以说,出账、入账和记账在时间上是一致的,是同时发生而无时间间隔的,要打上一个统一的"时间戳"。

将数字货币类比为电子货币,也是肉眼犯的错误:似乎掏出手机来结账,同银行卡支付,都没有出现所谓的"现钞"或"现金",两者又都存在一个网络支持,就认为是一回事。事实上,有没有后台、记账中心与出入账的另行安排,这些才是根本的区别,而这些都是交易时交易者肉眼所看不到的,但是它们确实存在,并决定两类货币的不同使用流程和性质。

(三)数字货币流转时是否价值传递和货币传递同时实现

数字货币只是反映为数字货币账户间的记账活动,并没有传递所谓的"价值"。

交易并不意味着实物的流转,也并不意味着一定有所谓的实物对象。如果没有所谓的实物流转或实物对象,价值或价值流转就是一种超脱于实物的"价值",问题是超脱实物的价值,本身还需要一个"传递"性质的安排吗?在账户活动中,最主要的就是记账活动,记了账,该发生的都已经发生。那么,与此同时是不是还发生了"别的"?如果没有"别的"什么同时发生,那么"记账"本身是否等同于"传递价值"呢?

问题是,记账是不是传递了价值,影响不到记账本身。如果去"追认",认为"记账等同于价值传递",那么"赊账"类记账，是不是一种价值传递？如果记账等同于价值传递，那么"应收账款"和"应付账款"各自传递了哪种价值？显然，并非所有记账活动都构成所谓的"价值传递"。究竟哪种记账活动构成了"价值传递"？"付款"不就是"价值传递"吗？支付本身不就是价值传递吗？财务上，用应收账款同样可以作付款安排。这在法律上视同债权转移。当然，同一种记账活动，能不能将所谓的价值传递出去，还取决于一系列事实上的状况与条件，并没有必然性。因此，将记账等同于价值传递，是一种错误的认识。

如果记账活动并不意味着一定能够"传递价值"，那么通过网络数字记账活动，也不一定能够传递所谓的"价值"。可是，究竟什么才是所谓的"价值"呢？

"刻舟求剑"是一个耳熟能详的成语，"刻舟"等同于记账活动，你可以记下来，从船上哪里掉下剑，也可以记下来从哪里捞上了剑。这条船就是一个记账体系，掉下去剑还是捞上来剑是记账活动的依据，不是反过来，刻了舟，记了账，就可以得到剑或失去剑。记账活动反映了价值传递，不能颠倒过来说，记账本身传递了价值。与刻舟求剑相似，还有一个成语典故，叫作"守株待兔"。有了数字货币账户和数字货币，就像是有了若干株树一样，坚信"价值"就像是活脱脱的兔子，会跑过来，撞到树上去。

信息能不能传递价值？这本身就是一个伪命题，因为信息本身就具备价值。信息本身并不对传递造成困扰，信息传递机制本身也无从分辨价值的大小或优劣。通过信息传输能不能传递价值？这根本不是一个科学问题，在科学上它就是一个彻头彻尾的伪命题。

货币流转是否意味着价值传递？在逻辑上，这取决于货币本身是否具有价值。如果认为数字货币有价值，数字货币带来价值传递，在逻辑上是通的；如果认为数字货币只是记账工具或记账标准，那么数字货币就无法带来价值传递，而只是在记账而已。那么，数字货币自身有没有价值呢？这本身是一个如何给予外在"解释"的问题，属于近乎货币哲学的思考了。

8.7 比特币——正在成为灰犀牛吗

> 比特币价格持续走高，价格突破了5万美元，更逼近6万美元的门槛，总市值超过1万亿美元，它是否正在成为一头"灰犀牛"？

一、比特币的资产结构，更应受到关注，而非价格走势

比特币是数字资产，没有类似于股票或大宗商品之类的基本面可供分析。其价格从几美分到几万美元，哪个水平是"合理"的？

仅基于交易价格来讨论比特币的市场价值、地位甚或其走势，不仅片面，而且没有实际意义。把资产价格飙高解释为资产泡沫或虚拟性质，同借着价格飙升而大谈特谈其未来价值甚或信仰取向一样，这些说法本身就是某种"泡沫"。

从 2020 年交易市场整体表现来看，比特币呈现出高换手、高波动率的特征，可说明比特币市场正从散户和大户市场转向机构市场的过渡阶段特征，也说明这个市场还远未成熟。从比特币的持有结构和交易结构来看，其距离较为充分与成熟的交易还差得很远。

作为资产，比特币市场价格是由边际交易价格来标示的。边际交易价格飙升，往往被直接解读为比特币资产总量的价值飙升。如果比特币大多为机构而非个人所持有的话，持有机构的账面资产将因市场交易的价格上涨而大涨，从而提高整个经济体系的流动性，比特币对经济体系的影响就会急速放大。

只有大量的机构投资者买进比特币，那些巨额持有者才会选择有序减持套现。简言之，比特币的价格最终是由巨额持有者的持有存量决定的，并非由现实的边际交易量所决定的。没有足够买盘，就无法唤醒巨量的卖盘。正是因为现实交易量并不大，即便价格不断出现新高，存量盘还是耐心满满。

比特币总市值突破 1 万亿美元，无疑激起了市场的投资热情,但还不等于满满的市场信心。换言之,这只会诱使少部分的存量抛出套现,不会明显改变持有结构与交易结构。

二、比特币究竟能"搅动"多少银行货币

比特币仿佛是一个巨大的"冰盖",需要一定的"暖流"才能使其完全融化并流通。所谓的"冰盖",是指巨额的比特币存量盘;所谓的"暖",是指交易价格的攀高;所谓的"流",是指银行法币的买盘。起决定作用的是以银行货币支付的买盘量。买盘够大,存量盘才会渐次套现;价格够高,买盘才会维持住。比特币交易本是一个买方市场,但是,卖方的"耐心"或"团结"才是一个值得玩味与研究的现象。

一定是受到某种共同因素的作用,才使得巨量持有者之间自觉不自觉地保持着"默契"。根本来说,他们缺乏足够的变现能力,或许存在套现的风险。因此,即便价格一路攀高,也没出现争相套现离场的局面。在市场交易结构方面,既有的比特币交易体系也更倾向于维系住高频、高换手率、高波动率,而又有限容量的交易局面,因为市场的急速扩容交易往往意味着相应的回缩。

如今,没有任何一个资产市场呈现出类似比特币市场交易的状况,没有任何一个资产交易市场经历了如此剧烈的价格波动和飙升而不出现市场危机。换言之,比特币资产交易危机只

能出现在一个方向上，就是巨额存量的抛盘套现，一旦出现，根本不会有充足的银行货币接盘。

然而，当价格不断走高，抛压就会持续强化，特别是机构持有者增多后，其将放大高频交易量，增加波动性，这无疑增加了交易市场的脆弱性。缓解这种脆弱性的有效途径在于扩大比特币的支付功能，诸如用比特币购买特斯拉，以及联通信用卡消费支出等。然而，这只是缓解，起到了部分分流的作用，并非在源头上有效地加以克服。如果考虑到比特币因价格高企而出现的拆细安排，情况恐将更为复杂。

三、比特币是否正在成为一头灰犀牛

如果比特币的巨额存量主体作为永冻冰而不融化的话，那么，边际交易价格高企或剧烈波动所能带来的危机损失是局部的，甚或对整个经济体系而言是微不足道的；如果巨额存量不再是永冻冰，而不断融化、拆细，蔓延与渗透开来，或许迎合了一些中央银行放水扩张的政策暖流，虽不致即刻掀起巨浪，但无疑深化了未来的金融动荡。

美国经济学家多恩布什在形容1994年的墨西哥经济危机时说道："经济危机比你想象中要花更长时间才会到来，然而一旦到来，发生的速度比你想象中快得多。"

说到底，比特币是否正在成为一头灰犀牛？比特币巨额存量套现对于整个社会经济体系的影响,并非比特币自身存在什么特别的缺憾。正如郁金香一样,春夏花开似海,年年鲜艳欲滴,它可用不着去理会荷兰人是否愁容满面抑或欢欣鼓舞。

四、过剩美元浪潮下的比特币

自 2020 年 3 月美联储开启无限制放水的美元政策,到 2021 年 2 月底刚刚通过的 1.9 万亿美元的白宫财政纾困案,据估算约有 60% 过剩美元洪水般地溢出,扩向全球各地……新冠肺炎疫情使全球经济进入过剩美元时代。

在美国国内,有了财政补恤金等闲钱,散户们汇聚社交平台,血洗华尔街资本大鳄;投资客开始购入房产,拉抬房价;虽然不少经济学家与官员们强抑对通胀的焦虑,甚或着力吹捧早已虚高的美股及美债,但是长期的市场利率还是不断攀升。据哈佛大学经济学家萨默斯认为,通胀预期明显变化的风险达到了 20 世纪 70 年代以来的最高水平,极可能由此触发美元的无序下跌。美股、美债也不由得忐忑起来。

刚刚掠过万亿美元总值的比特币,到底能够吸纳多少过剩美元呢?

与未交易的存量盘相比较,比特币的市场交易规模还是太小了,从交易参与范围来看,其交易结构也不够广泛,特别是机构持有的比例过低,甚或因为法律等诸种原因,只得以个人名义持有并交易，这就有不少潜在的法律风险等。与交易结构相较，存量盘的持有人结构更成问题，持有份额严重倾向大户，这就造成边际交易价格的市场作用力有限。换言之，巨额存量盘的交易需求是处于长期而严重的抑制状态下的。

作为数字资产，比特币像一块巨大而无法完全湿透的海绵，表层水已吸满，不时挤出多余的水分，内里是巨大的没有水分的部分。"水"即是银行货币，完全"干"的部分就是巨量没有经过银行货币交易的部分。后者只是作为资产存量"存"在那里，没有发挥任何经济作用。如果这个部分可以托管给银行机构，并在此基础上做有效的抵押，或置换出银行货币，那么，就绕开了货币交易，而直接影响到银行货币的流动性。同样，如果联通信用卡等使得相关比特币能够通过信用卡还款等而进入消费诸流通领域，克服所谓"币币交易"的局限性；如果监管当局与银行机构体系主动作出相应的积极安排，那么，比特币将不再只是作为纯粹的数字资产交易，其所带来的财富效应也不再是脆弱的。

除了以银行货币或者法币所反映的比特币的资产价格或价值外，比特币的价值论说还只是停留在意识形态化上。换言之，该部分不能通过银行货币所体现出的比特币价值，是空洞无物的。然而，这并没有动摇相当部分比特币持有者选择套现离场。持有比特币的动机是复杂的，特别是在现实需求基本局限在资产交易的情况下。简单来说，比特币持有者，一部分选择只要时机合适，就会套现离场，另一部分则选择作为资产而永恒持有。大多数兼而有之，通过结构性持有或交易，随时作出调整。对于大量的比特币持有者而言，并不存在选择困难，毕竟其中高价购入者是少数派。

要么持有比特币资产，要么持有银行货币，之外的第三种选择，即有限的流通，并没有完全打开。值此，比特币也走过了低价阶段，又遭逢过剩美元的浪潮袭来，比特币到底能吸纳多少过剩美元？

应当说，如果比特币能够敞口吸纳足量的过剩美元，似乎没有谁会反对，且对于全球经济体系而言，也不失为一大幸事。问题是，以现有的比特币持有结构和交易结构来看，根本做不到。大量吸纳过剩美元，必将引发抛售套现潮，进而促发比特币价格崩塌。所吸纳的大量过剩美元将主要来自机构，而机构不是个人，更不会选择长期持有，必将不时地套现或再购回，将放大市场波动。资产价值长期处于空洞言说的阶段，其现价必然趋于过度波动，而成为投机交易的对象。

即便是"进两步退一步"的价格攀升，其退一步也足以令人胆寒。应当说，过剩美元只会加剧比特币市场剧烈而高频的动荡。如果不能长期稳定地吸纳新的投资者买入并持有比特币，那么其价格下行是必然的。比特币能够站稳5万美元的高点，说明其吸纳过剩美元的峰值已经出现，个人投资者蜂拥加持购买比特币的高潮将不会重现。当然，这不影响比特币交易的高频换手率，其市场活跃仍将持续。

值得关注的是，美股 Coinbase 等的上市或将带来一个千亿美元级别的市场份额。那些转移到机构手中的过剩美元，或将为其分流走相当部分，其交易价格波动的幅度和品度也将与比特币交易大相径庭，对于持有机构的资产负债表而言，数字资产或数字交易等概念股票的价格波动所带来的影响或冲击，是传统股市交易范畴，所为投资熟悉且易于理解甚或可有效管控的。

比特币能吸纳多少过剩美元？这个问题牵扯数字资产和银行资产之间的结构与平衡关系。从个人视角来看，在银行货币与数字资产之间，终归需要谁？又有多少需要？答案反映在比特币的持有结构与交易结构上，且在不断调整中。

值此，过剩美元只是带来了比特币新一波的行情调整而已。

8.8 数字货币应摒弃铸币思维

> 数字货币将形成普遍而有效的数字化记账关系，从而将无穷多的经济主体乃至对象数网化连接在一起。铸币思维的本质是意图脱离账户的存在，既不关心普遍的记账活动，也不以支持数字决策活动为首要。
>
> 货币本质上是经济关系的量化体现。社会经济形态发生了变化，货币也将作出相应的调整。

一、铸币时代的货币属性以及银行时代的货币立场

这种经济关系往往主要体现在财富上。由此,货币作为财富的代表甚或财富本身,就慢慢地习以为常了。这样一种观念发展到政治经济学时代,就成了货币价值说,这就是铸币思维的代表。

重商主义主张金银是财富。之后兴起的重农主义则不以为然,其代表魁奈则不纠缠于财富是什么的问题,而提出财富来源问题,主张财富来源于土地。这个"来源"问题,到了政治经济学时代,就抽象为"价值学说",货币价值说也便由此产生。"价值"是物化的,还是劳动的?是客观的,还是主观的?这些问题尚待进一步厘清。而在货币问题上,则毫无异议地坚守着所谓"金银天然不是货币,而货币天然是金银"的信条。这便是铸币时代的货币观。

"货币价值说"很快就被"货币数量说"取代了。中央银行与商业银行体系"创造"出足够多的货币,这一"创造"出来的"价值",只是银行账目上的"数字"而已。铸币还是保留了下来,但已经日益被边缘化了。在实践中,"数量说"保留了与"价值说"一定的继承关系,仍以贵金属为"根",在银行保持兑换贵金属的窗口。之后这个"窗口"也被关闭了,只是央行"承诺"遵守不"滥造"的"纪律"。最后这个"纪律"也不复存在

了，大量的中央银行开始奉行所谓的"泰勒规则"*——每年2%的"货币注水"。如今，以美联储为首，各大中央银行都开始尝试"大放水"，以提振货币经济。可见，"数量说"终究不会故步自封，而将打破自我。这便是银行时代的货币立场。

二、货币数字化不在于"复辟"铸币，而在于账户货币的升华

货币形态在货币史上的反复成为一个"常态"，货币复辟的实例也不在少数。以北美殖民地为例，伴随殖民经济的发展，当地的铸币出现了短缺，宗主国限制向殖民地输入铸币，且立法限制殖民地发行纸币，造成了流通中实物货币的大量出现，如烟草、海狸皮、贝壳等都曾充当货币。

美国里根政府时期，有人建议白宫奉行回归金本位的策略。此举因其将强化苏联及南非等产金大国的货币权能，而遭白宫摒弃。现而今，复辟金本位的声音还在，不过越来越微弱了。事实上，货币是向前演进还是向后复归，是由货币经济的现实需求决定的，不能有意识形态化的"偏执"。

"现代货币就是账户货币。"凯恩斯在其名著《货币论》中

---

* 最常用的简单货币政策规则之一。泰勒认为，保持实际短期利率稳定和中性政策立场，当产出缺口为正（负）和通胀缺口超过（低于）目标值时，应提高（降低）名义利率。

开宗明义地指出了这一点。货币关系在本质上是一种账户关系，账户余额是否需要经常性地脱离账户？脱离后，以何种物理形态——是金银贵金属还是合金硬币，抑或是纸钞——流转或"窖藏"，已经不再重要了。这种需求总体上呈萎缩之势，另外，脱离银行账户的现钞或硬币只是短暂的离开而已。事实上，还将迅速地流回银行账户，除非银行机构本身要对其实施收费等限制。也就是说，银行时代已经没有铸币时代意义上的铸币了。事实上，铸币正在全球范围内退出流通，尤其是小额铸币。

数字货币兴起，许多支持者以政治经济学时代的"价值说"为思想基础，进而以此诟病"数量说"，否定货币的权威性。以铸币思维解读、捆绑货币的数字化，务数字货币之虚，在实践活动及政策主张上，行铸币"复辟"之实。这是逆货币历史潮流而动，逆数字经济需求而行。

须明确的是，如果货币经济不出现全面的崩塌，经济社会是不可能选择复辟铸币的。即便崩塌，铸币也未必是最佳选项。虽然铸币有着一系列的"美德"，甚或高贵的"品质"，但其终归是一个中世纪或前现代的货币形态。虽然现代经济社会仍旧保留着铸币的影子，且没有完全消除，冀望借助于数字技术手段，复兴铸币的企图也是一种"刻舟求剑"式的徒劳。何况现实中，数字支付正在榨干乃至切掉硬币及现钞的影子，即便实际仍将在体制安排上有所保留。

货币数字化是（银行）账户货币的"再提升"，是数字账户具有支持决策活动的功能。

银行货币是账户货币,但是银行体系的服务确是物理形态的。银行网点的覆盖及营业服务时间的覆盖都有着天然的约束。银行业的成本约束和技术约束虽然造就了货币史上最大的货币体系,但仍然不能做到全员、全时、无差别的业务覆盖。从一定意义上说,银行体系的服务效率也是存在技术与财务上的约束,而难以有更大的突破。银行体系对整个货币经济的支配或垄断地位越来越强化,创造了过多的银行货币,但是,自身及其货币的局限性也越来越突出,且不断爆发银行机构乃至金融体系的危机。应当说,银行货币已经步入平滑期或衰落期。

即便如此,银行账户体系的功能逻辑还是不能否定的,但需要造就较银行账户体系更有效能的账户体系。另外,银行货币也不会伴随新货币形态的出现而骤然消失,仍然要承袭货币的历史继承性。

数字货币对银行货币的再提升,关键在于数字账户具有决策功能,而银行账户则不具备决策性,只是以支付功能为基础的账户功能体系。我们常说的数字货币"场景"问题,就是所谓的数字货币账户体系所应支持的"决策活动体系"。

经济数字化的本质是决策活动的数字化,也就是说,远程在线的数字决策或将成为经济决策活动的主要样式。决策的数字化要求支付活动的数字化,进而要求决策账户与支付账户的功能复合在一起,成为数字货币账户体系。

这个提升是本质性的，是银行账户体系所无法完成的任务。也正是从这个意义上说，银行机构在推进货币乃至支付数字化问题上，不在于其技术上的引进与创新性，而在于其功能结构上的先天局限，也就是说，货币数字化必然要寻求在银行账户体系之外获得突破。

三、加密资产成为数字货币，存在难以克服的短板

加密资产有其数字账户体系，并创立了属于自身的计量安排。这似乎已经非常接近货币形态了，具体来说，即"铸币"形态。于是，相当多的加密资产货币化的支持者，便以铸币思维为基础，主张货币数字化的加密资产路线，进而排斥乃至攻击其他数字货币主张，其理论主要有两个：第一，总量的固定性；第二，去中心化的安排。这两个主张是站不住脚的，或者说，其论述基础是已经被抛弃的铸币学说的牙慧。

首先，加密资产货币化的主张，反对货币垄断，而支持货币竞争，那么加密货币的长期竞争性拓展是常态，不断涌现的加密货币，虽然有所谓优胜劣汰，但是加密货币总量不是固定的。加密货币主张者，并不是彻底的总量控制主张者。如果说某一甚或各个加密货币自身的总量是确定的，也不等于加总的总量是确定的，且各个加密资产一旦取得优势地位，就将倾向于根据"需要"而拆分细化，其局部总量固定也是不存在的。

所谓"总量固定说",是"货币数量说"的一种理论上的假定,不具备现实可能性。即便是"价值说",也从未把货币基础确立在固定量上。从货币经济发展的经验事实上看,固定货币总量固然有其优势,但是其劣势也是明显的,否则也不会有货币创造下的"数量说"。总量固定说本质上要实现的是总量的可控性,加密资产事实上也没能提供这种可控性。

其次,去中心化的安排。没有绝对意义的去中心化,英文原意也是"弱中心化"。现实中,数字资产与数字货币的尝试往往是一个多中心化的样态。多中心化与弱中心化究竟是一个什么样的关系,还有待进一步观察。货币的计价功能是"中心化"的,记账单位也是"中心化"的,只是在支付环节可以根据需要而多样化。因此,货币的去中心化,其实践意义就在于发行环节的多中心。在货币史上,铸币货币发行事实上是多中心的,维持名义上的中心化而已,及至账户货币的银行时代,中心化就是常态了。多中心货币发行,在流通总量上是不确定的,在时间先后次序上也存在许多状况。去中心化的主张,事实上并没有提供一个明确的货币主张。

加密资产货币化的两个主张如上,其有两个短板。一是在支付上效率低下,不能满足数字决策后的支付安排需要;二是因其资产属性。由于自身价格的波动性,严重影响到计价功能和记账单位的稳定性。其致命的缺陷是,不支持决策活动的数字化,缺乏必要的场景支持。因此,即便在包容性监管的环境中，它也没能迅速成长起来。

一些意见认为，加密资产的法币价格上涨过快，证明了其货币功能属性，这是缺乏基本逻辑的。因为价格波动恰恰是其货币功能的缺陷，并且加密资产在价格波动中往往是被动接受外部货币环境变化的一种应激反应，并非其功能稳定与强大的标志。在货币史上，作为货币，既不会选择价格高企的资产作为货币，更不会选择价格被动波动的资产。

货币是经济关系的量化体现。现代货币关系是复杂的账户安排下的产物，数字账户体系将更优于银行账户体系，能够做到近乎全员、全时、全额、实时的记账安排，并能够绑定数字决策活动。这就要求我们，从认识到实践，都要努力摆脱陈腐的铸币思维，抛弃货币的"价值说"，并对"数量说"作出有效的修正。

第九章 货币数字化的进程

9.1 阶段——数字支付、数字法币与数字财政

据统计，2020 年中国移动支付总额为 350 万亿元。受新冠肺炎疫情影响，同比增速 4%，增速有所下滑。如果加上在线的个人数字支付，毫无疑问，个人端的数字支付是中国数字支付体系中最具生命力的部分，预示着中国数字支付的基本走向——数字经济的未来。个人端的数字支付成为中国数字支付的第一个增长极。

然而，个人端支付的数字化，乃至居民家庭部门支付的数字化，并不意味着企业部门和政府部门支付的数字化，也难以假设中国数字支付能够从居民家庭部门自然且有力地延伸到企业部门和政府部门。个人端的数字支付是依托支付宝、微信支付等网络账户体系实现的，银行账户体系则处于辅助地位。而就企业部门和政府部门而言，其财务运行完全基于银行账户体

系，数字支付则相对而言极为不足。这就表明，从个人端居民家庭部门到企业端或企业部门，再到政府部门，需要有决定性的力量来"推进"中国数字支付第二个增长极。

没有数字支付从居民家庭部门延展到企业部门和政府部门，就谈不上整体经济的支付数字化，更无所谓数字经济可言。如何实现中国数字支付的第二个增长极？答案在于，发行与运行数字法币。唯有如此，才能形成不可逆转的数字支付的迅猛发展态势，成就数字经济的坚实货币基础，全面打开数字经济（对公与对私）场景，实现数字经济从支付到数字法币，再到数字财政的"三级跳"。

一、数字支付：从私人数字支付到法定数字支付

现有的数字支付主要是由网络公司而非银行机构提供的，其法律地位正在不断修正与完善中。举例来说，微信红包或支付宝中的数字究竟是什么？是否属于个人资产、家庭资产、婚姻财产、应税收入乃至可继承的遗产等？相应的个人处分权能如何？是否存在税法上的代扣代缴、司法裁决上的有关执行？这些问题依然局限在个人资产或财富的范畴，并未演化为企业或机构的资产问题。在我国，个人资产在财务上并未实现报表化处理，其法律权能或问题似乎并不鲜明，尚处于灰色状态或模糊时期。大量个人数字账户内的数字支持着大量的数字支付

活动，这些私人数字支付的法律性质及财务性质有待进一步厘清与确认。

同时，巨量的私人支付活动事实上是在银行账户体系之外展开的，对金融监管当局及货币政策当局而言，这既是巨大的挑战，也是莫大的压力。银行支付与私人数字支付的二元化源于账户体系的二元化，这就同监管与货币政策一元化的格局形成了根本性的冲突。因此，强化对私人支付的监管就成为必然。

更重要的是，要实现从私人数字支付到法定数字支付的跳跃，必须发行与运行法定数字货币，或称之为数字法币。只有数字法币才能开掘出数字支付的对公场景，使企业部门和政府部门得以在既有的银行账户体系之外运行数字账户，获得与个人数字支付同等的效能。居民家庭部门、企业部门、政府部门都拥有银行账户体系和数字法币账户体系二元化的账户体系，监管和货币政策的推行才能实现均衡化。

二、数字法币：从私人数字资产到法定数字资产

当前，个人数字支付无须账目化处理，企业部门或政府部门的支付活动必须账目化处理。数字法币的发行与运行，使得企业部门和政府部门的数字支付账目化，就是说开立既有银行账户体系之外的数字账户体系。如此，企业或政府部门便拥有了数字法币类的数字资产，使该数字资产进入其财务报表。

短期内，数字法币类同于其所拥有的现金类资产；长期来看，数字法币将拥有与其相适应的会计科目和财务规则。这预示着，社会经济体系的数字支付活动在一个共同的财务与法律规范中运行，广泛而高频的数字支付得以上升为普遍而可靠的账目关系、财务关系乃至法律关系，如此，数字支付对数字经济的基础性支持作用才得以显现。

由此，数字法币也将促使各种类型的数字资产渐渐获得财务归属和法律依据。银行货币与数字资产之间复杂动荡的不稳定关系，也将变为与数字法币之间相对稳定、更为明确的关系。大量数字资产的交易活动也将得到财务规范与法律规范的保障，监管也将更趋于稳固。没有财务与账目基础的数字资产，也难有法律意义上的数字资产；进而，没有完整意义上的数字资产，更谈不上完整意义上的数字经济。

在这个意义上，数字支付是数字经济的基础，而数字资产才是数字经济的轴心。数字经济并非仅是经济运行或经济活动的数字化，更是社会经济财富的数字化。数字资产是继实体资产、权益资产之后新生形态的资产，其将成为数字经济体系中权益性资产活动的重心。

三、数字财政：财政收支的数字化

货币演进的历史表明，新的货币形态的出现往往要经过两个必要的环节：一是小额交易的普遍应用，二是财政收支的法定采用。特别是财政收支的法律认可往往成为新的货币形态最终确立的根本标志。在我国，数字支付起步于广泛地运用小额支付，但从数字支付到数字货币，还需要一个财政认可的核心环节。数字法币的发行将从根本上完成这一步骤，然后逐渐实现财政收支的数字化。现有财政收支以银行账户体系为主轴，收支也以银行货币为依托。数字法币发行后，财政收支将发生二元化的变革，部分财政收支依然采用银行货币，新增部分或将渐次采用数字法币。这将改变大量私人数字支付所支持的大量数字经济活动，特别是针对避税、免税的现实状况。政府部门的财政收入部分数字化，其支出部分也将渐次数字化。

财政收支的数字化将最终促使政府部门、企业部门和居民家庭部门的资产负债表数字化，从而突破既有的账期约束，使得整个经济体系的时间维度得以更新，突破以日为单位、隔夜记账入账的旧有模式。数字支付的时间唯一性将使整个经济体系中的时间刻度或度量更趋精确、合理，数字经济的质与量均将得到保障。更为重要的是，财政收支的数字化将彻底开放数字支付、数字货币乃至数字经济的对公场景，使经济社会的所有成员或主体不可避免地加入数字经济的浪潮。这一方面扩张了数字法币的需求，另一方面也实现了数字法币的闭环，从而将数字经济与货币经济更为紧密融洽地结合在一起。正是从这个意义上说，数字经济也就是数字货币经济。

从数字支付到数字法币，再到财政收支的数字化，不难看到中国数字经济发展总进程：当前正待从数字支付跃升到数字法币；不远的将来，将实现从数字法币向数字财政的跃升；进而，数字法币必将推进数字债券的发行与运转，数字金融亦将由此而大兴；未来，法定数字资产与私人数字资产将共同刷新社会经济体系的财富结构，进一步促进数字经济的繁荣与发展。

9.2 供需

网络数字世界为现实的经济社会提供了纯粹的数理环境，数字货币恰恰从此诞生了，货币自身演变的规律为我们提供了探究数字货币独特的视角——解读数字货币。

现代货币体系的稳健运行需有三项基本保障：控制货币供给、反洗钱、打击伪钞。完成三大保障耗费了巨大的资源，付出了巨额成本或代价。然而，这一货币体系并不完美——货币运行中的隐患始终存在，货币犯罪依然猖獗，货币危机乃至金融危机也时有发生。那么，完美的、理想的货币图景又是什么样子？这里列举但不限于以下四项标准：每一货币、任一账户都不会出现纰漏，不会发生任何违规；没有监管活动与监管者，也没有欺诈与隐瞒的发生；货币总量是确定且充分的，不需要也不存在"货币创造"；不需要总量调控，更不存在调控者。如此"完美"，似是痴人说梦。然而，这个"完美"的货币图景，存在着数学意义上的解决方案,在纯粹的数理环境下,这一理想能够实现。问题是,经济社会的现实环境与所谓的"纯粹数理环境"又相距多远呢?

网络数字世界为现实的经济社会提供了一个纯粹数理环境,数字货币恰恰由此诞生,且具备前述四项标准。解读数字货币的途径,从货币自身演进的视角来说,我认为主要有五个方面:数字货币具有不可变更的身份属性;数字货币不能脱离账户而存在;数字货币的支付与记账完成;数字货币的供给基于货币共识,即"基础协议";货币数字的需求与政府部门。

数字货币的身份属性是每一数字货币永久绑定一组"身份编码",数字货币依靠编码来给予每一货币独立而唯一的身份标识,以牢固确定其身份属性。形象地说,数字货币一诞生就有了一组终生不变的"身份证号码"。

众所周知,每一张纸钞都是有编码的,发行者用编码来管理货币发行,有关部门通过监察纸钞编码来查证伪钞或其他犯罪线索。可以说,纸钞是有明确的身份标识的,一钞一号,这就是其"身份性"。现实中通过号码防伪的成本太高,更难以杜绝盗号,因此,发行者被迫求助于身份之外的一系列防伪技术识别手段来确保"真实性"。可以说,运行中的纸钞"真实性"与"身份性"分离了,且"真实性"超过了"身份性",出现了身份的混同。

通过密码编写,任一数字货币获得一组编码。在数字网络环境中，数字货币本身就是其身份识别编码，密码编写依循其规律。密码编写完成，意味着一定数量组的数字货币发生了。

数字货币重拾每一货币的身份性，将身份识别作为唯一准则。从这一点看，数字货币与纸钞并无本质不同，都是一组编码，且数字货币的存在与流转完全依靠其身份编码，始终不会发生身份混同。

数字货币的账户属性是数字货币绑定在某一账户内，密码编写完成了，就好比造就了一个密码锁。这个密码锁有确定数量的若干个解，每个解就是一个数字货币。这就需要按照一定的程序去找出这些解。例如，比特币的"挖矿"，就是在求解开锁，每找到一个解（即比特币），就存入挖矿者的账户内；同时，向所有的账户"宣告"并得到确认，该比特币已属于该账户所有。这就是说，数字货币的身份属性与账户属性自始至终就是绑定在一起的。

账户所有人通过密钥来开启该账户，如果忘记了，也就丢了钥匙，打不开账户，无法动用账户内的数字货币了，但这并不意味着账户内的数字货币消失。只有同一数字货币系统内的账户才能接收本系统发行的数字货币，数字货币无法脱离其自身系统的账户体系而存在。这就是说，数字货币不会自行消失，一经拥有便永不会丢失。简言之，任一数字货币总是归属于特定的账户，它只"活"在账户中，这也是它的账户属性。

数字货币的使用是支付与记账同步，各类电子货币支付被确认时间上有延迟，这个延迟体现的是支付地点与记账地点之间的空间距离。虽然随着技术进步，这个距离在大多数情况下已经不重要，延迟的时间甚至可以忽略不计，但是，就程序而言，电子货币并非在支付的同时发生记账。电子货币支付只是发出了记账指令，支付确认是收到记账指令的确认，记账还是发生在后台系统中。这表明所谓的电子货币并不是同步记账货币，也不是账户本身，而只是开启账户，发出记账指令的"钥匙"而已。严格来说，电子货币的账簿与其本身是脱离的，其账簿归属于银行后台系统。可见，电子货币支付活动是通过"分步记账"完成的。

而数字货币的每一次流转，都被加盖了"时间戳"，且被全网记录。它从根本上排斥记账中心，更不存在后台记账的情况，支付的同时立即发生与完成记账，数字货币的身份属性和账户属性是紧密绑定在一起的。这是数字货币系统本身所设定的，与电子货币不同，数字货币的支付活动是通过"同步记账"完成的。

"同步记账"是相对于电子货币的"分步记账"而言的。同步记账不仅通过发生支付而记账，而且这一记账亦是通过整个数字货币系统完成的，即全网记账。正是基于此，在所有货币种类或形态中，数字货币不仅支付效率最高，而且也是最为安全的支付工具。

数字货币的供给是作为货币共识的"基础协议"。货币历史表明，没有货币共识，就不会有货币，也无所谓货币供给。数字货币的货币供给是一个纯粹的数学解决方案，在数理环境中，货币共识作为基础协议，得到完全的遵守，没有例外。这就决定了数字货币的效率性和安全性。网络数字世界使数字货币供给成为现实。

数字货币有许多种类，大同小异。在技术上，数字货币各借助于密码技术及区块链技术有其数学解决方案；在逻辑上，数字货币基于共识。这个共识也可被称为基础协议，就是说数学上的解决方案。认可这一数学解决方案或"基础协议"，成为数字货币共识的一分子，即加入该数字货币系统。

时至今日，美国纽约美联储地下金库中的金条分属世界各地不同的所有人，金条变换主人无须搬运，只要完成记账即可。这就说明货币与账户的密切关系，货币的身份属性和账户属性，决定了记账活动，而这个体系是参与人的"共识"决定的。货币"共识"是一个潜在的协议形态，它并不是以强制力为保障的。

数字货币是将货币的身份属性与账户属性绑定在一起，为每一货币的每次流转加盖"时间戳"，并在全网记录。数字货币存在于网络数字环境中，它无须实物，也不是实物，只是一套记账系统。可以说，数字货币是在一个网络设施与数字技术支持下，在近乎纯粹的数理环境中发生与运行的。它与银行货币的本质不同是，数字货币没有假币，也没有货币创造。数字货币是一块网上运行、数字化生存的"净土",它的发端自有其货币共识——基础协议。不同种类的数字货币更像是一个个俱乐部,诸如,比特币、莱特币(Litecoin)、狗币(Dogecoin)、瑞波币(Ripple)、未来币(NXT)和点点币(Peercoin)等。任何人如认可俱乐部的章程——基础协议——便可加入并成为会员,就会拥有相应的账户。基础协议保证了数字货币的身份属性、账户规范和记账规则。未来必将涌现出更多的数字货币(俱乐部),拥有更多、更为广泛的数字货币持有者(会员)。

对于数字货币的基础协议,一旦加入,便不可违反,但可以退出。一个不被违反的基础协议或货币共识,效率最高,也最安全。现实的社会经济体系复杂动荡,即便有一系列的外部保障,也完全无法达成并遵守如此的货币共识。正如前文所言,这就是在一个纯粹的数理环境下实现的,是一个标准的数学解决方案。可以说,数字货币的"共识"或"基础协议",反映出数字货币供给的基本特征。

数字货币的需求是关注政府部门的角色。数字货币原本是"小众货币",伴随网络经济快速发展,数字货币开始受到关注并引发更多人的兴趣,开始为整个经济社会所发现与重视,也引发了许多争论。且不谈对于数字货币的立场或态度,数字货币的需求究竟来自何方?需求将有多大?这些问题非常值得进一步观察与思考。

而今，数字货币的使用范围不断拓展，应用场景日趋多样化。然而，在进入一般商品流通和服务贸易的问题上，数字货币往往受到强力的排斥。一种颇为强势的意见认为，数字货币作为商品没有问题，但是不能作为货币。其含义是，可以用一系列的主权货币购买数字货币，但是不能用数字货币直接购买商品与服务。全球几乎每周都有关于数字货币应用与认可获得新进展的消息，但是，数字货币的应用仍然受到限制。这决定了数字货币的需求势能难以释放出来，也就难以转化为对先行货币体系形成冲击的动能。

数字货币拥有完美的机制和无限可能的未来，现实却步步受阻。这就决定了对数字货币的投资或投机需求猛增，数字货币发行的特征更加剧了这一态势。因此，多数数字货币的需求来源是投资或投机需求，甚至一些数字货币的拓展主要依靠投资或投机需求。一方面，这为数字货币发展提供了动能；另一方面，也使数字货币价格虚高，阻碍了数字货币的推广。

相对私人需求的绝对性主导，企业部门、政府部门对数字货币的开放度严重不足。不过，事情正在发生改变。在比特币问题上，各国的货币当局表态花样百出，立场左右互现。切开数字货币的肌体，很容易发现里面的技术支撑骨架——区块链技术和加密技术。最近，各方对数字货币的立场或态度可谓全面回暖。其中，最为醒目的是，区块链技术普遍受到关注甚至追捧。无论是企业与市场，还是监管当局，区块链技术均能大幅提高效率与安全、降低风险与资源成本。更为重要的是，这一革命性技术的普遍应用，将极大地缩小不同金融市场间的效率差距，也将极大地提升监管效能和水平，特别是能够使落后者迎头赶上。

对于政府部门而言，数字货币像一柄双刃剑：一方面，任其发展、渗透，乃至蔓延，终将对主权货币或法币造成过大压力，足以掣肘中央银行的货币权能，打破政府的经济意志，并对金融体系的稳定产生压力；另一方面，鼓励其发展有助于全面提升监管效能与水平，提高金融市场的效率，提升整体金融安全水平，减少金融监管与运行的巨大成本和效率损失，从而有助于最终维系与确保金融稳定。不过，对利弊得失的精算正在逐步让位于政策取舍与时机的把握。

货币演进的历史表明，政府部门是新货币共识的最后妥协者与加入者，但往往也是货币变革的最终决定力量。

第十章　可能出现的逆境

10.1　误区

货币从何而来？简言之，它是需求的产物，供给则是次要的。技术能够改变货币，完善供给，但无法创造需求，因此，它通常是更为次要的。货币经济的核心是需求，往外，是供给，再向外，才是不可或缺的技术。货币的统一在形式上往往表现为外部强力地嵌入，事实上，它依然是由需求决定的。Facebook发行的数字货币Libra，体现了其立场选择，在这些问题上，也给出了一定的答案。这有助于使对数字货币的思考更趋深入并具有前瞻性。本章将阐述关于数字货币的几个陷阱。

一、数字社区决定数字货币需求

数字货币是数字经济的产物，是为满足数字经济需要而产生、发展的。这个看似简单的道理，在实践中却往往被扭曲成数字货币是数字网络社区的产物，并为其服务。如此，便将社区活动等同于经济活动，将数字社区等同于数字经济了。进而，社区不论大小，均可发行数字货币；没有社区的也可通过新设社区来发币。由此，人人皆可发币，社区币蔚然成风、蔚为大观：那些超级社区便着力谋求发行超级数字货币。拥有27亿用户的Facebook，通过发行命名为Libra的数字货币，似乎转瞬间就可以实现全球货币的数字化统一。

具体来看，数字社区的定位或有不同，有社交平台，也有购物平台，诸如此类，不一而足。但是，数字网络社区发展到今天，不仅没有出现无所不包的超级社区，也没有出现无所不包的超级经济社区。众所周知，亚马逊（Amazon）是网购巨无霸，蚂蚁金服是数字支付巨无霸，滴滴是汽车出行巨无霸，当然还有票务巨无霸、远程教育巨无霸，但是，经济社会没有、也不期待出现一个全行业的数字经济巨无霸。既然某一社区不能代表其他社区，该社区数字币也不能自然而然地通行到其他社区，成为数字通货。即便该社区币实现了跨国流通，跨社区流通依然是难以实现的。Libra安排了百多个节点，众多网络社区或巨无霸加盟，那么，为什么Amazon没有发声，更没有加入？是不是Libra对Amazon也实现了所谓的降维打击呢？从技术上看，一个数字社区似乎可以无限大，但现实中，它一定是有明确边界的，在逻辑上，失去了边界的社区，也就该消失了。

数字货币是"数字通货"，它不应受社区的局限，诸种社区币的竞争合作,以及相互渗透,最终可能形成一种压倒性的数字通货。但是,决定各社区币命运的一定是超出数字社区的力量。如果坚持认为,拥有27亿人的超级社区自身一定具备了神一般的力量,没有它压不碎的硬核,那么,不得不说,它远没有看上去的那么大,更没有想象中的那么硬。原因并不复杂,全球没有任何一个经济体系拥有27亿人口,也没有任何一种语言为27亿人所常用,更没有一个时区的人口达到27亿,所以,这个27亿纯粹是统计意义上的简单相加,它所成就的任一经济场景与阿里巴巴或腾讯的作为都不在一个数量级上。

二、数字技术决定数字货币供给

只要发币的数字技术足够"先进",建社区、发货币都是一蹴而就的。至于数字经济之有无、大小、成熟与否都是次要的,甚至可被忽略不计。这种认识或立场,简言之,即数字技术决定数字货币;换言之,便是笃定没有数字技术不能解决的理论问题,更没有数字技术不能完成的实践任务。进而,其在实践中的主张便是数字技术先行,以技术压倒一切、主宰一切。如此,只要数字技术到位了,数字经济便会开花结果,数字货币便会大行其道。于此,"技术第一"甚至碾压了"社区第一",被塑造成主导乃至决定数字货币、数字经济的根本力量;这一技术信仰或技术膜拜发展开来,技术语言便开始替代货币语言,技术逻辑也开始无视货币逻辑。没有人去怀疑，运行超级网络数字社区所具备的技术能力或水平，如此，也就没有人去怀疑，Facebook 发行命名为 Libra 的数字货币，能够从根本上颠覆货币语言与货币逻辑。

技术决定论者自觉或不自觉地将经济社会视为一张白纸，可以画最新最美的货币图画。但是经济社会从来不是一张白纸，货币也从来不是最新最美。数千年来，经济不论是衰败还是繁盛，经济社会总是能够找到与其相适应的、哪怕是千奇百怪的通货形态及其制度性安排。这往往也是社会经济本身的现实需求，离开或超出现实需求的外部设计或刻意安排，不论其货币构想怎样宏大或其通货愿景如何虔诚，终归会失败。在理论上，被高度抽象为"货币供应是由货币需求所决定的内生变量"。货币史上的诸般变革一再彰显的正是这一铁律：数字经济需要数字货币，而数字货币也正是数字经济体系内在需求的产物。技术理性打不败需求理性，这里面没有得道成仙的可能，我们也不能将数字货币技术视为"炼丹术"。

需求是第一位的，供给是第二位，而技术是服务于供给的。这也正是纸币晚于造纸术约千年的原因所在。

三、数字资产可混同于数字货币

社区币是社区性数字资产，进入跨社区的交易体系后，成为跨社区的数字资产。然而，数字资产变为可交易，并不意味着其具备了数字货币的功能，更不能混同为数字货币。

第一，数字资产与数字货币并无交集。这同发行者的货币构想是否切中时弊无关，也同其货币愿景是否宏大圆满无关，根本而言，这不是由发行者的意志所决定的，而是由数字货币具体的现实的需求所决定的。"现实需求"是指在何时、何地，满足何种、何样的，以及具体而微的数字货币的零售或批发需求。

第二，数字资产的价量不稳定是常态。因此，不能充当计价货币或记账货币，其流动性也大打折扣，更不能作为支付工具，甚至往往沦为风险资产，更有甚者堕落为传销币。比特币——发行总量锁定，交易价格涵盖递增的生产成本（就是说挖矿成本），然而，无法管控调节市场交易量和价格，便出现了价格的剧烈波动；稳定币——实行交易价格稳定的目标管控，须对发行量及交易量进行相应调控，这些都是名义上的数字币，实则体现的价量关系是彻头彻尾的数字资产的基本属性。稳定乃至锁定数字资产的价量，就能够将就数字资产升格为数字货币吗？

第三，在财务流程和监管合规上，数字资产发行方无法效仿央行，实现价量稳。具体原因，主要有三方面：（1）初始发行量的设定及其依据何在？这将决定初始价格是否具备标杆属性。（2）如何确定新增发行量的核定标准？它将是随机动态、相机抉择的,还是恒定规则的?(3)发行出售数字资产,获得银行法币收入后,发行方的会计流程和记账规则,是否能够做到灵活、全面而自主,不受有关监管方面的强力干预?比如,发行收入的所得税核缴,如按照出售数字资产计算的话,在会计作业上就不可持续。即便发行者力图模仿乃至拷贝中央银行的会计流程作业,但是,这在法律上是不被认可也不被接受的。

第四,如果数字资产完全背离中央银行模式,而以去中心化的区块链技术来推行其数字货币形态,就意味着数字货币发行是单向的,发行完成,发行方即退出,货币回收机制也无从发生。没有货币回收,发行者与使用者之间就谈不上货币共识。发行者退出货币共识,完全交托于使用者之间的货币共识,事实上,就是一个资产的形态,已经脱离了货币形态。简言之,资产只需要售出者,货币则需要回收者;只发行售出,不回收,这是资产,不是货币,两者不可混同。

四、数字外汇意味着全球货币统一

以数字技术桥接各主权货币,实现国际汇兑,这在技术上日渐成熟,其风险主要来自两方面:(1)监管合规。其所产生的法律风险及其延伸而来的财务风险是非常高的,特别是将各主权货币纳入一个统一的、非银行的数字化国际兑换体系后,局部合规风险所产生的结构性冲击将是难以抵御的。考虑到国际汇兑监管基本上以银行监管为基本架构，对于数字化国际汇兑的监管包容将是十分有限的，而任一局部的监管政策调整，在时间轴上或将频繁发生，这就使得国际数字化汇兑体系十分脆弱。（2）即便国际数字化汇兑体系十分坚挺与成功，也将诱使大量银行汇兑活动转向数字汇兑体系，转嫁风险并攫夺收益，这将加剧数字汇兑与银行汇兑两大体系之间的摩擦与冲突。无疑，数字汇兑体系的风险压力将急剧加大，其风险管控能力面临严重挑战。数字汇兑体系意图延缓或化解这一挑战，将迫使它选择并采取与银行汇兑相接近的策略，同质化策略削弱了其竞争力。即便如此，在遭遇共同风险时，数字汇兑体系面临的冲击与压力无疑将更大。

当前，国际货币汇兑体系数字化面临巨大机遇。同时，经济全球化正经受严峻挑战，面临重大调整，于此阶段，寻求货币大一统，建立全球单一数字货币体系，完全脱离现实。由此，以国际汇兑作为动力轮驱动数字外汇，推行国际货币的数字化大一统，不仅过于超前，且十分脆弱，更有根本失衡的风险。

数字货币意味着个人自由。这个价值观或立场是非常正确与重要的。个人货币自由本质上是个人货币选择的自由。货币选择自由的前提是货币多样化。就是说，多样化的货币之间存在着事实上的竞争关系。所以，能够相互竞争的多元货币之间不会存在立场上的差异与纷争。简言之，关于数字货币及其技术在价值观或立场上的话语，不用讲太多，货币选择是满足货币需求而作出的现实选择,并不是所谓的立场选择。

举例来说,比特币是一种数字资产,还是一种数字货币?作为资产,投资者或持有者关注的是,它的银行货币或法币的价格;作为货币,它几乎无法完成现实支付,更不用说,充当记账货币或者计价货币了。这就出现了一个"奇特"的现象,部分人在货币价值观或立场上,坚信比特币;而在现实的货币偏好上,钟爱银行法币,这似乎是一种"分裂"的状况。究其原因,一方面,比特币实质上是数字资产,所以决定性的力量关注它的资产价格,即法币价格;另一方面,比特币代表着一种未来货币的形态或趋势,表示充分的个人货币自由,所以在价值观或立场上不乏大量的拥趸。相较比特币而言,Libra的出现异曲同工,在更大的范围内掀起货币价值观与货币立场的演讲,将个人的货币自由现实地推广到全球,使之成为某种可以预见的趋势。在这个方面来说,Libra是积极的、有效的。

在货币选择问题上,每个经济社会的成员都有发言权,也无所谓对与错。货币不是在理论上成立就成立,也不是讲得通就在现实中行得通。在货币史上,不乏良好的货币设计遭遇失败,良善的货币意愿遭受挫败的例子。从现实角度看,问题根本不在于所谓的货币价值观或货币立场的正误,而在于现实的"货币选择"。现实选择的货币主要有三个:(1)计价或记账货币的选择;(2)支付货币;(3)零售或批发。举例来说,一家设立在欧洲的炼油公司,从中东购买原油,以美元计价,以欧元记账，实际支付的可能是英镑，具体银行单证即财务会计流程要更复杂一些。这家公司将成品油销售给不同的批发商，情况就还要复杂些。再具体到零售环节，就会涉及极为丰富的支付情形。这就是说，在不同的环节或范畴，货币选择是现实、具体且各不相同的。

数字货币与银行货币是一种替代关系，这种替代是现实而具体的，这就是所谓的"需求"问题。当然，提供了数字货币 A，就有了现实货币选择的可能，问题是，结果 A 并不一定被选上。因此，这种替代关系正是一种现实的货币选择问题，也是一种现实的货币继承关系。新形态的数字货币替代旧形态的银行货币或主权货币，并不是一蹴而就的。稳定币的目标就是使得这种继承或替代关系得以稳定，只有稳定，计价、支付，乃至记账才都有可能发生。稳定意味着银行币与数字币之间的转换通道本身是畅通的。这个问题的重要性超出了数字币自身的一系列技术安排，也正是从这个意义上说，创造了数以百万亿计交易量的支付宝和微信支付是当前最佳的"稳定币"。

Libra 事实上是在比特币和支付宝之间的一个形态，所以，它兼具两方面的部分形态特征：一方面，它要使用加密技术与区块链技术；另一方面，它也要实现与银行法币稳定的比价关系，要有抵押、锚定等价值考量，要有一篮子银行货币的设计。虽然它以此为目标，但是并不能据此认为它已经实现了对两者的现实性的超越，所以，Libra 会作出调整，有着改版的可能性。Libra改版，不会进一步放大，而是要相应地缩小。比如说，它要接入的主权货币足够多，本身就构成难以克服的监管风险；如果只接入一篮子货币，权重机构就是关键。因此，改版的Libra，就可能借助外力来暂时地缩减、改小一些。Libra首先实现与美元的稳定兑换后，再逐步扩版，就有可能实现其长远战略。另外，Libra在个人自由、隐私与稳定的法币关系之间，需要有更为实际的发生机制，需要寻求更为基础、普遍与具体的货币需求。

当然，改版、缩版、扩版的发生，会引发Libra的一些支持者甚至反对者调整其立场，作出不同的选择。这些都是正常的。就当前而言，并不能认定Libra一成不变，小变而非大变。

总的来说，Facebook将发行的Libra是数字社区币，其优势在于跨国，但劣势在于跨社区。它是技术先导下的数字货币供给，在满足数字货币的具体而现实的需求方面收得很窄，在数字外汇国际货币数字化统一方面放得很开。它初始为社区性数字资产，这将极大改变Facebook自身的营收结构，但在接下来的营收会计作业上，就需要更具保障性的政策安排和更具弹性的合规策略。以数字外汇作为主要战略方向，所面临的风险压力和监管压力只会多于银行竞争者，因此，需要更具战略性的合作伙伴，一同跳出数字货币的误区或陷阱。

10.2 跨境

一、银行头寸与加密货币——从两则消息说起

2020年7月22日，美国财政部货币监理署（OCC）发布了一封解释函，阐明了国家银行和联邦储蓄机构为客户提供加密货币托管服务的权利。该解释函适用于各种规模的国家银行和联邦储蓄机构，也同样适用于许多已经授权州银行或信托公司提供类似功能的州。这就标志着美银行业已经初步具备参与加密资产运营的法律条款，通过托管将使得加密资产（密钥托管）账户体系与银行体系业务操作流程即银行账户体系之间发生关联，进而为（所托管的）加密资产提供银行头寸的技术准备亦将完备。

2020年7月24日，美国华盛顿哥伦比亚特区联邦法院驳回对一家地下比特币交易平台运营商无证从事资金划拨业务的刑事指控，主审法官贝丽·A.豪厄尔（Beryl A. Howell）在呈送特区法院的文件中指出，"货币泛指交换媒介、支付工具，或价值储藏，比特币正是如此"。特区联邦法院没有给出关于"货币"的具体定义，而只是基于《资金划拨法》作出认定。此货币界定虽然模糊，但无疑强化了强制许可经营和严厉打击洗钱等犯罪的司法力度。与之相得益彰的是，联邦财政部金融犯罪执法局之前便对利用比特币或其他加密货币的行为采取严厉措

施,以应对美国贩毒、枪支和非法交易等的资金划付。

"上帝为你关上一扇门时,同时也会打开一扇窗。"果真如此吗?比较两则消息不难发现,一方面,银行业通过托管渗透进加密资产或加密货币交易已成趋向,因为托管意味着银行信用的介入,更标志着技术的接入,如此距离为加密资产交易提供银行头寸的全面融合已不遥远;另一方面,加密资产交易是数字网络社区活动,并没有银行机构的参与,脱离了金融功能监管的范畴,因此司法行政当局进行着严格管控。加密资产在数字社区之内"确"具有货币属性;在社区之外,加密资产"只"具有资产属性。

二、美元数字化的两套账户体系——银行美元账户体系与数字美元账户体系

交易媒介、支付手段、价值储藏等三项货币功能是政治经济学时代的货币认识,局限于金属铸币的特质,已然不再适应现代货币体系。凯恩斯称:"现代货币是账户货币。"由此延伸,银行账户体系所运行的是银行货币,其货币账户体系的功能主要有三个:计价、记账和支付。美元数字化并非要打破既有美元的计价货币地位,而是旨在实现两者之间稳定的比例兑换关系。由此,美元数字化,主要是指记账美元的数字化和支付美元的数字化,两者是"二而一"的问题,就是说,必须确立数

字美元的账户体系,以区别于银行美元的账户体系。

谁来建立数字美元的账户体系呢?银行美元账户体系并不能自行转换为数字美元账户体系,前者是柜台账户体系,依靠会计流程操作完成前中后台所支持的一系列的账户活动;后者是数理账户体系,依靠程序驱动账户间的记账关系,且几乎没有所谓的会计时间,以绝对时间记账,没有隔夜安排,不做账期安排,时间上无缝覆盖。这就表明,必须在银行账户体系之外建立数字账户体系。即便是美联储及商业银行体系创设数字美元,也必须在既有的银行账户体系之外,确立数字账户体系,依靠数字程序来驱动数字美元账户活动,实现其相应的记账、支付等功能。

加密货币或加密资产,不基于也不"外挂"银行账户体系,而是基于自身的网络数字社区账户体系(以下简称数字账户体系)。在网络数字社区之内,其具有计价、记账和支付功能。就是说,在其网络社区内,它具有现代货币的基本特征。那么,在网络数字社区之外,它是否具备货币属性呢?事实上,并不存在所谓的"超出"数字网络社区或在其之"外"的"加密货币活动"。网络数字社区就是程序驱动所在的场域。以货币监管者的立场来看,加密货币属性是加密资产,货币监管当局须明确授权才可进入网络数字社区对其进行监管,而美联储等货币监管当局并没有相应的法案授权。此外,监管者也需要具备相应的技术手段。在打击货币犯罪的司法行政当局看来,其可自行判定数字账户体系的性质，而对其活动作严控、限制甚至打击，乃至取缔。

可以预见不久的将来，美国将进一步强化对加密资产或加密货币的透明度监管，并推进加密货币资产与银行货币间的相互融合与渗透。其核心在于，为加密资产交易运营提供银行头寸的支持，使加密资产得以实现"数字社区之外的货币功能"。

三、美元数字化的两条路线——数字资产与数字支付

数字货币账户体系即便没有参与不法交易，也须取得相应的业务许可以从事资金划付等业务。事实上，获得许可标志着纳入银行货币的监管体系，更意味着，银行头寸将给予其完备的支持。数字账户体系与银行美元账户体系的关系"正常化"，就是美元数字化的数字资产路线——在银行美元头寸与数字资产之间自由切换。

数字资产提升为数字美元，省却了银行体系再造数字账户体系的"麻烦"，有选择地"借用"部分加密资产，可以有效地扩大美元数字化的途径。这条路线比较适合美国银行机构体系的特质，也容易绕开复杂、冗长的法律程序的"梗阻"，迅速地满足社会经济数字化的货币需求。这就意味着，相关的数字账户体系的记账活动，摆脱了银行记账体系，这就需要财税审计的认可。因此，美国财政货币监理署关于加密货币的银行

托管的解释函，为开启美元数字化的"数字资产路线"提供了可能。那么，借道数字资产实现美元数字化的路上还存在哪些问题呢？

现实中，部分加密资产以美元计价，并将价格波动控制在一个有效的区间，这也就是所谓的"美元稳定币"。问题是，所谓的"稳定币"本质上并不稳定，兑换价的波动弱化了记账和支付功能。

具体来看，数字美元与银行美元之间出现价差波动，单一美元记账就无法实现，出现部分数字美元记账，部分银行美元记账的状况。这就形成了"美元二元化"，进而使得支付复杂化。这就说明，依托数字资产实现美元数字化，存在"货币二元化"的风险，并不是一条可靠的路线。

有没有绝对稳定的数字美元呢？即1∶1的兑换比例，敞口供应的银行头寸。这意味着，以银行货币为基础发行数字美元，实现数字美元对银行美元的等额"挤出"。这种模式类似于中国的支付宝。不同的是，在中国，第三方支付牌照支持银行账户体系之外的网络数字账户体系；在美国，第三方支付牌照只支持类银行账户体系，没有更宽泛的应用范围。那么，银行牌照本身能否直接支持数字账户呢？这就涉及银行机构体系的具体状况了。在我国，至少前五大商业银行是按照行政区划设立分支机构，换言之，是全境覆盖的。这就意味着，一家商业银行接入数字支付，其他银行将被迫跟进，于是形成了商业银行体系整体性支持数字支付体系的基本格局。与中国的银行体系不同，美国、日本的银行机构体系均非全境覆盖，一家大型商业银行不足以支持全境数字支付，那么，就需要其他多家商业银行共同加入，以支持全境数字支付，而非仅实现局部数字支付。在日本，瑞穗银行启动了自身的数字货币项目，其数字支付难以获得其他银行的有效支持，监管部门也不会给予其特殊支持，尽显孤掌难鸣之态。由此，美日等国的第三方支付机构或商业银行机构并不能有效地发起或运行数字支付。

那么，能否越过商业银行等机构，由中央银行直接发行与运行数字美元呢？若此，美联储将直接确立数字账户体系，直接推行数字支付。这就标志着，中央银行的数字化将直接自身外挂增加商业银行功能。毫无疑问，这将启动复杂冗长的法律程序，发起艰难的监管协调进程，更为重要的是，这无疑将极大地侵夺商业银行机构体系的既有利益，甚至削弱商业银行体系的支付等既有功能，这些都是无法完成的任务。

（一）究竟谁才是美元数字化的推手

这是一个过于复杂的问题。美元是国际货币，美元数字化的推手既可能来自美国，也可能来自其他国家；既可能来自监管当局，也可能来自被监管机构；既可能是金融机构，也可能是非金融机构。其关键有两方面：（1）能够建立并运行网络数字美元账户体系；（2）能够有效地获得充沛的银行美元头寸。

能够同时满足这两个条件的，就能够推动美元数字化。在全球货币体系中，现阶段的美元数字化至多只是个"局部"现象，决定其扩张的基本动力是需求，特别是在既有的银行美元体系下无法获得满足而在数字美元条件下或可实现的"需求"。

美元数字化的现实推手，不是技术构想及其开发者，不是有意愿的监管当局，不是利益协调参与者。从根本上说，决定美元数字化的是现实的数字经济发展所带来的"需求"。这就是说，单纯依靠旧需求的数字化替代是不足以驱动美元数字化的，必须发掘数字经济的新需求来实现美元数字化。

从美国自身的数字经济发展来看，美元数字化的动力是不足的，或者说，银行美元的力量足够强大到无法通过数字化来撼动，似乎只有加密资产或数字资产的交易是推动美元数字化的现实力量。这也就是美国货币监理署推动加密资产商业托管的目的所在。从国际方面看，对于美元数字化可能带来的冲击，各监管当局或金融体系的立场或有不同，主要有两方面：（1）美元数字化只是一种或然性的冲击，而非现实的作用与影响，尚难作出有效的判定与评估；（2）数字美元或是摆脱银行美元约束的一类选项，抑或是强化美元国际地位的工具，要视数字美元的承载工具的具体情况而定。总的来看，美元数字化的本土与国际两个策源地正在形成，但主要还是看美国本土的数字化总体进程，国际上的美元数字化的创新尝试主要还是加密货币或稳定币模式，仍然是分散的、琐碎的，尚不足以汇聚成一种态势。

（二）美元数字化的"利"与"弊"

事实上，美元数字化将开启"美元二元化"时代——银行美元与数字美元的竞争与协作进程。究其原因，数字美元一定会挤出或替代部分银行美元，这可以理解为美元地位至少在短期内会削弱，也可以理解为美元数字化的"摩擦成本"。整体来看，这个摩擦成本美元体系承受得起。具体来看，这个摩擦成本并不是整体性的，往往是局部与具体的。这就意味着，银行美元会出现数字化的"漏洞"，会流失掉一定的利益，地位被削弱。问题是，谁来判定这个"漏洞"或"破口"是不是可控的？具体来说，"可控"是谁的策略目标？

这些都取决于美元数字化现实的风险规模与水平，不论是来自市场方面的，还是来自监管政策方面的，美元数字化的风险仍是广泛存在的，甚至风险远未显现。这就决定了相关各方并不会很快形成乃至宣示其各自的美元数字化的立场，其策略将保持谨慎与保守。由此来看，美元数字化的总体进程仍将是渐进的，而非激进的，但其路径或线索或将趋于显现。

（三）以加密资产交易实现跨境支付是未来方向吗

一系列以数字货币命名的加密货币，即所谓的加密资产或数字资产并非支付工具，更非跨境支付工具。作为资产，其价格的波动是常态,这就决定了其不能充当一般意义上的支付工具。由此,加密资产的一般持有动机固化为谋求资产的保值或增值,是其他类型资产的替代选项,其价格的市场波动频繁、幅度不小,这就更容易影响其短期需求或长期持有。加密资产的变现一般通过数字货币交易所交易来实现,而加密货币的法币交易是必要的环节。这些决定了加密资产国际流转中的价格风险和效率风险。简单来说,数字资产作为跨境支付的便捷性很差,往往会出于规避监管的动机来降低合规成本。严格来说,加密资产是跨境资产流动的工具,而其充当跨境的支付工具并不便捷,反而存在一定的风险,只是特定的"替代性选择",并不适宜作为常态化的跨境支付工具。

事实上,既有的银行跨境支付中并不缺乏规避监管,降低合规成本的灰色"管道"也有着相应的"需求"。应当说,因监管当局往往对其采取严格的管控,这些灰色"管道"往往随之有一定的调整。

与其相较,数字资产只是选择的部分替代品,其劣势在于,往往难以获得及时有效的银行头寸的支持。简言之,就是数字资产的跨境变现渠道远不如银行支付便利。数字资产事实上充当了跨境支付中的一段"桥梁",两端仍然是银行支付,中间是数字资产的"交易"。因此,加密资产的国际流转只是局部性地替代了部分银行跨境支付,缺乏整体性替代的跨境支付流程,是附着在银行跨境支付上的"补丁"(patch)而已。

那么，其对于既有银行主导的跨境支付体系的影响和作用就是有限的。总之，以资产来参与支付活动，特别是跨境支付，并不能完全独立于银行账户活动，更不会形成一个独立有效的财务流程的"闭环"。即便是数字货币交易所强化其支付清算功能，其依然受制于商业银行的货币头寸和财务流程。所谓"币币"交易自身无须银行头寸的支持与安排，但是，仍然需要"法币"交易相互补充。

从资产的角度来看，全球私人财富主要集中在私人银行和资产管理两个方面。前者的透明度低，监管要求弱；后者透明度高，监管要求强。私人银行业务主要立足于确保客户的匿名保护，因此，其主要发生在全球特定区域。数字资产交易需求能够挤占部分私人银行业务需求，但是，并没有改变私人银行业务的总体机构和需求趋向。

三、数字支付平台不排斥跨境支付

Facebook 推出 Libra，在创建数字货币和确立数字支付两个方向上，起初是有所犹疑的，但是他们很快发现，两者是不可兼得的。经过白皮书和两次听证会，最终明确宣示其谋求全球跨境数字支付的发展路线，并以锚定美元来谋求稳定而可靠的商业银行头寸的支持，以及监管当局的"宽容"。作为单一币种——美元的稳定币，Libra 在性质上仍旧是数字资产，但是，它无须依靠交易所模式，这是一个巨大进步。这也就有类似支付宝或微信支付的应用了。然而，后两者并非"数字资产"，而首先以"支付工具"来定位，进而"矮化"为"支付指令"。这种看似简单而模糊的策略很好地解决了两个问题：一是商业银行头寸的包容性支持，财务账户体系的有效兼容对接；二是监管当局的包容性监管，如此财务流程操作是透明的，可以实施有效监管。

支付宝或微信支付在跨境支付方面的状况如何呢？作为两大网络数字支付商，跨境支付并不存在技术上的困难，也不存在操作上的阻碍，甚至可以说，主要问题不是监管，而是商业银行的头寸支持问题。比如说，日本和加拿大的居民能够开立微信账户，但是当地的商业银行并不开放账户端口，那么两国居民微信支付的本币货币来源就成了阻碍，简单说，就是无法使用本币充值，使用人民币充值也需要当地人民币业务账户端口的接入。如果日本和加拿大的数字支付账户体系不接入商业银行账户端口，而直接从既有账户体系内的"余额调剂"来满足需要可以吗？当然可以。这就意味着，微信支付账户体系内的余额要有一个相当规模的增长，以满足国际账户方面的支付需求。在纽约法拉盛华人社区，就出现了美元充值支付宝与微信账户的交易活动。这就表明，有了市场需求，银行头寸的安排会有各种各样的解决途径或方式。这个方面所涉及的，当然是国际汇兑、国际支付等。问题是，从既有银行监管等视角来看，并没有发生跨境的银行支付，往往是"平行操作"，即美国发生了当地的美元流动，而中国发生了当地的人民币流动，虽然两者之间存在映射性的关联，但是没有发生所谓的资金跨境。

（一）跨境支付需要银行头寸

商业银行资金国际划付的操作中，通过"平行操作"的银行头寸安排并不罕见。对此，监管当局往往严格管控，要求其业务的真实性和一致性，以杜绝规避监管。但因长期存在稳定的市场需求，这种平行操作的安排成为规避国际汇兑及跨境支付监管的常见手段，且屡禁不止、日趋隐蔽。那么，网络数字账户体系直接或间接地参与跨境支付领域，是否形成了监管漏洞呢？以银行监管的视角来看，并没有发生国际汇兑或跨境支付；从数字支付平台的立场上来看，这部分的数字支付账户活动的性质也是难以判定的。即便从总体结构上，或可在后台发现，涉及境外数字支付账户的活跃频次、规模总量等，但是，并没有实施干预的依据和手段。具体来说，数字支付商很难干预具体某一笔支付活动是否合规，其取得和干预依据往往都不充分。

在跨境支付问题上，数字支付平台社区与商业银行体系依据不同的标准。坦率地说，数字支付商所构建的是数字社区内的支付体系，其所关心的内容有两个：（1）跨社区的接入和竞争。大体而言，数字支付商往往采取封闭管理，只是着力推进社区内的支付活动,并不关心甚至着力避免"互联互通"。(2)与商业银行账户端口的接入这就需要严格符合商业银行所在地的监管合规要求。一般来说,数字支付商都希望能够接入更广泛的商业银行,事实上,中国的两大网络数字支付商,在这方面所取得的进展是非常有限的。中国的网络数字支付商能够在海外开辟账户体系,但是并不能接入所在国的商业银行账户端口,没有有效获得当地商业银行的头寸支持,往往只是实现了本币的单向跨境"出账",而没有落地生根,实现当地的"入账",所以说是"单行线"。至于市场上利用数字网络支付商作跨境支付,并取得当地的货币头寸来源,是一种潜在的市场形态。

(二)以本币数字化推进国际化,尚需时日

数字法币是不是能够作出更好的跨境支付安排呢?这就需要相关国家银行监管部门的协商合作,作出有效的监管安排。那种认为数字法币在跨境支付方面能够顺利跑赢银行货币的想法,是不切实际的。它需要相当程度上的国际合作与"谅解"。那种认为本币数字化就能够自然在国际通行并帮助自身国际化的想法,更是不成熟的。关键在于,数字支付的跨境支付或国际方面的市场需求,是国际数字经济发展的情势所决定的。以现有的国际经济数字化的水平与规模而言,跨境数字支付乃至国际货币体系的数字化需求并不充沛。数字化提供了一种可能或前景，但是现实需求仍是决定性的力量。因此，即便在技术上或体制上的尝试，也需要长期的培育与成长。简言之，以数字人民币推进人民币的国际化，不会是一蹴而就的，而将是一个长期的实践过程。

第四部分
数字法币

第十一章　数字法币的缘起

货币数字化变轨发生在银行体系之外，各中央银行亦需对数字资产以及数字支付作出相应回应，以确保社会经济生活数字化的稳定性与适应性。

不难发现，与其他国家的银行比较，中国人民银行表现出更为积极的态度和更为开放的立场，进而也采取了更具"进取性"的策略。究其原因，数字支付已经在中国社会经济生活中迅速膨胀成一个巨大的经济事实，这就决定了中央银行必须以更趋实际、可行的策略来推行货币数字化。

发行与运行数字法币，不仅是一场货币革命，更是一场中央银行的革命，即所谓"央行数字化"，预示着"数字央行"即将到来。这标志着，社会经济体系"资本化"大行其道几个世纪后，已经步入一个分水岭式的变革阶段——货币经济体系的数字化"变轨"。

数字法币标志着数字经济的崛起。首先，这决定了个人收入来源开始全面数字化;其次,个人数字账户体系与政府数字账户体系开始连接,个人资本与国家资本有了更为直接的相互作用机制;最后,个人数字账户体系与企业账户体系的联系,决定了需对后者进行改造。也就是说,个人数字账户体系是动力轮,将带动其他两个经济体系的大轮子。这就意味着个人资本主义的崛起,数字法币为此提供了货币条件。

个人收入只能来自企业或政府的分配,这种状况在发生变化,个人收入可以直接来自其他人。这就意味着整个经济体系发生了变化。个人与个人之间的经济网络是否会超过个人与企业的经济往来呢?在一些领域,这已成为现实。"地摊经济"数字化,就是充分的个人对个人的数字经济。

11.1 创新——货币数字化变轨在于数字法币

近年来,私人数字货币或准数字货币已经在中国社会经济体系内发展成为一种"不稳定的力量",进而对金融稳定构成了现实威胁或实质的冲击。这促使监管当局采取严格的限制措施,以确保货币金融体系的稳定。货币数字化的节奏和步伐不再受私人数字货币或准数字货币左右,而是由法定数字货币来推动与支配,未来货币数字化的创新活动将围绕着法定数字货币而发生、发展。

一、对数字货币的监管趋强

放眼望去，中国乃至世界的经济均处于数字化的历史进程之中，这是继经济市场化、自由化、全球化以来，最为深刻、影响十分深远的社会经济变革。其中，最为关键的部分就是货币的数字化。可以说，货币数字化进展的顺利与否或将直接决定经济数字化的命运。

社会经济乃至货币的数字化有两个发动机，一个是私人部门的、自发的；另一个是公共部门的、以政府为主导的。就数字通货而言，包括私人数字货币或准数字货币和法定数字货币。国际上，各国货币当局并未发行（法定）数字货币，而比特币、莱特币、以太坊等准数字货币开始逐步发力且越来越具有冲击力。之前，全球各货币管理部门对此的立场和态度虽有差异，但大体而言，一直较为开放与包容。原因在于，一是这种冲击力具有鲶鱼效应，能带来金融科技的技术刺激与观念的翻新，可视为货币数字化的促进力量；二是这种冲击力还尚在一个相对安全或可承受的范围内，且各国普遍认为自身有能力及时地跟进监管。因此，虽然私人数字货币或准数字货币一直处于风险提示或监管警戒中，但是具体的监管措施并不明确，也谈不上严厉。这就令私人数字货币或准数字货币迎来了一个所谓的"包容性监管"或"灰色成长"的阶段。

但是，大量数字货币的创新以及巨量的私人数字货币或准数字货币交易规模和价格的极速飙升等打破了这个"平衡",促使监管当局采取严厉的限制措施,以确保货币金融体系的现实稳定。

一个根本性的问题是,私人数字货币或准数字货币究竟是货币数字化乃至数字经济整体进程中的积极力量,还是消极力量?对其采取支持或反对都有问题。实际上,也不可能给出一个所谓的"折中"的立场。当前,私人数字货币或准数字货币已经在社会经济体系内发展成为一种"不稳定的力量",进而对金融稳定构成了现实威胁或实质冲击。这是一个基本判断。这促使监管部门必须明确立场,且予以遏止。

那么,当这种"不稳定"对于金融稳定的现实冲击不再那么强烈,甚至退却后,监管部门是否会重新开放交易,恢复之前的那种"平衡",或使私人数字货币或准数字货币发展的灰色空间得以恢复乃至放大呢?

事实上,不会有这种"恰恰舞"可跳。前面说过,货币数字化有两个发动机:私人部门和政府公共部门。私人数字货币的舞步缓下来甚至停歇了,法定数字货币的舞曲却刚刚奏响。货币数字化总的节奏和步伐不再受私人数字货币或准数字货币左右,而是由法定数字货币来推动与支配,这个大趋势越发清晰与明朗。因此,灰色地带势必日趋狭窄,法定数字货币是货币数字化的"主旋律"。换言之,私人数字货币或准数字货币跳独舞的时代结束了,货币数字化的创新活动将围绕着法定数字货币而发生、发展，除此别无他法。

二、私人数字货币或准数字货币的短板

概括而言，私人数字货币或准数字货币的短板主要有二：（1）私人数字货币缺乏对公场景，所以，它对于货币数字化的推进作用终归是有限的。具体来说，私人数字货币是否能够用作公司或个人的交税支出？是否能够作为政府机构的财政支出？是否能够成为公司资产而列入财务报表？这些根本无法做到。没有对公场景，私人数字货币就是一条腿走路，从根本上说，它就不是完全意义上的"通货"。有人说，如果有关监管部门认可它，不就具备对公场景了吗？从技术上说没有障碍，货币史上也有将私人货币升为法定货币的情况。（2）私人数字货币或准数字货币的交易需求存在结构性的"失衡"，投资或投机需求大大超出了一般的交易需求。绝大多数私人数字货币或准数字货币根本没有得到普通交易支付的应用或支持，完全依靠投资或投机需求来支撑。这就决定了，私人数字货币或准数字货币不仅没有"强大"到货币管理部门必须给予宽松的政策乃至接纳其为法定通货的程度，还因其在经济社会中搅动了投机风潮，冲击了金融稳定，而必须予以限制甚至禁止。

法定数字货币是不是"真正的"数字货币？什么才是"真正的"数字货币？

有人称，数字货币的核心是"去中心化"，法定数字货币不是"去中心化"，所以不是真正意义上的数字货币。因此，限制或者禁止私人数字货币及其交易，是对货币数字化的压制或逆流。这个认识在逻辑上是错乱的。数字货币的法定，是一个法律安排；数字货币的去中心化，是一个技术设定，两者并不相互排斥。因此，概括法定数字货币是非去中心化的，混淆了技术与法律的平行关系，将其歪曲为相互排斥的关系结构，是必须摒弃的错误认识。

央行发行法定数字货币是货币数字化整体进程中的重要步骤，其先要打通的是对私、对公两个场景，建立起结构性全覆盖的数字货币账户体系。如果一定要给予数字法币一个"真正"的考核条件的话，那就是能否贯通对私与对公两个场景。

发行法定数字货币是中央银行自身的革命，这将重塑央行与商业银行的关系，也将重塑央行与政府财政乃至整个政府部门的关系。数字央行与数字经济的关系演进是一个复杂的、动态的进程，不能简化为一个抽象的、价值性的评述，即"去中心化"与否。

三、如何评估数字货币的发展前景？

经济活动的核心是要作出"选择"。选择关系到机会成本和交易成本，网络化与数字化能够最大限度地降低机会成本以提高经济自由度，降低交易成本以提高经济效率。数字经济的本质在于在数理环境下作出经济选择，这是一个普遍的数字账户体系所支持的经济体系。普遍的经济关系体系为普遍的数字账户关系，而账户关系中的货币环节必然要"数字化"。数字货币能够确定交易时间，也就是说，一笔交易或一项经济决策仅发生在"一个"时间点。这是效率与自由的最大保障。既有的银行货币体系并不能做到这一点，一笔交易牵扯到若干个时间点，根本不能适应经济数字化的未来发展。

货币数字化是货币材料形态的变化，但并不限于货币材料的变化，诚然，这是一个从有货币材料到无货币材料的变化；它将深刻涉及乃至改变既有的支付体系、会计财务体系。必须承认，货币数字化"变轨"有涉及超出我们既有货币经验与认识的内容，发挥决定的力量还是货币经济生活的现实本身。

11.2　冲击——数字法币的创新性冲击

本轮货币数字化"变轨"，以数字法币的发行与运行为转折点，将支撑起数字经济革命；更为关键的是，为数字经济提供一个"全员覆盖、全时交易、实时记账、零利息"的货币基础。

数字经济的基础是数字支付，数字支付的核心是数字法币。发行与运行数字法币，将对社会经济体系产生一系列创新性的冲击，不可逆转地重塑我们社会经济生活的面貌、结构和方向，进而使整个社会经济体系全面进入数字时代。

一、开启货币体系的创新

数字法币，是流通中银行现钞的替代者，大而言之，是M0的替代。具体来看，法币的货币名义不变，记账单位不变，保持等价兑换。由此，货币体系中似乎只是多了一张新面孔、新样态，但它是一个新物种吗？

大家知道，以个人为例，流通中的支付手段主要有三种：银行现钞、电子货币以及支付宝、微信支付等网络数字支付工具或支付指令。数字法币将"替代"哪个部分呢？答案是，都替代！因为三者都直接或间接地构成流通中的银行现钞，即所谓的M0。需要明确的是，这种替代是市场选择，并非法律强制。电子货币是对银行现钞的创新，而网络数字支付工具或支付指令是对电子货币的创新超越，那么，只有数字法币才是对整个银行货币体系的创新。从这个意义上说，它不仅是一张新面孔，而且是一条新生命了。

数字法币"新"在哪里？概言之，银行有三个"老大难"：一是在服务对象上不能实现"全覆盖"，即总有一部分主体或交易是银行服务所不能触及的。对此，经济社会要求实现金融普惠。二是利息压力的的确确是"全覆盖"的，即没有一分钱的银行货币是免息的，利息成本压力是普遍存在的。三是银行业务系统在时间上有断点或盲区，不支持 24 小时无缝资金往来。银行体系是巨大的资金池，不仅承载着利息压力，还必须创造货币。

数字法币的"新"就在于创新性地克服了三个困境：一是全覆盖，实现普惠金融。这个现在已非常容易理解，兹不赘述。二是消除流通中的利息压力，进而改善利率结构，完善货币调节。为什么？数字法币账户体系下每一账户都只有一个确定的"户主"，账户内的资金只有"户主"才能使用，这根本不同于银行账户；由此，每一分数字法币在任何一个时间点，只有一个"主人"，要么闲置，要么为主人使用，不会有旁人来使用或付息。因此，它根本不是一个银行存款性质的账户，不参与进行货币创造，也就一定不会产生利息上的压力。三是实现时间上的无缝交易。数字法币不是银行货币，无须自我设限，遵守银行柜台营业时间，也无须严格按照银行的运营时间或规定的会计流程来进行账目处理或财务安排，这就打破了银行时间节律，消除了银行时间上的断点或盲区。

数字法币还有一个创新是银行体系根本无法企及的，即每一分钱的每一秒钟的运行都会被记录下来，换言之，数字法币是实时记账的。银行账户的电子记录实时，但是记账最小的时间单位是天，存在隔夜问题。

总而言之，数字法币的创新大体有四方面，即全员覆盖、零利息、全时交易、实时记账。

数字法币是中央银行的货币创新，不是商业银行的商业创新：银行账户开不出数字法币的"花"，也结不出相应的"果"。经济学家凯恩斯在其名著《货币论》中开宗明义地提出："现代货币是账户货币。"中央银行通过设立数字法币账户体系发行并运行数字法币，无疑会给中央的货币政策带来积极作用，对于利率结构变革具有促进作用。这一货币创新，对于商业银行来说，既是挑战，也是机遇。特别有如数字人民币所谓的"双层结构"中，央行与商行的相互加持，将极大地推进货币数字化运行，不仅可以夯实"数字央行"体系，也将助力"数字商行"的确立。

二、开启公司财务数字化

数字支付发轫于私人部门，公司机构一向缺乏数字支付工具，通过NFC（近距离无线通信技术）一定程度上弥补了这一巨大短板。但应看到，NFC只是解决了"收（款）"的问题，并没有解决"支（出）"的问题，是单行线；并且，利用NFC进行的数字支付只是在个人与公司机构之间发生的，在公司与公司之间，数字支付是"零"。在中国，开放对私数字支付后，对公数字支付的迟迟未能完全开放。开放对公数字支付，不仅需要提供相应的数字支付工具，关键还在于提供对公收支数字支付的会计入账依据，即将对公支付活动体现到公司财务报表上。一般来说，私人支付无须记账入表，因此，私人数字支付大行其道；对公支付必须记账入表，这就不能简单拷贝私人数字支付形态，还必须提供法律和财务的支持。目前有两种变通方式：一是公司机构借用私人数字账户，进行表外账外支付的状况；二是使用NFC，缓解数字收账的压力。根本之法在于发行与运行数字法币，实现公司和企业部门之间的数字收支，打开数字支付的对公场景。

发行与运行数字法币，设立"公司（数字法币）钱包"，公司机构能够借此开立并使用数字法币账户。与居民家庭部门一样，企业部门亦同时拥有银行账户和数字法币账户。这一创新将扩张企业部门的数字现金来源和使用途径，开启公司财务的数字化。

公司现金管理一向近乎最为严格的财务约束，根源在于银行现金使用的自由度"过"高而财务记录往往"过"宽，合起来就是透明度过低。数字法币能够实现有效约束、有限自由、实时完整记录以及信息充分而透明，便于实现穿透式监管。届时，公司数字支付场景将层出不穷，数字法币的需求也将日益增加。这就对公司机构的财务活动产生了数字化的压力，即公司数字化财务活动映射到纸质的财务报表上的难度和频率都成了问题：一方面，财务报表往往不能全面或及时地反映公司数字化的财务活动；另一方面，企业数字财务活动越来越难适应既有的财务规范约束。

这就需要不断更新有关的财务规范,从暂时性安排向长期稳定的制度规范演进,从借用比照其他规范到"量体裁衣"、自我设限,从设立数字会计科目到确立数字财务流程,进而制定专项的数字财务活动报表,最终出台数字报表规范及监管细则。公司财务数字化是一项重大挑战,也是相关行业的重大机遇。没有数字法币的发行与运行,公司财务数字化也就失去了"定海神针",数字经济就将出现偏差甚至失衡。

三、引致政府财政数字化"变轨"

个人或居民家庭部门和企业部门财务收支数字化,必然影响乃至决定政府部门财务收支的数字化。这一连串变化或冲击的关键在于数字法币的发行与运行。其意义在于,消除三大经济部门数字化进程中的"不平衡"。

不难发现,私人数字支付先行是监管宽容的产物。但是,在不同经济部门之间形成的数字化落差不宜持续拉大或加深。政府部门财政活动的数字化,不能依托或借用私人数字支付体系,必须依靠数字法币体系。这就意味着,数字法币的发行与运行,不仅会带来企业部门的财务数字化,还将激励政府部门迎头赶上,实现政府财政数字化。

政府财政数字化"变轨",主要有以下两个方面:

(1)财政收支数字化将大面积、大规模打开数字经济活动的对公场景，推进各项事业的数字化大发展。医疗与医药、教育与培训、社会保障、养老保险、住房补贴，以及准公用事业收支等，一系列关乎国计民生的重大领域乃至税收与公务员工资等，都将因数字法币的发行与运行而实现数字化。由此带来的一系列对公场景的拓展与深化，是任何企业部门所无法替代甚至无法企及的。举例来说，公费医疗收支的数字化将直接影响到医疗、医药等相关产业。既有的运营模式将发生根本性的变革，既有利益链条或将难以为继，医疗医药事业改革亦将借此步入数字化的快车道。进言之，实行全覆盖的医疗、医药数字结算与数字支付体系，其效率、透明度和公正性将满足医患政企诸方面的利益诉求；这一体系将极大降低全社会医疗支出成本，降低政府部门的预算压力和支出压力，同时，也为医疗、医药事业的长远发展提供了更为高效的资金循环的基础设施。可以想见，政府部门财政数字化，将因数字法币的发行与运行而稳步推进，相关的各项事业亦将取得长足进步。

（2）财政结构的数字化，亦将通过发行数字债等途径优化财政收支结构，促进宏观经济运行质量的全面提升，从而保障社会公正。数字法币的发行与运行，有助于促进政府部门与个人或居民家庭部门直接的资金往来：一方面，公民个人税收的数字填报和缴纳将趋于合理，效率与透明度也将有所提高；另一方面，政府部门亦将透过数字法币账户体系直接与公民个人确立债务关联、发行数字债，不仅能够减除中间代理费用，大幅缩减发债成本，而且可以实现差别利率营销，利用大数据更为精准地销售公债。提升乃至扩大政府部门数字债的规模、水平与结构占比，能极大地优化地方债务规模、结构与水平，完善转移支付体系，并对整个财政金融体系的利率水平与债务运行质量起到积极作用。

从一定意义上说，个人或居民家庭部门数字收支的规模与水平，是数字经济体系的基础与风向标；企业部门数字收支的能力与水平，是数字经济体系拓展与提升的根本动力；政府部门财政数字化的效能与活力，才是整个财政货币金融体系数字化的保障。检验数字法币发行与运行成败的根本标准之一是能否有效地引致财政数字化的兴起与变革。

四、实现资产结构数字化变革

数字法币的发行和运行，将直接产生数字资产，从而改变社会资产的结构。

社会经济体系中，现行资产结构大体有两种：物理性资产和权益性资产。物理性资产，主要是指那些低值易耗或会计上计提折旧的资产，它们往往具有明确而稳定的物理属性；权益性资产，是指不具备物理属性而完全依赖法律设定与保障的资产。现实中，资产形态及其状况往往要复杂得多，如，房产物业，一方面是物理性资产，需要计提折旧；另一方面也是权益性资产，这主要是指相关权证或权属登记部分，无须计提折旧，且可随行就市调整其账面价值。

当前，数字资产主要有三种：数字音乐制品、数字图像制品和数字货币。前两者自始即为数字形态，在数字条件下产生、运转；后者——数字货币，即所谓的"加密资产"。前两者大体具备基本的法律保障，加密资产的法律界定及其财务规范，尚在探索、形成与完善中。

在社会经济资产结构中，增加一类资产，大体需满足两项要求：法律上的认可及财务上的作价入账。不难发现，加密资产的现时困境，不在法律方面而是在财务安排方面。从国际上看，相关法律争议正是在财务计价与安排上。需要补充的是，一些关于"数据即资产"的说法是非常不严谨的，无助于法律或财务上的实操而徒增烦扰。从现实角度看，大量数据事实上都是功用性极低的，可谓"数据垃圾"。这并不奇怪，高科技同样产生垃圾，比如太空垃圾。数字技术与数字经济中，形成大量的数字垃圾是常态，这将引起经济社会的警觉与反省。商业条件下，大量的数据运营、挖掘、开发，包括回收利用等，事实上是通过服务协议来展开的，是受到合同法保障的，它并不是资产形态的商业运营。这一点是需要明确与强调的。

数字法币发行与运行后，其账户内的数字是货币资产，但并非传统意义的货币资产——银行货币资产（《银行法》意下的资产)。作为货币资产,数字法币可类比《银行法》意义下的资产,具有相应的权益资产属性,但同时它也具有数字属性,是数字资产的一种。伴随数字法币运行中不断涌现出来的新问题与新状况,数字法币就会突破《银行法》下权益资产的类比界定,进而凸显其数字特质。当数字财务乃至数字财政运行至一个较高阶段且状态稳定时,相关数字立法体系就会确立并完善,数字货币资产将获得财务与法律两个层面的支持。

数字法币一经独立为数字资产,建诸其上的各项数字金融资产或财务资产便逐一跟进为数字资产;更多类型的数字资产将涌现出来,以数字法币计价入账并获得法律保障。其中,以区块链等技术开发运行的各类数字资产,将以数字法币为计价,且其运营亦将极大扩张数字法币的需求。后续与相关层出不穷的法律与财务问题或挑战,都将表现出数字资产的活跃度与生命力。

社会经济历史长河中,资产最初局限于物理属性,并最终获得民法的保障。近代以来,资本主义出现了所谓的"法律革命",商法突破民法的约束:公司、票据、海商、证券、银行、保险等诸商法的崛起,极大地扩张了权益性资产,并使其在规模水平上超出了民法意义上的物理性资产。不难发现,商法意义上的资产都是所谓的"账面资产",往往就是报表上的数字。数字技术诱发数字经济,生成数字资产,带来了相关的财务与法律层面的挑战:以银行货币的立场或视角来衡量与应接数字资产,不免困境重重;发行与运行数字法币,正式就此打开了方便之门，并将引进更为复杂多样的数字资产。正如权益性资产通过货币创造的银行体系，在规模和水平上大大超出物理性资产一样，未来数字资产亦将通过数字法币，在规模与水平上大大超出权益性资产。从这个意义上说，数字法币开启了资产数字化的革命，必将繁荣壮大数字经济。

五、个人选择自由及其经济观念的巨变

一个时代有一个时代的货币经济观念，经济社会也呈现出相应的决策与选择模式。

近代社会经济变革，发生在企业，特别是生产企业大发展的时代。与其相适应的是银行体系崛起，利用货币创造支撑起整个产业经济革命。这个时代，经济社会的主角是企业。企业的选择与自由是社会经济运行的主旋律，引导与塑造了整个社会经济体系的观念。

数字经济，是个人选择的崛起，是社会经济运转的基本力量。个人自由将成为社会经济观念的主旨与基础，引导与塑造整个社会经济观念，使之更具人性内涵，企业理性与自由及其病症将得到最大限度地矫正与扬弃。本轮货币变革，以数字法币的发行与运行为转折点，支撑起数字经济革命。更为关键的是，为数字经济提供一个"全员覆盖、零利息、全时交易、实时记账"的货币基础，从而降低全社会的交易成本、全员的机

会成本，带来普遍的经济自由。

数字法币的发行与运行，所带来的社会经济冲击将波及、社会经济体系的各个部门，不仅将改写既有的网络平台经济，还将对国际经济体系产生难以估量的影响，它的创新意义亦将不断拓展与深化。

11.3 引擎——数字法币标志数字经济的"全面崛起"

没有数字法币的发行与运行，数字经济就仍是一种趋向，在拓展便会遇到既有法币体系的阻碍。数字法币的发行与运行似强大的动力引擎，彻底地改变了经济数字化大趋势下货币体系的力量对比，意味着数字经济在对私与对公两个场景全面展开，进而在居民家庭部门、企业部门及政府部门等整个经济体系中展开，是为数字经济全面崛起之标志。

一、中国数字经济发展的总形势

数字经济的基础是数字支付。没有数字支付的数字经济，至多只是一种构想或憧憬。

2020年，中国扫码支付达到350万亿元人民币，且增速迅猛。如何认识这350万亿元人民币扫码支付呢？

首先，在规模上，它是GDP、国民收入、社会零售商品销售总额等主要经济指标的"倍数"。这表明数字经济已经在中国生根发芽，茁壮成长，不可小觑。其次，在性质上，扫码支付是个人端口的数字支付。这表明，在中国，C端的数字支付的大格局已经初步形成，接下来，似乎应该主要关注B端的数字支付问题了。再次，在范围上，"非（当）面（支）付"普遍发生，特别是陌生人与陌生人的隔空支付已成为常态。这表明，数字经济已自发形成了数字支付体系的支撑结构。最后，在趋势上，在扫码支付的主导，使数字支付体系具有十分强劲的渗透力与扩张力：一方面数字支付体系迅猛扩张到既有的支付体系难以覆盖到的领域；另一方面，它也非常强烈地冲击了既有的支付体系，甚至快速替代了部分支付手段。这表明，支付数字化是数字经济中最强大的推进力量，支付数字化不是局部的问题，而是具有全局性的趋势。

二、数字货币的来源

数字货币的来源大体有四个：

第一，数字支付的广泛实践。如上所言，中国数字支付的现实决定了现有的数字支付手段是不能自发形成数字货币的。同时，监管部门也否定了将现有数字支付工具提升为法定数字货币的可能，并确定了现有的数字支付工具仅作为支付指令的地位，并不认为其符合数字货币的基本条件或功能。这或许与个人的数字支付体验相左，但是，那仅是因为数字支付工具在零售环节具有与数字通货相似的属性，而尚不具备货币属性。

第二，网络虚拟社区的有限实践。网络虚拟社区的一些活动生成了所谓的"私人数字货币"，这些数字货币在网络虚拟社区中发挥了有限的支付功能。但是，当这些网络虚拟社区中的私人数字货币跨出网络虚拟社区，进入现实的经济活动，其"数字货币的支付功能"并没有得到极大的释放，反而趋于萎缩。值得重视的是，来自虚拟网络社区的诸种数字货币作为数字资产带来一波又一波的投资投机热潮。即便在监管当局给予包容性监管与宽松的环境下，这些私人数字货币也没能在数字支付上有所突破，而是继续沿着数字资产投资与投机的路线滑行。虽然个别国家的货币监管当局或财政当局给予极个别数字货币一定的法定地位，但是，其在现实经济活动中的作为与地位还是根本无法显现出一条明确的数字通货路线图来。更为吊诡的是，私人数字货币很少作为数字支付的通行工具被关注，更多的关注点还是停留在其作为数字资产的法律保护与交易许可问题上。

私人数字货币，不论是源自网络虚拟社区，还是后来被开发出来的，均在规模上和现实使用上存在严重不足，加之价格浮动和监管风险，几乎看不到其自发成为数字通货的可能。

第三，私人数字货币最令人称道的是技术上的先进性，这带来了所谓价值观上的"幻想"。然而问题在于，如何"落地"？技术如何同经济实践结合在一起？这方面似乎变得越来越重要。现实是，技术与经济实践的结合是"散点式"的，星星闪烁，明灭可见，远未连成一片，与铺天盖地的支付宝、腾讯支付等数字支付相比微不足道。概言之，纯粹以技术为中心来孵化数字支付，事实上远离了数字经济的现实，远离了数字支付的实践需求。核心还在于现实的数字经济需求，技术是应用层面上的，不是主导性的。

第四，法定数字货币的有效实践。近年来，各国中央银行先后表态关注数字货币，态度趋于积极，支持数字货币发展的立场也日趋明确。法定数字货币的发展不外乎三条路径：一是将既有的数字支付手段法定化，二是将个别或部分私人数字货币法定化，三是应用或借用相应的技术手段来发行法定数字货币。目前，已表明态度的各国中央银行基本上都奉行第三条道路。

中国具有最为丰富的数字法币现实来源，有着更为丰富的数字经济与数字支付的场景与实践经验。中国的数字法币实践必然基于现实的数字经济发展状况，并且结合货币经济需要与相关技术条件。在这方面，中国有可能、有条件也应当做得更好、更贴合实际需求，以提升与促进数字经济的长期、持续、有效而强劲的发展。

三、数字法币是数字经济的新引擎

什么是数字经济呢？大体上可通过下列几个递进的步骤来理解。

数字经济是信息经济的升级版。在信息经济时代，经济活动的各主体事实上都是信息的需求者，换言之，是信息太慢，而人需要等待及时、有效、充分的信息；数字经济时代，信息大爆炸，且传播的速度与范围发生了根本的变化，各经济主体需要及时、有效、完整地处理大量信息，而往往信息是过量的、过载的。信息处理的重要性第一次超过了信息需求，经济社会需要及时有效地处理巨量信息，这就需要数字技术的普遍应用。

数字经济是交易大爆炸的产物。网络数字技术将交易活动有效地分解为交易达成与交易完成两个环节，在网络数字环境下达成交易，而在线下完成交易。这就使得交易时间一分为二，从而将交易决策完全置于网络数字环境中，使得交易效率极大地提升，从而实现交易大爆炸。交易大爆炸意味着任何人在任何时间、任何地点，同任何人交易任何商品或服务，并使用任何一种支付工具成为可能。

经济活动实现了数字化。有没有完美的经济关系？在现实中，没有完美的经济关系。因为物理世界总是存在一定的损耗乃至不确定性。但是，在数理环境中，物理意义上的损耗并不存在，程序驱动的经济关系、规则及其执行都是确定无误的。

由此，在数理环境下，存在近乎完美的经济关系。

个人的经济活动基于经济决策。在数理环境下，个人的经济决策及其推进是可以被程序设定与运行保障的。由此，经济决策活动的中心由以往的企业决策转向了个人决策。也就是说，数字经济以个人为中心，而以往的产业经济以企业为中心。经济中心的迁移，决定了货币形态必须同时作出相应的调整。

四、为什么数字经济需要数字法币

数字经济以数字支付为基础，数字支付需要相应的数字货币。既有的数字支付手段并不能自发地生成数字通货，这就需要寻求新的数字货币衍生途径，唯有数字法币才能够有效地支持数字经济。首先，数字法币是真正意义上的数字通货，能够有效地终止数字支付对私场景的割裂，也能够开启公司企业部门与政府部门的数字支付，开通数字支付的对公场景。其次，数字法币能够带来数字报表的产生、发展，促进数字财政的产生、发展，并最终带来数字化的金融活动。正是在这个意义上说，法定数字货币是数字经济的新引擎。

具体来看，银行货币与数字法币之间将存在一个相伴过渡的时期，即存在一个货币二元化的历史阶段。银行货币与数字法币之间的区别主要在于各自的账户体系不同：银行货币在银行账户体系中运行，数字法币在数字账户中运行，两种货币之间是兑换关系。对中央银行而言，发行体制并没有发生根本变化，两种货币的名义价格是一样的，记账货币（即名义货币）也没有发生变化。

现有的货币银行体系是产业经济时代的产物，服务于产业经济，服务于企业部门。但是，伴随着三个多世纪制造业的迅猛发展，以制造业为核心的产业经济时代，已经走过了它的高峰期。产业经济利润在下滑，经济社会产出巨大，已进入加尔布雷斯所称的"丰裕社会"。产业经济时代该以生产成本为基本的经济活动的考量，以提升生产效率，进而扩大产出为目标。但是，80多年前的"大萧条"已经宣告了"供给创造需求"的萨伊定律的"破产"。经济社会必须寻找扩大交易的途径，以交易大爆炸来应对生产大爆炸所带来的冲击与厄运。网络经济时代实现了交易大爆炸，交易效率的提高超过了生产效率，从而使消费者或者个人成为经济活动的中心。数字支付大行其道，交易成本大幅下降。在数字经济时代，经济决策数字化，机会成本大幅下降，经济活动的自由度极大提升。

由是观之，网络经济时代事实上处于一个过渡期，网络支付也是一个过渡形态，需要及时有效而充分地将网络数字支付提升为数字货币，从而不仅在支付环节，更在个人居民家庭部门、企业部门与政府部门实现充分有效的数字化，极大地提升与推进经济社会数字化的总体进程。法定数字货币的及时推出不仅是数字经济全面崛起的引擎，更是社会经济发展的里程碑。

第十二章　数字法币的落地

12.1 主导——数字法币是货币金融发展的必然趋势

一、数字法币的发行与运行取决于现实的货币需求,而非技术偏好

需求与数字技术哪一个是数字法币的发行与运行决定者?

数字经济,特别是数字支付的成熟程度,决定了数字法币需求的规模与层次,是数字法币发行的现实经济依据。数字法币的现实货币需求,既是其发行的动机,也是其运行的动力;相关数字技术只是提供了数字货币供给的某种可能性,并非构成货币需求的必然条件。

那么,为什么私人数字货币不能成为数字通货,进而满足数字化的货币需求呢?私人数字货币与法定数字货币有着很大的区别,第一,私人数字货币不能实现与银行货币的1∶1固

定兑换关系，即便是稳定币也依然存在不稳定的可能，这就破坏了记账货币的单一性与稳定性；第二，私人数字货币之间要么相互封锁，要么相互扰动，不利于货币稳定，换言之，对私场景是割裂的；第三，企业和政府部门无法将私人数字货币作为记账货币，事实上，也难以给予其数字资产之外的通货地位，换言之，私人数字货币的对公场景是封闭的。以中国为例，2019年移动支付总额为347.11万亿元。这主要是依托私人数字支付平台完成的，但是，私人数字货币的对私场景往往是彼此割裂的，而对公场景是封闭的。简言之，就是有各行其道的数字支付，没有畅行无阻的数字通货。

私人数字货币，在技术上或有可取之处，但往往并不能够自行引入相应的货币需求，且不能满足现实的数字货币需求，就此往往沦为投机性的数字资产。必须指出的是，笃信私人数字货币在技术上往往更先进，且为中央银行等无法企及，甚至是数字法币刻意避免的，这种认识过度依重其技术偏好，往往背离了货币现实，沦为纯粹的技术崇拜，是对数字通货的误读。

私人数字货币虽然给数字法币带来了一定的竞争性压力，但并不构成全面性、根本性的竞争和替代关系。

二、发行与运行数字法币不直接影响货币总量

数字法币不做计划发行，即进行各种形态的兑换式发行，

其中最为重要的是商业银行账户体系与数字法币账户体系相关联，成为兑换的渠道。经济现实中，有多少"数字法币"的需求，就可以通过诸如商业银行账户体系与数字法币账户体系的连接实现"购买"，即"兑换"。这是在双向的原则下不受数量限制的"兑换活动"。事实上，数字法币的兑换量是市场需求决定的，而不是发行者所计划的。既然不是计划发行，那么，发行量就是市场供需形成的，而央行事实上采取的是"敞口"供应，所以，也不会造成供需环节的压力，更不会形成"溢价"或"折价"问题。

数字法币的发行方或运行方，或许选择给予数字法币一定的利息，但是，这在会计处理上存在一定的难度：首先，缺乏利息来源。利息基于资金让渡使用或银行存款，数字法币不可等同于银行存款。它在任何时间点上都只有一个主人，这是数字账户与银行账户的根本区别所在。那么，没有货币让与就没有他者使用，也不会产生利息及其给付。其次，如果给予利息，那么数字法币的发行者只可选择折价发行的方式支付利息，利息部分计入发行成本。但是，这样难以将时间因素引入，而发行成本只能是一次性的列支。

因此，数字法币类似于流通的银行现钞，没有人会为现钞支付利息。但是，数字法币明显优于银行现钞，因为，它可以实现跨地支付，而银行现钞只能是面付，邮寄支付现钞风险大、成本高、效率低，完全不现实。

数字法币是对M0的"替代"。这个"替代"可以理解为"替换",数字法币实际上将流通中的银行现钞相应地"挤出"了。这不仅反映在"兑换"环节,更体现在"流通"环节:在兑换环节看,替代是一对一发生的;在流通环节,就可能不是一对一的替换了,数字法币可能是更大规模地替代了流通中的银行现钞。所以,也不能简单地理解为"替换"。

那么,数字法币的发行与运行是否影响到货币流通量呢?

一方面,数字法币的发行与运行没有直接改变既有的货币流通总量,而是改变了货币流通的结构。如果结构不发生变化,就没有M0替代的发生。既然货币结构发生了变化,就不能再以固有的货币层次体系划分的视角或立场来看待这一问题了。有人提到,既然流通中的银行现钞作为M0被替代,那么,这个被替代的"量"就会影响到商业银行体系的货币创造的能力。即便在单一银行货币时代(没有发行及运行数字法币时),银行体系的货币创造能力是取决于"存款",还是"贷款"?这本身在理论上也是有争议的。

因此,单纯从"量"的角度,尚难直接对"这是种怎样的影响"下结论,因为,货币的结构发生了变化,不能比照原有的结构来判断。从流程上来看,尚难说替代"量"直接影响到银行体系的货币创造。

另一方面,是"零利率"的问题。因为,数字法币对M0的替代量部分,是无须付息的。那么,其所支持的支付量则在单位时间内大于相对应的银行现钞支付量，这是数字法币的数字化流通的特质所决定的。那么，被替换的现钞周转量是非常可观的，越来越大，特别是公司等法人机构通过"公司钱包"而发生的数字支付的量，将大大替代或超出银行支付的量。这就意味着，银行利息水平将因这一部分支付量被替代而下降。这就是所谓的数字法币带来"负利率"的问题。这个情况将极大地影响到总体的货币流通量，影响到利率的结构与走势。这也是非常值得关注的部分。

三、数字法币与数字法币账户体系，究竟谁是基石

数字支付与银行支付是两个范畴，各自基于不同的账户体系，即数字账户内的余额数字为数字货币，银行账户内的余额数字为银行货币。数字支付与银行支付，基于各自不同的账户活动，两套账户体系之间不发生支付活动，只存在兑换关系。

与银行账户内的余额数字代表着"银行货币"一样，数字账户内的余额数字代表的是"数字货币"。银行现钞拥有冠字号标明的独立身份，硬币则相应地混同了身份，但是，银行账户余额是个数字整体，并不具备现钞意义上的独立个体身份。数字法币只存在于账户，体现为账户余额，账户体系之外根本不存在类似于银行现钞的"数字现钞"。数字货币账户之间的资金往来，即为数字法币的支付活动，事实上，就是中央银行根据

账户主体指令而发生的（直接或间接的）记账活动。记账活动需要确立记账货币单位，并不需要借助于独立存在的货币本身。

中央银行发行数字法币，根本无须在技术上去造就数以亿计的一个个相互独立的数字货币，更不谋求在数字法币账户体系之外去实现银行现钞式的货币流通，它只是确立相应的数字账户体系及其记账体系。因此，数字账户体系才是理解数字法币发行与运行的关键所在。

四、数字法币发行与现有货币发行体系的关系如何

主权货币必须确保记账货币单位统一，否则，将造成不必要的且十分恶劣的货币动荡，因此，数字法币与银行货币的兑换比例固定为1∶1。数字法币发行后，货币运行的三个层次发生相应的变化：首先，记账货币仍旧保持单一化，不因数字法币的发行而发生二元化的变化。众所周知，私人数字货币与法币的比价往往不稳定，使其极不适于作为货币而流通，只能作为资产而流转。其次，支付货币出现数字法币支付与银行货币支付的"二元化"结构。两者之间的兑换价格锁定为1∶1，而兑换规模、速度等由市场决定。最后，结算、清算等也因数字法币的出现，发生相应的变化。

数字法币与银行货币之间的关系是兑换关系。也就是说，数字法币的发行，是一种"购买式"发行，即流通中或市场上

需要多少数字法币,需求者即以银行货币购买多少。由此,货币总量不会因此而直接发生变化,中央银行发行数字法币,原则上并不需要改变既定的货币发行政策。"购买式"发行,意味着数字法币对银行货币的市场化的局部替换,既没有记账货币的变化,也没有既定货币总量上的突变。

(一)数字法币有助于货币政策调节及金融稳定

数字法币是数字化的现钞,即任何时间点数字法币只有唯一一个确定的持有者。人们无法为别人的现钞付利息,这就表明数字法币无息或利息恒为零,这是完全不同于银行货币的情况。由此,数字法币与银行货币的二元化体系,在利率结构上,出现了明显的分流,根本上改变了货币政策的利率基础。数字法币所支持的大量资金往来及资金存量都将极大地减轻付息压力,局部尚可期待实现负利率。

这就表明,数字法币的发行与运行,更加有助于中央银行推行其货币政策。货币政策将更加精准有效,并整体性地提高金融运行的效率与稳定性。进而,数字法币的发行与运行不仅极大地缓解了金融体系的资金运行成本,提高了效率,更促使金融风险特别是系统性风险出现结构性的降低。这更预示着,各主权货币乃至中央银行体系之间的竞争与合作必将历史性地步入有数字法币的新的货币经济时代。

数字法币是单一的还是多样化的?它将如何影响整个社会

经济体系的财务活动?

数字法币的发行主体可实现多元化,并不局限于中央银行,财政当局可以发行数字债券,邮政当局可以发行数字邮票,官方的通过数字化的发行方式发行的有价证券,均可视为"法定数字流通证券"。进而,中央银行并不会只发行一种数字法币,可以根据需要发行不同流通范围、不同流通期限的数字法币。

数字通货或数字证券的多样化,是数字经济稳定与发展的必然趋势与要求,不存在技术上的阻碍,与此同时,记账货币单位仍将保持单一;多元化发行主体与多样化数字通货的基础数字账户体系依然基于中央银行的数字法币账户系统。这就促进了数字法币账户体系的结构化与分层化,相较银行货币体系,数字法币体系将更趋灵活、复杂,更加适应变化。

数字法币是 24 小时运行的,没有隔夜问题,可以实时记录入账,完全不同于银行货币。这就意味着,未来财务活动数字化将实现"实时""无间隔(全时)",因此既有的记账周期、财务科目、财务规则等都将因数字法币的发行与运行,发生根本的"时间革命"。现有社会经济体系中的财务时间节律是人为设定的,以银行作息时间为依据,未来的数字经济是全时、实时运行的货币经济。这就表明,数字货币,特别是数字法币,是货币金融发展中的必然趋势。

12.2　发行——中央银行发行数字法币的五个问题

当前，各国中央银行或货币管理部门都对数字货币表达了不同程度的关切乃至浓厚的兴趣。迄今为止，中国之外尚无一家中央银行实际发行了数字货币，但是，数家中央银行表达了尝试运行乃至发行数字货币的意愿。对此，有人认为，即便中央银行发行数字货币，也并非真正的数字货币，甚至有人认为，数字货币是"去中心化的"，与当今的货币管理机制是根本不兼容的。这就需要深入研判中央银行数字货币发行及其所带来的问题。

一、账户体系问题

中央银行发行数字货币的核心目标是确立新的法定（数字）货币账户体系。现代货币是账户货币。中央银行发行数字货币标志着一元货币账户体系裂解为二元货币账户体系。由此，法定数字货币账户体系确立后，数字货币的更新迭代亦将在此账户体系内完成。

央行发行数字货币之前，法币即为银行货币，银行账户体系是唯一的货币账户体系。央行发行数字货币后，法币一分为二：银行货币与数字货币。两套货币体系，需要两套账户体系：银行账户体系与数字货币账户体系。这就是说，必须在银行账户体系之外建立一套数字货币账户体系,以满足发行与运行数字货币的需要。数字货币账户体系与非数字货币账户体系(银行账户体系)之间虽有联系,但两套账户体系各自运行,平行而不相交。

此外,"法定数字货币"产生,既有的数字货币为"私人数字货币"。这就出现了法定数字货币与私人数字货币的界分。那么,法定数字货币账户体系与非央行发行的私人数字货币账户体系之间是否会出现连接?这便完全取决于监管要求,且私人数字货币与商业银行之间既有的账户联系或将受到新的监管约束。

央行发行数字货币的价值基础、发行逻辑、技术约束等诸如此类的问题,关乎数字货币本身。然而,法定数字货币真正的冲击率先体现在账户体系方面。简言之,法定数字货币自身的技术调整、升级或完善需要一个有效的进程,但是账户体系的确立与运行为之提供了一个现实基础。

二、会计科目问题

法定数字货币账户体系的建立标志着将数字货币资产纳入财务会计科目,使之成为法定资产。数字货币是数字资产,当前,数字资产是私人数字资产,并不能进入财务报表。原因很简单——缺乏必要的会计科目。即便可以计入相应的会计科目,开立数字货币资产的账户亦须明确的法律支持。简言之，当前数字货币是私人数字货币，不仅是私人发行，且只能由自然人个人持有，法人机构事实上难以自身名义直接持有数字货币。即数字货币尚不属企业法定的账面资产。

央行发行数字货币彻底改变了这种局面，法定数字资产将能够入账，法人机构将能够直接持有数字货币资产。数字货币资产或以数字货币计量的资产，与银行货币资产及其活动，将更有效地反映实际经济活动。就整个社会经济体系而言，数字资产账目化将刷新社会财富的机构，极大地推进数字资产的结构性增长。

这意味着财务活动亦将分化为以数字货币与以银行货币为基础的财务活动，两类货币活动的财务表现将越来越难以无差别地统一在既有的财报体系中。这就意味着，未来数字货币活动将与数字财务报表相匹配，而不是与银行货币计量的财务报表相妥协。财务报表亦终将分解为数字货币财务报表与银行货币财务报表。

三、现金回笼问题

发行数字货币，促使央行拥有"新"的货币回笼渠道与健全的货币政策体系或机制。相对于银行货币而言，非银行发行的网络数字支付工具，都可以被看作私人数字货币。它们并不都是"技术创新"的产物，不少私人数字货币正是一系列众所周知的网络数字支付工具，其所依赖的账户体系并非银行账户体系，而是银行账户体系之外创设的网络数字支付账户体系。私人数字货币与银行货币存在着1∶1的兑换关系。这种兑换活动类似以往在私人数字货币账户里充值，从而完成了私人数字货币的发行，而其运行则在银行账户体系之外的私人数字货币账户体系内。私人数字货币的发行与运行扩张了事实上的货币供给，改变了商业银行的存款结构，影响了货币当局的货币调节机制。换言之，私人数字货币本质上是一种竞争性货币，对于银行货币存在持续性压力，在网络经济中所占据的优势地位越来越明显。最为重要的是，私人数字货币对于银行货币的巨大挤压或激烈竞争，在事实上扩张了货币流通总量，但没能有效地使货币全部回笼到中央银行系统。

中央银行发行数字货币，有助于抑制过于强势的私人数字货币，而近乎退出流通的银行货币将会通过兑换成法定数字货币而回笼到中央银行系统。反之，如果缺少货币发行者发行的法定数字货币，私人数字货币不仅将持续地扩张货币供给，挤压银行货币，而且难以回笼货币。长期下去，不仅会对银行货币造成损害，而且会对货币当局的政策性调节构成障碍。

因此，央行发行数字货币将在相当程度上扭转乃至终结私人数字货币对于法定货币的竞争优势，使央行的货币政策手段能够延伸到数字货币流通领域，且能够使央行具备通过数字货币回流银行货币的能力与渠道,从而稳定货币供给的结构与规模。

当前,各国央行都在自觉或不自觉地在不同程度上扩大货币供给,然而货币回笼渠道依然陷于既有的政策模式,这就意味着难以逆转的通胀政策趋势。发行法定数字货币将有助于逐步有序地大量回笼流通中的现金,特别是私人部门的现金流量,这对于实现在扩张货币供给与控制物价水平之间的政策平衡意义巨大。

四、网络支付问题

数字货币的发行与流通将改变网络支付体系的格局。央行发行数字货币,将使企业部门能够持有并流通数字货币,从而改变数字货币基本上由个人持有的局面。同时,个人所持有的数字货币,在机构上也会发生本质变化,即个人不仅持有私人数字货币,而且持有法定数字货币;且鉴于法定数字货币是唯一的,而私人数字货币是多样的,这样一种"一对多"的格局决定了法定数字货币将具有主导数字货币的地位。

由此,私人数字货币相互竞争的格局,将因法定数字货币的出现而发生变化,就是说法定数字货币账户体系可能成为"主数字货币账户体系",而私人数字货币账户体系则降为"辅助货币账户体系"。

换言之,法定数字货币账户体系将取代基础数字货币账户体系的地位。进而,各数字货币账户与商业银行的银行货币账户之间的联系,将让位于法定数字货币账户体系之间的联系。简言之,私人数字货币"与商业银行的联系",极有可能为"与法定数字货币的联系"所替代。

这就将使得既有的网络支付体系的格局发生变化,即法定数字货币账户体系作为网络支付或兑换的基础账户体系,私人数字货币或银行货币随之失去网络支付的既有地位。由此,各私人数字货币之间的竞争格局也将受到法定数字货币的影响。由私人数字货币或网络支付手段所形成的资金流通的账期结构或将相互竞争,将受到法定数字货币发行与流通的极大影响,网络支付体系的格局面临重新洗牌。

五、财税结构问题

通过财税等途径,政府部门直接作用于数字货币需求与供给。当法定数字货币实现入账后,企业部门与个人都有能力使用法定数字货币缴纳税金,从而迅速改变大量网络经济活动免税或低税的基本局面。法定数字货币成为税收来源,将扩大法定数字货币的使用范围与需求结构,也意味着只需扩张法定数字货币发行的规模,就可以实现财税数字货币化。

财税数字货币化,将改变财税的货币结构,进而,税收数字(货币)化必然发展成政府部门债务的数字(货币)化。发行与交易数字货币公债将极大地扩张法定数字货币的持有结构和流通结构，从而使法定数字货币具有更强的竞争力以及更为基础性的市场交易地位。

中国网络数字经济发展迅猛，规模巨大，这给央行发行法定数字货币提供了良好的流通基础，特别是网络支付手段的普遍应用，使得法定数字货币初步具备了发行基础，且流通场景更趋于成熟。这些决定了继电商平台经济、网络支付经济的巨大浪潮之后，中国网络数字经济将迎来更具创新性的数字货币浪潮的全方位冲击与推进。

12.3 场景——数字法币的"对私"与"对公"场景

一、前法定数字货币时期的场景问题：对私割裂、对公封闭

在法定数字发行与运行之前，一系列的网络支付平台体系、准数字货币或私人数字货币的运行，一定程度上起到了法定数字货币的作用，但是，它们存在致命的"短板"或"缺陷"，无法自我完善，须待法定数字货币来根本突破。具体来讲，主要有两点：

一是网络支付平台体系割裂乃至对立"对私场景"。

网络支付平台体系（或网上第三方支付体系）相互间存在着激烈的市场竞争，往往自我设限，相互之间不能实现互联互通。这是一个壁垒森严、割裂甚至对立的对私场景。事实上，这也决定了电商与网络支付商相互绑定的格局，即网络支付商的板块分裂促成了电商板块的分裂。支付体系事实上的分化也使得支付商与诸如物流商等之间时常处于紧张状态。这种紧张状态，表面上看，是由于数据共享不足；深入分析发现，是数据性质不同所带来的数据商之间的摩擦与冲突，而这就决定了在相互支持的商业流程中会出现权力角斗或地位失衡。从根本上说，供给商之间矛盾的焦点、冲突的发力点或策源地正是支付商（平台）分立、分裂所造成的不相通的对私场景。

　　虽然共享单车以及更多的零售商可以使用各种网络支付平台来作支付安排，消费者有不同的支付商可供选择，但是，这只是不同的网络支付平台连接了共同的消费者，相互之间并没有实现互联互通。网络支付平台体系是一个严重割裂的支付系统，这一点不如既有的银行体系。

　　由是观之，对私场景由供给端、需求端两个部分构成，即由支付商及电商、物流商等所构成的是卖家，而消费者是买家。卖家之间事实上不能实现互联互通，买家也往往被迫随之受到限制。这就是对私场景的割裂乃至对立。

　　难以逾越的网络支付的平台壁垒，限制了这些竞争性数字网络支付工具间的互联互通。从技术层面上说，这些网络支付工具,也难以自升成为数字通货。"网联"的建立或将打破这种割裂分立与严重壁垒,根本而言,还是需要法定数字货币来作为真正的"通货"实现互联互通。法定数字货币的"法定"属性就在于,阻断"人为"的限制,不论是技术限制抑或是商业性限制,这也可以理解为法定数字货币通过强制力来确保其通货地位。

二是网络支付平台体系没有开辟出"对公场景"。

目前来看,对法人机构的支付需求而言,总体上或整体上依然基于银行货币支付商,就是说根植于银行账户体系,而非网络账户体系。换言之,网络支付平台体系(或网上第三方支付体系)的主要服务对象是个人,尚缺乏明确的政策法律依据与技术手段来对法人机构提供网络数字支付服务。简言之,网络支付平台体系尚不能开启对公(网络)账户,也就不能形成相应的对公场景。对公业务完全没有开展,甚至是封闭的,这是最为致命的局限。

为什么不能开启对公账户呢?首先,在财务准入规范方面是禁止的,使其不得开启对公账户。比较来说,个人在拥有与使用数字货币等数字资产时并没有相应的会计或账目的约束与限定,可以自由地享受数字化带来的便利;但是,法人机构的支付等财务性质的活动必须反映在账目上,受到相应的财务规则的约束。这就导致法人机构大量的电商销售款直接进入个人网络账户,无法进入电商法人的银行账户。因为法人账户即公司账户受限于银行账户体系的运行,无法与网络支付平台之间直接沟通,公司法人不能直接开立网上第三方支付账户。因此这决定了电商交易还是依托于个人网络账户间的支付,换言之,这里只有对私场景,体现为个人网络账户之间的往来。商品的销售状况并不能实时地反映在电商法人的财务报表上,事实上,电商法人的财务报表依然是线下报表,并没有完成反映线上活动的数字报表。因为线下的税务体系并不能实现与线上的有效对接,线上的销售也不能直接反映为电商法人的营业绩效。这就决定了电商法人事实上的免税待遇。这也决定了电商交易方自身也缺乏意愿主张设法开启法人机构网络平台支付账户。缺乏积极拓展对公场景的意愿,是网络支付的机构账户长期悬空而不能落地的原因之二。对私场景或者说个人网络平台支付体系非常高效,但是,一系列分立乃至割裂的私人场景,导致其并不能自发地开立机构账户,成就对公场景。

二、法定数字货币发行后:对私场景贯通,对公场景展开

中央银行发行法定数字货币后,数字通货才真正得以产生,法定数字货币势将开启对私与对公两个方向的业务,且既有数字支付工具之间的壁垒,也将在法定数字货币的冲击及有关当局反垄断的压力下而瓦解。

网联平台的建立,使得网络支付平台与银行货币的固有纽

带被截断了，网络支付平台的数据汇入网联平台，而网联数据流向央行。这在一定程度上改变了网络支付平台分立、割裂所导致的数据分流，有望实现网络支付平台的数据汇聚与贯通。法定数字货币发行后，网络支付平台的货币将更为直接地来自法定数字货币，既有银行货币与法定数字货币间的兑换将更主要地发生在法定数字货币发钞行及运行数字法币的商业银行等兑换平台。网络支付商的货币来源将根本性地转变为法定数字货币，这就意味着法定数字货币账户将更进一步，弥补现行网络支付体系的不足，进一步覆盖银行货币账户的线上盲区。当然，这是一个逐步发生、逐渐发展的过程。在这个过程中，法定数字货币账户终将替代个人银行货币账户，成为对私（支付）场景下的主账户；同时，法人机构将开启相应的法定数字货币账户，即对公（支付）场景下的活跃账户。

伴随经济数字化程度的不断提高，以及数字经济的不断深化与拓展，法定数字货币账户将成为对公、对私场景下的主导账户。与此同时，数字财务规范将确立起来，数字财务报表亦将建立起来。大量的对公与对私的数字货币活动将能够更为及时、有效、准确、完整地反映到相应的数字财务体系中。财税部门的数字化也将大踏步地推进，会计、审计稽核的数字化也将实现，甚至同步发生，以确保数字经济的有效运行。

由此，法定数字货币势必带来对私场景的贯通与对公场景的展开。从这个意义上说，那些认为法定数字货币是一种政府垄断型货币而并不适用于数字经济网络活动的观点，是一种执念或偏见。这些偏见往往没能直面，在法定数字货币时期之前的网络支付平台体系以及准数字货币或私人数字货币致命的缺陷或短板，或者说，宁愿相信其能自行生成变革，而无须法定数字货币来贯通对私场景，无须法定数字货币来展开对公场景。这些认识不仅是片面的，而且是错误的，在一定的条件下更会沦为有害的观念。只有发行并充分地运行法定数字货币，才能够实现真正意义上的数字通货，克服既有网络支付体系的不足与致命缺陷，确保与支持数字经济的大发展。

三、如何研判法定数字货币对公场景

数字经济需要实现货币形态的变革，实现货币的数字化。货币发展历史经验表明，没有对私场景的普及，根本就没有新的货币形态的发生；没有对公场景的发生与稳固，不仅对私场景的割裂无法改善，货币形态的兴替也难以完成。从现实角度看，对私场景普遍地发生了，虽然相互间存在壁垒，彼此割裂，但是经济社会已经初步具备普遍应用数字通货的基础。现阶段，数字货币发生、发展的关键在于对公场景的确立。发行法定数字货币，并不能使对公场景一蹴而就。对公场景的发生、发展与稳固，需要政府部门的支持与介入，需要各种机构的积极参与。其中，政府部门财政收支的数字化是最为关键的步骤。

没有政府部门的参与，通货数字化将仅限于个人与居民家庭部门，企业部门的介入也是有限的。因此，必须要有政府的有效参与。换言之，法定数字货币发展的关键在于拓展政府部门的需求。只有政府对法定数字需求得以确立并拓展，企业部门的需求才能够被有效地带入。由此，居民家庭部门、企业部门、政府部门才能在共同的数字通货的基础上推进与拓展数字经济体系。

法定数字货币的对公场景的核心是政府部门的财政收支数字化，就是财政货币从银行货币向法定数字货币"转轨"。当然，一方面，这是一个进程，需要全方位的制度体系的设计与安排，不是一蹴而就的；另一方面，在相当长的一个过渡时期，财政货币将体现为银行货币与法定数字货币的二元化结构，即政府部门数字化的货币收入从无到有，从小到大，从次要发展到主要。

财政收支货币的数字化，不仅意味着将个人与政府部门货币关系数字化，也意味着企业部门或法人机构与政府部门的货币关系数字化。当法定数字货币账户体系建立并运行之后，政府部门与个人、法人机构等的货币关系通过法定数字货币账户体系得以确立。关键在于，事实上的货币往来关系的数字化。首先，需要财政部门率先开启收入的数字化：一是税收的数字化，包括个人税收和企业税收两个部分，当然税收数字化主要发生在数字经济部分；二是债务的数字化，主要是政府债务发行的数字化，包括用数字货币来购买政府债券、政府部门直接发行数字化的债务。无论哪种形态的数字债务收入，都是以法定数字货币来计价、交易与结算的，也都是依靠法定数字货币账户体系的。政府部门有了数字货币形态的收入，其支出的数字货币化也将展开。教育、医疗、社保、福利等个人端的支出数字化也不远了。如此，财政收入与支出的数字化形成了所谓的"闭环"。这种状况也将企业等法人机构的数字货币需求强制性地带入，从而成就主要经济部门的收支数字化，进而形成财务报表的数字化。这在根本上促成了数字货币对数字经济的支持与推进。

数字货币的场景问题与技术问题同样重要，在法定数字货币发行后，更为重要的是数字货币需求的场景问题。应当说，场景是技术的现实延伸，从根本上讲，技术也是服务于场景的。技术能够自发地形成相应的场景，这是一种非常偏狭的认识。需要明确的是，数字货币的场景并不是由技术决定的，它需要强有力的策略构建、维护与推进，特别是对公场景往往具备更为基础性的推进力量。

12.4 需求——数字人民币

一、现实需求是数字法币发行与运行的根本动力

近年来，数字支付、数字资产，乃至数字货币的发生、发

展促使各国中央银行逐步调整其立场与态度，使其日趋积极、开放与更富有建设性，数字法币的相关研究也各自取得了一定进展。但是，在这一领域稳步筹谋、扎实推进，乃至迈出关键步伐的中央银行仍可谓凤毛麟角。究其原因，数字法币往往并没有成为社会经济的真实需求，也就未能成为中央银行机构的现实意愿甚至动机。中央银行在其货币体系上往往坚守严谨、稳定的保守策略，若非因现实需求的巨大压力，是不会为技术或观念的创新所诱导，从而自行改变货币体系的格局或走向的。简言之，没有现实需求，便不会有货币数字化的创新，更不会有数字法币的发行与运行。

二、数字法币的两个策源地：数字资产与数字支付

数字法币的现实需求来自两个方面：一个是数字资产，特别是"加密资产"；一个是数字支付，主要是非银行网络数字账户体系带来的支付变革。

美国、欧盟、日本等主要发达经济体主要关注的是"数字资产"，大量以"数字货币"名义发行并流转的"数字资产"，形成了一定的社会经济影响力，对一些固有的经济乃至货币观念带来冲击，成就了一股又一股的金融创新的尝试性热潮。但是，数字资产的创新性冲击带来了一系列的相关问题，主要是数字资产与银行法币之间的比价波动以及一系列的监管问题。

一些国家的监管部门采取了包容的态度，出台了一系列的规范措施，将数字资产交易视同"博彩"活动而加以规范，其开放性受到主权性条款的约束，即"对内收紧、对外开放"。

数字资产的货币化是一种假象。在理论环境中，这种假象看似完美无缺，但是，关键在于数字资产与银行货币之间的兑换安排问题难以解决。如果不能实现稳定兑换，那么，数字资产货币所带来的问题比它所能够解决的问题还多。这不是一个技术安排的问题，而是货币体系历史性演进中的货币关系问题，或是数字货币与银行货币之间的继承性问题，是非常明确的现实要求。货币创新者一路狂奔，便把货币体系现实稳定性的责任推给中央银行，而恰恰是后者负有不可推卸的稳定货币的职责。诚然，中央银行是货币稳定的担当者，并不是货币创新者。由此，如果数字资产不能够在社会经济体系中不断地发展与壮大，加上数字支付需求动力不足，那么，数字资产货币化就不具备足够的现实需求，中央银行基于货币资产发行与运行数字法币的动机与动力就无从说起。这正是欧美、日本等发达经济体所面临的实际状况。

另外，数字资产的发行与流转如果对社会经济产生趋于负面的冲击，引发社会经济的不稳定，有关监管部门便会修正其宽容监管的策略，而趋于严厉地限制，甚或打击。在中国，数字资产的发行与流转交易就出现了类似的状况，引发严重的社会关切和强力的监管介入。作为数字资产的私人数字货币的发行与交易,事实上已经被监管策略及措施所限制乃至排斥。国际上,数字资产的发行与交易的方向也发生了改变,一系列名为"稳定币"的数字资产开始大行其道,占领了前一期数字货币狂潮退却后的一些"失地",且取得了新的进展。

三、数字支付是数字法币的现实需求所在

在数字支付方向,情形与数字资产确实大相径庭。主要表现在中国、肯尼亚等国的数字支付的狂飙突进。以中国为例,不同口径的数字支付均以百万亿计,3 年多来,数字支付飞速发展。本轮新冠肺炎疫情极大地推进了数字经济和数字支付的发展,使全球经济社会看到了数字支付已是大势所趋、方兴未艾。

所谓数字支付,简单说,它不同于银行支付,是在银行账户体系之外,建立起网络数字账户体系及其活动。数字支付不仅仅是因简便易行、快捷高效而部分替代了银行支付,还支持了银行支付所无法满足的大量跨地支付,这些非面付往往是小额、高频的。以中国的淘宝主推的网上购物活动——"双十一"购物节为例,大量的小额、高频远程跨地支付是银行支付无法做到的。更为重要的是,数字支付是 24 小时无缝支付,没有银行的账期问题;同时,数字支付是"即时支付,即时结清"。数字支付这样两个时间上的特征,也是银行支付所无法满足的。

简单说，一笔支付款在数字账户体系中，一天的时间范围内，它所能够流转的次数在技术上无限制；相反，其在银行账户体系内，一天的时间范围内，它所能够保障的流转次数只有一次。即便银行账户体系下的账户活动借助于电子网络等技术手段，能够提高同比资金的日周转笔次，但是，银行体系的会计流程也要求按日做账、按日结算。可见，数字支付彻底打破了银行支付的局限，成为经济社会的根本性的、不可移易的现实需求，并且是大势所趋。

四、数字人民币的发行与运行，旨在实现法定数字支付

而今，数字支付有三个自身无法克服的问题：（1）数字支付的账户体系仅局限于个人，企业或者政府部门虽然陆续接入，但只是收款端口，并不具备支付功能；且其收款后，所运行的会计流程依然需要遵循既有的财务规范，就是说，无法实现数字支付的时间优势和远程优势。这个问题就是先行数字支付的场景"对公封闭、对私开放"的局限性。（2）数字支付是"社区支付"，跨社区支付无法实现。不同的数字支付账户体系之间是不相通的，并且数字支付平台事实上是数字支付社区，无法实现跨社区、跨平台的数字支付。这就是"对私支付场景割裂"的问题。支付不具备公共性，这是支付体系或支付工具的大忌。打破社区支付局限的阻力，往往来自支付平台自身的利益的考

量,这也是"私人数字支付"的基因所在。(3)私人数字支付难以转化为法定数字支付。支付需要严格监管,支付商牌照经营本身没有问题,支付工具是否合法才是问题所在。事实上,一方面,大量的私人数字支付平台拥有合法的数字支付服务牌照;另一方面,其所发行与流转的支付工具则是需要严格监管的。问题是,这些数字支付工具往往是"隐形的",并不直接等同于"货币"。

一个尖锐的问题是,数字支付账户内的"数字"究竟是什么?是不是可以等同于银行账户内的"数字"?两套账户体系内的数字之间是什么关系?现实中,这样两套账户体系下的账户的数字是各自独立的,并不是一种"映射关系",那么,它们之间的转换,在法律性质或货币金融本质层面,到底是什么?

在我国,数字支付账户体系的数字巨大,其所支持的数字支付总量更是数以百万亿计的。这是一个基本事实。换言之,中国的支付体系已经发生了实质性的结构变化,个人或居民家庭部门的常态支付已经数字化,并且借助于数字社区支付或数字支付平台,向企业部门和政府部门延展、渗透。这种现实和趋势性的压力,迫使中央银行必须强化有关监管,并适时推出法定数字支付工具,以替代部分私人数字支付工具,并满足数字支付的扩张需求。

由此,就不难理解,我国央行着力推出数字人民币的目标就在于实现法定数字支付,以满足并拓展经济社会数字支付的现实需求。因此，我国数字货币策略选择的方向与全球其他经济体系之间存在着差异。简言之，中国所谋求的数字货币首要目标是实现法定数字支付，即中国货币数字化的现实目标不是基于资产数字化，而是基于支付数字化。

五、数字人民币的现实需求及其场景

决定货币数字化演进的根本动力，是现实需求，也就是常说的"场景"。然而，场景并非假想的场景，也不是推测出的场景，它往往是现实存在的，不论是显性的，抑或是潜在的；同样，需求也是现实的需求，而并非臆测的需求。一般来说，我们提供一种现实的数字产品，它往往也会带来一定的需求，只不过这种需求是否经得起商业实践的检验，就是另一种情况了。简言之，数字法币的需求根植于其现实场景。一般来说，经济社会的场景有对公与对私两类，DCEP自然需要在两类场景中扎根拓展。由此，数字人民币的试点实施推广，也正是基于这样的真实需求而推进的。

首先，从对公场景的现实需求来看，其主要是政府部门与居民家庭部门或个人之间的支付需求。这两大部门之间的数字支付关系是整个社会经济体系中跨部门数字支付关系的起点，意义十分重大。就现有的数字支付状况而言，尚未实现跨部门的数字支付，基本上是以个人对个人的数字支付为主导，其特点是小额、高频，恰恰数字支付在这个领域中站稳了脚跟，并迫使企业部门和政府部门开辟端口，接收数字支付款项。那么，跨部门的数字支付就需要数字法币来实现，其所需要的是政府部门向个人的支付。这解决了数字法币发行的问题，从个人或居民家庭部门来看，这也是数字法币来源的问题。一般来说，数字法币的最初来源有两个：一是政府部门的财政支出到个人或居民家庭部门；二是个人运用银行货币来兑换数字法币。后者需要充沛的兑换需求，换言之，个人无须兑换数字法币便能够满足支付需求，便不会主动去兑换。因此，等待个人或居民家庭部门主动来获取数字法币，是一种臆想，也许其发生概率非常小，且个人兑换有一定的成本，至少有机会成本、学习成本，或时间成本。政府部门直接以财政支出的模式向个人或居民家庭部门支付数字法币，就很好地解决了后者的数字法币来源的问题。

有了数字法币来源，接下来的两个问题是：持有成本和使用成本问题。如果个人认为使用数字法币不方便，或者使用场景并不充分，或者并不便利，那么他会选择将之兑换掉，使用银行支付或者私人数字支付，而不会持续扩大持有成本。然而通过财政支出所提供的数字法币来源本身会持续带来一定的现实需求增量，从而降低数字法币的持有成本和使用成本，这就使得发行、持有、使用三个环节有机地联系在一起。政府部门也会开辟一系列的回流渠道，比如税费的收取、公费医疗报销流程的接入等。

其次，数字法币通过财政渠道的流出及其回流，将引致部分准公共收支的数字化，进而带来企业部门的部分收支的数字化。建立了个人法定数字支付账户体系，且具备了稳定的数字法币来源，在水、电、公交、医疗等各项事业的支付中就会发生大量使用数字法币的情形。毕竟数字法币的最大用途是直接支出，而不是兑换后再换为银行支付或私人数字支付等。这就决定了一系列的准公共部门会自个人或居民家庭部门获得稳定而持续的数字法币收入。这有助于数字法币支付体系的循环模式的建立，从而能确立数字法币需求的常量，并在整个支付体系中不断扩张，使得更多的企业组织加入进来，最终实现政府、企业、居民家庭三大部门支付数字化。

中国的现实状况是，政府部门和准公共部门的收支量巨大，其账户体系庞大，既有的银行账户体系在这方面甚至承担了一定的公共职能。收支诸领域或部门数字化，是一个基本方向，有助于提升效率，保障安全，降低成本。数字法币的推行是最佳的选择，是未来发展的主攻方向。数字人民币在这些领域的拓展空间极大，成长性极强。相较一般商业领域而言，数字人民币账户体系的普遍建立是更易成功与成长的。这也是由中国人口众多、行政体系单一、同质化程度高等诸特质决定的。总之，数字人民币从对公场景或准对公场景切入并拓展开来，是其大发展与高成长的保障，也是中国社会经济体系自身条件所决定的基本路向。中国数字人民币在对公场景的实践，对自身以及对公场景支付数字化也是一个前所未有的重大实践创新与突破；对外也具有极强的国际示范意义，对各国的数字法币实践都将具有一定的借鉴意义。

六、数字人民币账户体系满足跨社区的数字支付需求，进而成为个人数字支付主账户

数字法币与既有的数字支付之间的关系，被描述为具有竞争性或替代性的关系是不准确的，甚至是完全误解、误读。就现实而言，私人数字支付已经达到了再发展的瓶颈，依靠自身的力量难以实现突破，且前期迅猛发展的过程中也积累了很多有待修正与解决的问题。在数字法币即将到来之际，未来发展策略主要在于，数字法币的自我完善并借力其实现再拓展。换言之，私人数字支付主要还是作为数字社区支付工具，服务于数字社区的经济活动。在跨社区数字支付方面，数字法币将扮演决定性的角色。进一步讲，跨社区数字支付法定化，是数字法币成功推出的标志。

法定数字支付是法定数字通货的产物。它意味着在同一社会经济体系内，数字法币将是唯一的全流通数字通货，即数字法币必须是跨社区的通行数字支付。若非如此，私人数字支付所确立的社区支付的模式将事实上割裂统一的支付体系，加剧

支付成本及效率损失，并使各商业模式或各项事业受到不应有的数字化扭曲甚至变形，形成任由社区数字支付发展和相互竞争的被动局面。这也正是必须适时推出数字法币的原因所在。

如何满足跨社区数字支付的需求呢？数字法币的商业拓展不应完全遵循社区数字支付的模式或路线，也不应直接去蚕食既有的数字社区的支付市场，而应积极地从跨社区的领域入手，积极进行拓展。数字人民币积极展开与滴滴的合作就是很好的范例。从数字支付的角度来看，滴滴本身的数字支付功能起步晚，功能弱，主要依靠其他社区数字支付系统或手段，换言之，滴滴本身并不存在名实相符的社区支付，其支付并不能承担起自身社区支付的需要，只能借助于社区外的支付宝、腾讯支付等数字支付。数字人民币的植入对于滴滴来说是重大利好，不仅能弥补其自身数字支付的短板，而且有助于拓展其业务领域与范围，稳固与强化其数字社区的功能。此案例意味着，大量数字社区依附于既有数字支付平台的模式或将终结，数字人民币的植入将促使各大受制于其数字支付短板的数字社区的功能得到强化与释放。

数字人民币着力于跨社区数字支付的策略表明，一方面，将给予既有的数字支付以必要的空间与时间来适应数字法币，确立其新策略路线，从而确保整个数字支付格局不会因数字法币的推出而发生裂解甚至崩塌；另一方面，数字法币的跨社区策略将直接强化整个社会经济体系中的数字支付体系，协助各方推进适应性的调整。换言之，针对社区数字支付，数字法币将不采取直接竞争性的策略，而采取外延拓展性策略，甚至避免直接竞争。套用时髦的话来说，这一策略是所谓的"升维"策略。

拓展跨社区数字支付"升维"策略的本质是，为数字法币谋求个人数字支付账户"主账户"的地位。同质竞争能保障数字法币账户是个人数字支付的主账户，只有完善与强化其跨社区数字支付的功能，数字法币的个人数字支付的主账户地位才能够确立起来。届时，个人通过其数字法币账户即可安排其各个银行账户和社区数字支付账户之间的资金往来或兑换关系。

数字法币只有取得个人支付主账户的地位，才能够正式确立其在个人端的地位，进而取得跨社区支付的优势地位，抑或可称，其已然凌驾于社区数字支付或各大数字支付平台之上，而不仅仅是一种"官方版的社区数字支付工具"。从整个支付体系来看，个人以数字法币为主账户，既应是一种法律上的安排，更应是一种市场的选择。那种认为法定数字货币自然具有主账户地位的想法是十分幼稚的，同样，那种认为数字法币缺乏足够的市场竞争能力和策略能力的想法也是十分偏狭的。DCEP的实践路线及其策略选择的价值恰在于此，值得深入观察与研究。

七、银行头寸所带来的更为广泛的数字人民币需求

归根结底，数字法币的支付需求可归纳为两个方面：一是它所带来的新增支付需求；二是对既有支付需求的替代，包括对私人数字支付或既有社区数字支付的替代，也包括对银行支付的替代。一个最简单的观察指标，即数字法币需求量的变化，或者数字法币账户余额的变化。在数字法币推出的最初阶段而言，与这个指标关系最为密切的，是数字法币与银行货币之间的兑换量。

因此商业银行为数字法币提供的"头寸"是数字法币需求的现实条件。坦言之，过少的银行头寸将直接制约数字法币的发生量或流通量，而充沛的银行头寸将刺激或引致更多的数字法币流通量。就数字人民币的设计体系而言，加入数字人民币的各大型商业银行对于数字人民币的"兑换需求"是敞口供应的。但是，单有"敞口供应"不够，必须实现更完备的"体系对接"，才能落实"敞口供应"。例如，银行头寸的供应是有其时间设定或会计流程安排的，这是银行系统所决定的。但是，数字支付账户体系并不存在类似的时间约束和会计流程合规要求，如果缩减或降低数字法币账户的兑换需求，无异于缩小了数字支付账户的功能设定，为其设定了功能天花板。

数字法币的发行与运行，是整个货币体系的结构巨变，从支付的角度看，银行支付和数字支付的差异越来越大，甚至难

以弥合。关键就在于，银行货币与数字货币二者之间的"转换"在时间或空间上都不存在滞碍。通过财政口径在现实中发行数字法币，有助于较快形成数字法币的常量，提高数字法币账户的余额存量；但是，从整个货币体系来看，货币存量的大头还是在银行端。伴随数字法币账户体系余额总量的不断攀高，银行账户体系的货币余额总量将会出现一定的减少，银行支付等业务会出现一定幅度的萎缩。换言之，数字法币与银行货币之间、数字支付与银行支付之间，存在一定的竞争关系。作为新币的数字法币与作为旧币的银行货币之间存在继承关系，是不能够割裂的，两币之间的关系在一定条件下会出现不同程度的"梗阻"。这是需要格外予以关注的。

在数字法币的发行与运行方面，其他国家存在着程度不同的法律束缚和组织协调成本，一些环节甚至会因成本代价过高而必须努力"绕过"，谋求选取"直接截除"的策略。相较于此，中国数字法币的发行与运行的相关制约是较少的，既有的数字支付的大发展也从另一角度说明了这一点。但是，体制性的约束依然存在，即便各方的意愿较强，还是应当进行充分的协调与保障。关键就在于，确保商业银行体系能够从各方面满足"头寸"的适时、足量、高效。总之，商业银行体系对数字人民币的"头寸"支持，能够确保数字人民币需求得以实现，更能够带来这一需求不可限量的增长。

八、离线支付的现实意义

数字人民币的离线安排,有几个方面的意义:一是它将直接替代相当一部分现钞交易的需求;二是它将直接取代既有支付平台的部分支付流量;三是它将带来一系列有待进一步观察的新需求。需要明确的是,离线交易意味着货币存量的安全性和可追溯性。一方面,它是数字支付,不再受限于网络,拓展了交易空间;另一方面,也拓展了充分的交易时间,其直接结果是最大限度地压缩了现钞流通量和保有量。这就使得在现钞支付、银行支付以及数字支付三大支付格局中,现钞支付将被数字支付吸纳,从而决定了未来数字支付对银行支付将具有压倒性的优势。

现有条件下,离线支付仍然是一种面付,数字支付的优点更在于远程支付,即非面付。数字支付不仅意味着跨地支付、跨社区支付,还意味着跨时支付、设时支付,是一种程序性的支付。离线支付的长远意义有待进一步观察,其对于我国货币银行的现实意义,在于极大地减缩其现钞运行的成本或代价,全面提升货币体系的安全与效率。从这个角度,它是数字人民币长期而基本的需求保障。

第十三章　数字法币的拓展

13.1 区块链——数字法币将打开区块链技术应用的货币场景

数字法币发行与运行将彻底打开区块链技术应用的货币场景，充实与完善区块链技术应用的货币来源；同时，区块链技术的应用将极大地拓宽数字法币的需求，丰富与提升数字法币账户体系的功能、结构与层次。由此，数字金融国际创新的大幕亦将逐步全面展开。

一、银行货币：不宜作为区块链技术应用的货币来源

当前，在数字法币发行与运行之前，区块链技术创新应用的货币来源单一，仅为银行货币，没有额外的货币选择。银行货币既是柜台货币，也是纸质报表的账面货币，从根本上讲，它不适宜作为数字金融的货币来源。数字金融及其以区块链为

代表的数字技术不宜以银行货币体系为货币来源，更不适宜将其作为货币基础。

首先，银行货币本质上发端于柜台，运行于前中后的大系统中。这个系统的交易记录与交易节点较多，管控环节也不少，物理特征及限制明显。虽然长期以来，持续的科技投入使得信息技术装备不断升级，但是银行货币的物理属性依然鲜明，仍然处于物理环境中，效率大大低于数理环境条件下的数字交易与决策选择。银行货币所触及的终端覆盖，在空间与时间上均颇为有限。有鉴于此，银行货币难以满足数字经济需要。其次，银行货币的财务会计流程使其操作完全受限于其运营周期或营业时间，不适宜数字金融全天候24小时的无缝运行，时间节奏上的不匹配极大地削减了区块链技术支持下的数字金融活动效能。再次，虽然区块链技术运用代币（Token）等技术安排，降低甚至消除了银行货币的不适应性，但是在数字账户与银行账户之间的兑换环节上，仍然受到银行货币体系的限定，而这个限定是一个根本性的约束。虽然人们往往自觉或不自觉地忽视这个根本性的约束，甚至认为这只是一个前置性的障碍，但是随着区块链技术创新应用的深化与拓展，这个根本性的约束将是"窒息性"的。有鉴于此，银行货币作为次优货币的来源也是不适宜的。最后，区块链技术以银行货币为来源的一些应用，诸如票据或供应链金融等，只是既有商业模式的一种辅助性的支持并作出提升与改进而已，并不是区块链技术本身所带来的新的金融模式甚至业态。即便作为辅助性的支持，区块链技术的应用也受到了银行货币体系的局限，没能发挥其应有的潜能，也没能彰显其应有的潜质。

相对于数字金融创新而言，银行货币体系是"煮熟的种子"，不能让数字金融在里面生根发芽。必须在银行账户体系之外开辟数字账户体系，解决货币化问题。换言之，区块链技术必须在数字化的货币基础上运行，这样才能拥有充沛有效的数字货币来源。

一些意见认为，中央银行发行数字法币应当采取"去中心化"的区块链技术安排，由此才能够确保区块链技术应用的广泛适用性。这种认识是有失偏颇的。首先，央行发行数字法币的目的是满足数字经济的需要，并非仅仅为了推行某项数字技术；其次，与银行货币相较，无疑数字法币更适宜与满足区块链技术的应用与推广所需的货币；最后，央行发行货币本身就是"中心化"的，这是法律上的设定，无可非议。由此，甚至有人认为应实现"货币的非国家化"。然而任何货币演进均需确保一定的继承性与连续性，这也是经济社会现实体系稳定性的根本要求。据此，我们完全无法想象与认可从主权性质的国家银行货币直接跳跃到非国家化的数字货币上来。因此，以区块链技术及其广泛适用的前景而论，问题在于获取与确立银行货币之外的数字货币来源与基础，而不是就此一概否定中央银行发行与运行数字法币。

二、电子货币：不宜作为区块链技术运行的货币基础

现实经济社会中，电子货币是银行货币的一种，大多数情况下是作为支付工具使用。在会计流程上，银行电子货币往往体现为支付指令。使用电子货币账户发出的支付指令，会被实时记录下来，但是后台的银行记账依然是依据银行账户体系的会计流程和相应的记账账期来操作的。具体来讲，银行电子货币反映的是银行账户间的货币记账活动，其本身是一种虚拟的状态。

那么，有没有不基于银行账户而独立存在的电子货币呢？

这一点在技术上早就可以实现，但是依然要构建相应的账户体系，即独立于银行账户体系之外的电子货币账户体系。即便如此，电子货币本身仍是虚置的，只是电子货币账户内的数字而已。完全脱离账户的电子货币是种臆构，既无技术上的支持，更无商业上的必要。凯恩斯在其《货币论》中开宗明义地写道："现代货币是账户货币。"进一步讲，货币形态的变化事实上是账户形态的变化，电子货币也好，数字货币也罢，事实上是电子账户和数字账户各自内部的数字而已，离不开各自的账户体系。

那么，非银行账户体系究竟是电子账户，还是数字账户呢？

从历史角度看，非银行账户体系首先在电子技术上取得了突破，成为一种理论上的可能，但是并没有成为货币经济上的

事实；从现实角度看，网络数字账户体系正在运行，并取得了实绩。那么，网络数字账户体系在技术原理上是不是等同于电子货币账户体系呢？对于此，有许多解释的视角或立场，这也造成了电子货币与数字货币之间在认识上与概念上的模糊。坦言之，数字账户体系无须借助电子账户技术及其理念，数字货币不是电子货币。

以所谓的"电子货币"作为数字金融技术的货币基础，要么是没有厘清电子货币的本质或现实，要么是幻想着能够将区块链等数字技术与电子技术贯通起来。若有此概念上的纠缠，实在是匪夷所思的。

即便电子货币是银行货币的最新形态，甚至技术上可以独立于银行账户体系而运行，但数字法币既无必要也无现实的可能基于电子货币而运行。虽然如此，数字法币与银行货币之间的最紧密的联系还是在电子货币环节上，这就不仅包含大量的兑换、转移支付等场景，系统性的连接也是必要的。特别是在中国数字支付与银行支付的联系中，作为最新银行货币形态的电子货币发挥着不可替代的作用。正是基于此，中国人民银行发行的数字法币，并没有简称为 CBDC，而是被称为 DCEP。

数字经济与数字金融需要数字货币，虽然数字法币与电子货币存在必要的联系，但是区块链等数字技术的创新应用应基于数字法币体系，而不是银行货币体系或其电子升级版。

三、数字法币：将彻底打开区块链技术应用的数字货币场景

从现实角度看，支付数字化与资产数字化是两条并行不悖的货币数字化的道路，各有优劣。中国走的是支付数字化的道路，一度远离了资产数字化。即便如此，对于区块链技术，经济社会仍持积极态度。发行与运行数字法币，将彻底打开区块链技术应用的货币场景，一方面，使其拥有适宜的货币来源；另一方面，也确立其坚实的货币基础。进而，区块链等数字技术的创新性应用将极大地拓宽数字法币的需求，且将极大地丰富与提升数字法币账户体系的功能、结构与层次。

首先，数字法币替代银行货币，成为区块链技术创新应用的货币来源和货币基础。

不难发现，数字法币通常被界定为两种："基于账户的"与"不基于账户的"（这里的"账户"是指"银行账户"）。一般而论，数字法币是不基于银行账户的。数字法币发行与运行之所谓"双层结构"，本质上并不是数字法币账户与银行货币账户的二元结构，而是数字法币账户体系自身的双层结构。这就需要进一步厘清数字法币与银行货币的关系。大体而言，主要有三层关系：首先，数字法币与银行货币，同为"法定货币"，主权法币下的"名义货币"不发生变化，"记账货币单位"保持一致；其次，数字法币与银行货币的比价固定为1∶1，即不发生货币

本位的变化；最后，两种货币形态之间存在事实上的兑换平台，就是说，数字法币作为新货币形态，其发行方式是"购买式"发行，换言之，数字法币的来源是银行货币，体现为数字法币需求局部性地替代银行货币。这也就是所谓的 M0 的替代。除了技术考量之外，银行货币与数字货币的运行路线、财务操作流程、资金账期等均截然不同。银行货币与数字货币间注定发生一场"大分流"，这个分流就是分设账户体系。这就为区块链技术的创新应用确立了新的货币来源与货币基础。

区块链等数字技术与数字法币相互加持，将成为数字经济体系的主要技术来源与货币基础。事实上，两者将处于共同的数字货币经济体系中，都在线上，无须安排线上线下的货币转换，也不存在柜台营业时间或账面财务流程所带来的时间调节；对于跨社区或跨链安排而言，基于数字法币的发行与运行，提供了数字化的记账货币单位或比价标准，简化了不同数字资产间的交易处置和技术协调，强化了区块链应用中的开放性与透明性，也增加了适用性。

其次，在相当程度上，区块链技术的创新性应用，将极大地拓展并稳固数字法币需求的规模、结构、层次与功能。

区块链技术在支付数字化道路上举步维艰，没有取得根本性的突破，反倒是在资产数字化道路上，一路狂飙突进、硕果累累。究其原因，一方面，支付数字化的中心化安排，能更有效地拓展数字支付功能，进而大规模、大面积地促进商业模式乃至社会经济体系的数字化；另一方面，区块链技术的"去中心化的"分布式技术安排，更适宜在社区性资产数字化构建方面发挥所长。简言之，数字支付采用中心化的技术安排更有效，而资产数字化则更适宜分布式去中心化的技术安排。这就是区块链技术在数字支付的账户体系构建上难以发挥效用的原因所在。由此，我们可期待区块链技术如何拓展数字法币账户体系的规模、结构、层次与功能。

数字法币的发行与运行，首先替代的是流通的现钞，成为支付宝、微信支付等数字支付工具的新的货币来源；接下来，它也将开辟对公场景的大背景，逐步替代既有的银行支付与数字支付。这些都将完善与丰富数字法币的账户体系，并必将大量地引入区块链技术的创新性应用，进一步构建与增加数字法币的账户结构与层次，形成相互加持的基本格局。

数字法币发行与运行所带来的创新性冲击极大，其根本是在数字账户体系的拓展与深化方面。现有的数字法币账户体系是中心化的，但是以数字法币账户体系为底层基础，以数字法币为货币来源，在其上设立一系列的创新性的账户体系，不仅是可行的，也是必需的，可拓展的空间更是巨大的。那种将中心化的数字法币与去中心化的区块链技术割裂开来、对立起来的认识，是一种十分狭隘的立场和错误的观点。

2019年6月，奥地利以区块链技术为基础成功发行并运行了数字邮票。推而广之，各经济体还可以发行数字彩票和数字债券，中央银行还可以发行数字纪念币以及特种数字法币等。这些有价证券在技术层面上，或者是中心化，或者是去中心化的，但本质都是数字化的，是数字账户体系所支持的。这就意味着数字账户体系将有一番大的结构性的提升与拓展，相当一部分将直接贯通于数字法币账户体系，更多的则是分层次地联通数字法币账户体系。数字法币的发行与运行势必将极大地推进数字经济的货币创新、商业创新与资产创新，将大规模、大面积地引发或导致数字账户体系的结构化与分层化。既有的中心化的货币与支付安排和去中心化的技术创新之间所存在的理念冲突及现实矛盾，都将在结构化与分层化的拓展中得以解决、改进、延伸，数字法币与区块链技术相互协调、促进与发展之新局面将普遍形成。

由此，数字法币将根本性地释放区块链技术的创新潜能，极大地发挥其技术潜质；区块链技术的创新性应用亦将拓展、丰富与不断改善数字法币账户体系的结构与层次，根本性地推进数字法币的创新性应用，并极大地拓展数字法币的多层次需求。

四、数字创新：从国内支付延伸到国际资产

数字法币是一大数字创新，不仅是技术创新，也是货币创新，更是资产形态的创新。数字法币的发行与运行，必将延展到国际领域，从而推进支付数字化与资产数字化两条途径的并

轨汇流。

数字经济需要数字支付，更需要数字货币。实现货币数字化的途径主要有两条：支付数字化与资产数字化。简言之，中国走上了支付数字化的道路，一路高歌猛进，成就显著；国际上大多在资产数字化的道路上狂飙突进。具体来讲，中国支付数字化正是基于中心化的技术安排，而国际上资产数字化则往往依托于去中心化的区块链技术的应用。应当说，中国并非自始就选择了支付数字化的单行线，而是在支付数字化与资产数字化并行数年后，暂缓甚至暂停了资产数字化，进而成为全球唯一的数字支付大国。

在中国，支付数字化所遭遇的困境有两个：首先，大规模的数字支付是私人数字支付，所打开的是私人数字支付场景，对公场景则是封闭的——企业机构和政府部门并不具备数字支付手段与功能，仅仅是在个人付款方面有限地借助于个人数字支付端口进行对接，实现了个人方向收账的数字化。企业资金往来，乃至政府资金流转等，均以银行支付为依归。其次，私人数字支付平台之间是不通的，甚至是彼此割裂排斥的，对私场景事实上是分裂的。这就意味着，支付数字化并非可以自然而然地升格为货币数字化，而是需要中央银行采取根本性的步骤——发行数字法币，来克服私人数字支付的困境，使整个经济体系各个部门全面实现支付数字化，全面贯通支付场景，并以此推进相关的一系列重大的货币变革。

国际上资产数字化的途径是通过加密数字资产来获得"数字货币"。从现实角度看，虽然大量的"加密数字资产"以"数字货币"的名义投入了现实的社会经济体系，但是其仍旧局限在资产属性上，并没有取得货币属性，更没有成为有效的数字支付工具。以货币演进的历史经验来看，某种新的货币形态从出现到被认可，大体要突破两个关口：一是在小额零售支付方面被普遍接受与适用；二是在大额批发方面，企业及政府机构中被普遍采用与强化。从现实角度看，加密数字资产并没有在这两个关口上取得任何实质的突破，甚至还受到各有关当局的一系列限制。即便是在"监管宽容"的庇护下，数字资产货币化的进程依然步履维艰且难以取得实绩，其所取得的根本性的突破在于作为"资产"得到市场上的认可乃至法律上的确认。

基于数字资产的价格波动过频过剧，其支付功能被阻遏，国际上连续推出所谓的"稳定币"，使其大体能够实现货币功能。事实上，稳定币仅仅是数字法币出现前的临时安排，具有某种过渡性：其所锚定的银行法币是否成功尚待考验，即便有所成功，也并不预示未来能够成功地锚定数字法币。数字法币的发行与运行将极大地挤压稳定币的市场需求空间，特别是在国际汇兑领域，稳定币若不能稳定与数字法币的关联关系，则终将丧失成为国际通货工具的潜在可能性，沦为功能迅速萎缩的加密资产。

鉴于数字法币的发行与运行将为区块链技术创新应用提供

有效的货币来源与稳定的货币基础,资产数字化的国际途径不仅不会萎缩,反将因之而极大发展。基于数字法币的数字资产将层出不穷地被开发出来,不仅私人机构,有关当局亦将在国际领域尝试开发与应用以区块链技术为支柱的加密数字资产。这不仅扩大了资产数字化的基础与规模,而且促使资产数字化与支付数字化实现国际性的大汇流。特别是在国际汇兑、国际结算等诸领域,数字法币将彻底打开应用区块链技术的国际货币场景,极大地拓展与推进数字金融体系的国际创新。

13.2 数字信托——数字法币将开启数字信托的大发展

> 中国经济已步入数字经济大发展的历史时期,数字法币的发行与运行,将直接带来数字金融的爆发性发展。其中,数字信托金融将被先行启动,从无到有,从小到大,从担当数字金融重要的基础设施之一到引领高精尖数字金融产业发展。

数字法币不参与货币创造,不产生利息,只需要启动数字信托以实现投资功能。

数字法币的发行与运行开启了二元货币体系:银行货币与数字法币。二者的名义货币称谓保持一致,固定兑换比例为1∶1,作为等价货币却分属各自截然不同的账户体系——银行账户体系与数字法币账户体系。即银行货币或者数字法币事实上分属于不同账户体系相应账户内的数字。

只有银行货币具备货币创造的能力。它是在银行账户体系内，通过存贷转换实现货币创造的；数字法币不是银行货币，它脱离于银行账户体系，但局限于自身的数字账户体系中，既非存款，也不派生贷款，更不参与货币创造。严格来说，数字法币账户体系内只发生记账式支付，不发生记账式借贷。因此，数字法币账户体系并不具备货币创造的功能，甚至说，这一账户体系自始就与货币创造绝缘。这既是货币监管规范的要求，也是数字技术限定标准。也正是从这个意义上说，数字法币是 M0 的替代，而不是银行账户货币意义上的现金。

究其原因，数字法币在性质上等同于从银行取出的"现钞"。在任何一个时间点上，该现钞只有一个主人。所以，谁也不会来为其付利息。鉴于采用购买兑换的方式发行数字法币，数字法币的发行与运行等额替换了相应部分的银行货币，货币总量不直接受影响。但是，数字法币的发行意味着银行货币的减少，进而预示着银行账户体系的货币创造能力将有所减低。其原因在于，数字法币替换了部分银行货币，且不参与货币创造。

数字法币对银行货币的逐步替换，终结了每一单位的货币都在或长或短时间内参与货币创造历史，有利于中央银行改变货币政策结构，利率水平将保持稳定。但是，对于数字法币持有者而言，这也带来了新的问题或困扰：支付效率越高，因闲置所致的效率损失就越高,谁来为数字法币付息呢?仿照第三方支付 T+0 条件下的理财方案,可能是个解决方案。但是,这是"走回头路"——将数字法币换回银行货币来解决"付息"问题。这就表明,数字法币账户既要提高支付效率,也要具备投资功能,从而完善其资金效率结构。

最佳的解决之道,即通过信托转化,突破数字法币账户单一支付功能的局限,拓展到投资领域。实现这一转化的关键在于为数字法币账户开启数字信托功能。

一、数字信托是数字法币功能最佳的法律安排

在民法意义上的财富转移,主要是借贷、赠予、继承,以及债的请求与清偿等。换句话说,民法体系下,不存在"同一笔货币财富分别属于不同的人,甚至分别属于不确定的主体"的情况,这与所有权的基本原则相冲突。进而,存款行为及其派生的银行货币活动,是民法所无法解释更无法支持的。这就需要《银行法》来给予法律上的支持。《银行法》《证券法》《公司法》《票据法》,乃至《保险法》《信托法》都属于商法的范畴。近代资本主义经济的大发展,带来了公司、证券、银行、保险、票据、信托等一系列商业活动的大发展,这也源于资本主义的法律革命,即商法对民法的革命。

市场经济需要《银行法》来支持银行货币活动,数字经济

同样需要相应的法律安排来支持数字法币活动。在新的法律形态出现之前，数字法币账户体系的投资功能通过信托来实现，是最佳安排。这一信托安排是数字化的解决方案，即为数字法币账户设立信托转换功能模块及运行规范，通俗地说，就是为一个钱箱配备两把钥匙，一把给所有人借以实现数字支付，一把给信托人以实现相应的投资活动。

需要强调的是，为什么不能像银行账户体系一样，储户与银行各有一把钥匙呢？因为数字法币是数字化的现钞，在任何时间点上只能有一个所有人。就是说，数字法币账户体系天然不具备银行账户功能，而需要通过信托转换。

简单说，数字法币账户功能根本不同于银行账户功能，需要实现信托安排。这一安排表明，数字货币活动依然可以在商法辖下实现，不必也无法返回到民法条件下来作出适宜的法律安排。当然，信托数字化是题中应有之义，唯有数字化的信托才能够承载数字法币的一系列功能拓展。在数字法币条件下，如何实现信托数字化就成为一个迫切的现实课题与实践任务。

二、数字信托有助于形成数字法币资金池，拓展与深化数字金融体系

数字法币的发行与运行是要优先满足个人的数字支付的，也就是零售方面实现数字法币对 M0 的替代。大量的个人数字

法币资金的汇聚，是数字金融拓展与深化的基础。不能走第三方支付理财功能的"回头路"，即不能将数字法币回流为银行货币以实现资金的聚合功能。通过数字信托将大量分散的数字法币、聚合，实现数字法币资金池，是当然之选。从这个意义上说，数字信托是数字金融体系的重要基础设施之一。

个人运用数字法币直接实现一系列的支付和投资，并不需要"数字信托"，也不需要相应的资金池汇聚。但是，闲置在个人数字法币账户内的资金，通常过于细小而零散，通过所有者的决策来实现投资收益，往往过多或过于频繁地占用了个人时间资源或决策资源，机会成本很高，这是数字经济的现实约束。由此，需要就数字法币账户具备自动或智能化的投资功能作出安排，即实现数字信托功能模块，使大量的零散闲置的资金直接实现投资功能，而无须回流到银行体系。换言之，数字信托将大量的零散闲置的数字法币汇聚成数字信托基金。

发行与运行数字法币条件下，数字信托来源有三个：一是数字法币账户体系运营方直接设定；二是信托机构拓展数字信托深入数字法币账户体系；三是各金融机构通过确立数字信托功能拓展其数字金融服务职能。这就带来了法律、监管、市场等一系列亟待解决的问题，也正是这些层出不穷问题的逐一解决，才使巨大的数字金融市场空间得以实现。从这个意义上说，数字信托也必将成为数字金融体系的重要基础设施之一，且将在一系列高精尖数字金融领域发挥积极的作用。

13.3 数字人民币——一切只是刚刚开始

中央银行将是"最后一家商业银行"吗?

据报道,在研判发行与运行数字法币(CBDC)后,英格兰银行倾向于直接发行与运行数字法币,这就意味着中央银行将绕过整个商业银行体系;这也进一步预示着,商业银行体系在此种情形下至多只能被动地"接受"或"引入"数字法币,而这仍需要依照中央银行的标准来建立相应的数字法币账户体系。也就是说,即便商业银行是被动地跟进数字法币,仍然需要中央银行的"准许"或"支持"。

为什么谋求绕过整个商业银行体系呢?这或许是法律条件所决定的。首先,中央银行不可能无差别地在整个商业银行体系中推行数字法币,因为个别银行的失败将威胁到数字法币,为新生的数字法币带来更为复杂的状况,而中央银行难以为此提供额外的资源并作出保障;其次,中央银行事实上也没有能力提出一个法律上可行的"标准",借此来判定究竟什么样的商业银行才能够参与到事实上由央行主导的数字法币体系中来。应当说,这才是最为"致命"的约束。

不难发现,英格兰银行碰到了数字法币发行与运行的"难题",绕过这个难题或将成为策略之选。中央银行独立发行与运行数字法币,意味着央行的"自我革命"。这就使得中央银行或将成为"最后的商业银行"!

当然，这些只是务虚的研判，并非实然的策略之选。然而，这也明确预示了，数字法币问题的复杂性和严峻性。

一、数字法币将终结"单一货币"吗

货币具有三个层次：计价、记账、支付。数字法币并不谋求改变既有银行货币体系的计价标准，将施行1∶1的固定兑换比例原则，且在发行环节可以选择购买兑换式的发行，尽可能地减少数字法币对整个货币体系的冲击。但是，数字法币将在记账功能上发挥其强大的能力，另行建立相应的数字法币账户体系，以区别于银行账户体系，且极大覆盖乃至全员覆盖个人用户，同时在支付上展现出银行货币无法比拟的效率优势、安全优势等。但是问题是，即便计价货币体系和银行账户体系不发生改变，货币体系也发生了"二元化"的改变吗？数字法币是否将终结"单一货币"？

要回答这一问题，关键在于如何界定"单一货币"。如果依照计价或记账货币来说，并没有发生变化，实质发生变化的只有支付环节；但从账户体系来看，的确出现了两套账户体系，且都在中央银行的管控之下。这两套账户体系之间虽有联系，但是彼此并不融合，且在现实的社会货币经济生活中的意义与作用或将渐行渐远。具体来说，数字法币对于银行货币更具"侵蚀性"，换言之，数字法币将更大程度地替代银行货币。

银行货币仍将长期存在，但其功能及地位均将萎缩；反之，数字法币将出现更多的品种，以适应更为复杂的功能需求。为了减少货币种类繁多带来的负面影响，计价货币将仍保持单一性，但是记账活动的复杂性将突破单一货币品种，且伴随数字法币的大行其道，更多的数字资产——尤其是法定数字资产将不断涌现。鉴于此，传统意义的"单一货币体系"势必将终结。

二、"金钱永不眠"吗

数字法币将改变银行货币的"账期"，会计规则亦作出适应性的调整，实现"全时货币流通"。银行货币都是有"睡眠时间"的，这不仅体现在柜台营业时间，也体现在记账的隔夜限定等。会计规则要作出相应调整，财务面临"数字化变轨"。这些变化都在于实现"金钱永不眠"。由规则和人员参与的"银行作业流程"，不再满足货币经济数字化的需要，转变为由程序驱动的"数字货币"及"数字资产"来确保经济数字化的巨大"变轨"。直白地说，人们进入梦乡时，数字账户仍在高速运转着。"金钱永不眠"意味着数字经济生活将是无时不在的、没有时间盲点或断点的。

即便人们希望数字货币能够也适时地"休息"一下，但是，物联网将使之处于"永动"状态。数字货币经济生活将日益呈现出其最为鲜活的诸种面孔，人需要休息，但程序不会停顿，货币无须睡眠，数字化的商品与数字化的服务一直在持续之中。

三、eCNY——"继承性"与"连续性"

正如前文所述,数字法币的实践或有两条路线:数字资产与数字支付。中国人民银行计划发行与运行数字人民币 eCNY 表明,中国走的是"数字支付"的路线。这条路线所确保的是货币数字化变轨的"继承性"与"连续性"。

回溯货币历史,任何货币变革均非横空出世,都一定要解决与既有货币体系的连带关系。即便既有货币体系出现了严重的危机乃至崩溃,新旧币之间依然存在着继承性与连续性。那种完全摒弃旧币的新币变革十分罕见,且往往难以取得实效。至于基于意识形态的货币选择,往往无视新旧之间的继承性与连续性,进而在策略上完全割裂新币与现行币(即"旧币")之间的关系,这就意味着整个社会经济体系要为此付出代价。即便转换本身可能是成功的,但是往往因为代价过于巨大而命运多舛,甚至胎死腹中。新莽时期,王莽力行货币改革,其货币体系的复杂性、多变性完全脱离了现实,导致了社会经济生活的混乱乃至危机,进而导致了新王朝的崩解。

回到现实中来,数字货币的技术问题已不是其发行与运行的主要障碍,货币数字化变轨的关键在于,如何衔接新旧币?如何减少对旧币不必要的冲击与影响?如何为新币获取足够的资源以保障其成功?核心就在于新旧币替换的技术安排和适用安排。在中国,社会经济生活的数字化变轨中最为重要的环节是支付数字化，数字法币是支付数字化的"升级"与"拓展"：升级是指从私人数字支付推进到法定数字支付；拓展是指从个人之间的数字支付扩张到企业部门和政府部门的整体性覆盖。

数字法币 DC 与电子支付 EP 之间的衔接是最为接近的，DCEP 的安排对现有货币体系的改变最小，也是对数字法币推广最为有利的策略选择，即最大限度地保障了数字法币与银行支付的直接对接与切换。当然，这一安排具有一定的过渡性，也就是说，数字法币下一步的发展将突破这一框架。数字法币账户体系的结构升级与改进，也意味着更多的数字货币功能将通过新的数字法币账户体系结构而发挥作用。

着眼于未来，数字经济变轨和货币生活的进一步数字化，DCEP 只是打开了社会经济数字化变轨的"货币之门"，一切只是刚刚开始。

13.4　国际化——数字人民币能替代美元吗

当前，中国人民银行正在紧锣密鼓地测试其即将发行与运营的数字人民币 DCEP。虽然，有关方面称 DCEP 的推出没有具体时间表，但是，从其已经在冬奥委会场景下测试这一点来看，DCEP 的实际推出最迟不会晚于 2022 年 2 月，这应被视作一项国际承诺。也就是说，中国极可能将在冬奥会前宣布运营数字法币。

以人民银行的立场看，DCEP 是流通中的现金，亦即所谓的 M0，进而它是 M0 的替代。这就是说，作为数字形态的 M0 将逐步挤出相应的人民币纸钞或硬币等既有银行支付手段。就此而论，数字人民币挤压乃至替代银行人民币本币，设计逻辑上是通顺的，实践中亦大可期待。

一、数字人民币不能替代美元

那么，在国际货币体系中，数字人民币是否将替代美元呢？我认为这在逻辑上不通，实践中也无从期待。原因何在？相对其他货币而言，美元作为国际硬通货的地位及作用是历史形成的，更是现实选择的结果。具体原因有三条：

（1）美元是计价货币、记账货币，及支付结算货币。货币形态的变化，是否数字化，对于美元在一系列大宗商品交易、国际投资等领域中的计价货币地位没有实质意义，谈不上冲击或影响；在记账与支付结算方面，数字货币固然有其一定的优势，特别是效率高出不少，但是在既有的国际资金往来及其会计操作流程中，数字货币的优势还发挥不出来。换言之，除非改变整个国际支付体系，否则仅凭人民币的数字化，乃至美元的数字化，是无从改变美元在国际货币体系中作为计价货币、记账货币及支付货币的地位的。

（2）美元是现有国际货币体系的标志，任何币种取代美元的地位，都意味着国际货币体系自身的变化。这一基本格局，远非货币形态的变化所能改变，遑论某一币种的数字化，还只是一个局部的变化而已；再具体来看，数字人民币如何实现国际流通，DCEP 如何出海？其路线或功能尚不明确的情况下，便推定其将替代美元，既是无缘无据的臆测，更是空言。

（3）在国际货币体系中，人民币替代美元的基础是，对人民币的国际需求超过对美元的国际需求，且这一变化渐已成不可逆的趋势。那么，人民币在相关的支付结算、记账、计价中的地位便将日益上升，但这还不够，尚待美元需求的绝对萎缩，不仅是美元相对走软，还要绝对走弱。这已经超出国际货币体系自身变化的范围，即非国际经济格局产生剧变，不足以撼动美元之地位。货币数字化的演进，固然有其推动作用，但尚远远不能撬动如此庞大的国际货币经济格局。

二、美元数字化问题

关于美元数字化问题已在第十二章第二节进行了阐述，此处不再赘述。

三、国际货币体系的数字化问题

那么，货币数字化是否将升级为国际货币体系的剧变呢？

这还是要看数字化对于国际经济如何产生什么根本性的冲击与改变。

回到货币自身，数字人民币不能替代美元，数字美元方可替代美元。那么，谁来推动美元数字化呢？美国是否有意愿推动美元的数字化呢？

我认为国际货币体系的数字化，将以美元数字化为前提或基础。其他币种的数字化，不仅不能推动国际货币体系的数字化，更无从改变美元国际货币的地位。如果美国推动美元数字化，它是国际范围的，标志着国际货币体系的数字化。相反，如果美国不推动美元数字化，中国、欧盟等推动人民币或欧元的数字化，能否推动国际货币体系的数字化呢？我认为从国际货币体系的结构、国际贸易结算的结构、国际投资的币种结构等中很容易得出结论：没有美元的数字化，便没有国际货币体系的数字化。

当前，全球多个主要国家和地区的中央银行在探索推出法定数字货币的途径。欧洲中央银行行长斯蒂娜·拉加德曾表示，欧洲央行将在数周内就欧元系统是否需要建立以欧元为基础的数字货币作出决定，并向公众公布。法兰西银行行长也表示要推进欧洲的数字支付，特别是在跨境支付方面。英格兰银行行长也表达了对稳定币和中央银行数字法币的兴趣。德国央行行长也表示，数字支付是未来的趋势，必须积极面对。2020年9月以来，欧、英、法、德等主要货币当局均表明态度，有意推进法币数字化，特别在跨境支付方面实现数字化。可见，推进国际货币体系数字化的氛围已初步形成。

美国方面，财政部下设的货币监理官办公室（Office of the Comptroller of the Currency，OCC）发布了一项指南，首次对外阐明允许国家银行与美国联邦储蓄机构替稳定货币发行商提供储备金账户，在此之前美国财政部对于稳定货币从未有明确的规范，这表明其关注的重点仍在数字资产方面。

在数字支付问题上，全球自西向东拉开了不同立场和态度的谱系：美国并不积极，似乎更关注数字资产体系的构建；英国表达了中立的态度，既关注数字资产，也关注数字支付；欧洲则打算拥抱数字支付，并可望在跨境支付方面打开局面；中国则稳步落地推进法定数字货币，并以冬奥委会为契机把数字人民币推向国际。

"风起于清萍之末，止于草莽之间。"数字人民币虽不能替代美元，但国际货币体系的数字化确正处在清风徐来、水波荡漾之际。

跋

  一直以书事为大，故常怀戒惧之心。于数字经济及数字货币，虽常发感想，偶有小文，所作议论也只是空悬大题，聊以自叙，未敢擘划谋篇。本书缘起，自好友王俊秀兄两年前的恺切荐议及其两年来持续的慰勉，遂于大疫中，收拾身心，修旧补新，凝成一集。虽以"变轨"为题，算不得大块文章，不免缺漏鄙见，今值成稿付梓，直面书友，颇为赧然，于此，诚恳求教于读者诸君。

***

  本书举要在李扬师长、朱嘉明老师，及姚前兄和吴卫军兄的荐序引言中，都有很好的概括，亦不乏针砭高见，兹不赘述。于此，也颇为感念诸师友的抬爱与支持。
  李扬老师是我的博士导师，也是我曾供职研究机构的领导，对学生近年所著《账户》一书多有谬赞，老人家年届七旬，对新兴金融科技颇为关注，更不乏灼见，为本书撰文，学生尤是感激，师恩如海，莫如是也。嘉明老师是我的忘年之交，学术长辈。八年前，曾邀我到他任教的台大，并住在他的寓所，那段时间收获颇丰，也有幸初识比特币，于数字金融而言，嘉明老师亦可谓是"引路之人"。五年前，更为《账户》一书亲撰荐序，画龙点睛，令人耳目一新。先生老骥伏枥，志业宏阔，晚辈甚为感佩。值此，再序《变轨》，尤为激励。姚前兄学养深厚，精研实践，著述颇丰。我们也是机缘巧合，兴趣相投亦多有交流。姚兄才情旷达，文章妙手天成，常为其睿智与远见所折服，是我引以为傲的楷模，更是学术研究上的勉力相持的同道人，向他请序，一口应允，一挥而就，令人感奋之至。卫军兄是会计界的翘楚，常年精研会计，浸淫于财务，于数字货币与数字金融更有其专业而独到的洞见与务实精道的把握。他的劝言与荐议对我而言，弥足珍贵。卫军兄对我兄长般关爱备至，激励有加，他能亲序此书，对我是莫大慰勉，感激不尽。

  本书行文，纵跨五年余，期间受到方方面面的良师益友的建言或点拨，其中，中航资本姚江涛董事长对数字信托及李发强兄对数字货币场景两则各有贡献，均在我之上。东方出版社许剑秋兄、社科文献出版社许秀江兄，及华章图书的李文静女士都对本书写作提出建议，多有助益，于此谨表诚挚谢意。

  本书付梓中译出版，端赖卫兵兄的果决，诚挚相邀在前，鼎力成就于后，历历在目，须臾不忘。出版社于宇、郭宇佳、方荟文、薛宇编辑为本书付梓恪尽职守，不辞劳作，感谢之至。

***

过去年余，对许多人来说，都是至为艰困的一年……

因疫滞港，幽居数月。好在家人为伴，有书读，有文作，隅寓陋室，彷佛也可穿山过海，遨游万里，一任逍遥。

家母生前曾嘱我，读书要博，作文宜简。每念及此，便觉慈爱绵绵，更自省修养不够，一二分都未曾做到，不免顿生愧疚；然一转头，便散淡如常，复自我放逐。于我之散漫，贤契从不介怀，家中多有操持，我便"得大自在"。子女年少可爱，常伴欢声笑语，外界天旋地转之际，家中确陶然自得。

亲恩、亲情如山高水长，得以在如此晦暗幽闭的岁月中乐而忘忧，无以为报，且以此书献记。

***

所谓"散淡""散漫"，于我诚无志业可言，恍惚间与世无营凡二十载，一如当下"躺平"之说，如今辞工返乡，方才得"自由"。

置身经济社会，个人所求或有不同，取其大要，盖为"自由"。换言之，不是生产更多或占有更多，也不是更方便交易或更容易获取，而是更多的"自由"。无所不在、无时不在的"自由"——并非为所欲为，而是不想做的，就可不做。进言之，一个"好"的或理想的经济社会，并不是以追求更低的"生产成本"或更低的"交易成本"为根本目标，而是以实现更低的"机会成本"为宗旨。因为更低的机会成本，才使得人们获得更大、更多的自由。

数字经济意味着新旧社会经济体系出现了大交替与大分流，即所谓的"变轨"：作为新经济，数字经济体系能够时时刻刻地帮到每一位成员，"全时"给予其充分的选择自由，标志着整个社会经济体系的机会成本正在全面地坍缩下去。数字经济社会所创造出的自由，正历史性地超越物理局限。数字货币体系不仅确保这一超越整体可行，更巨细无遗地支持每个人、每时每刻、微不足道的个人选择之"自由"。

周子衡
2021 年 6 月 3 日